涨停板

交易实战技法

揭示涨停密码，寻找价格变化趋势
识别真假涨停，发现最佳买卖节点

淘金客◎著

人 民 邮 电 出 版 社
北 京

图书在版编目（CIP）数据

涨停板交易实战技法 / 淘金客著. -- 北京 : 人民邮电出版社, 2017.4（2023.9重印）
ISBN 978-7-115-44196-6

Ⅰ. ①涨… Ⅱ. ①淘… Ⅲ. ①股票交易－基本知识
Ⅳ. ①F830.91

中国版本图书馆CIP数据核字(2016)第323951号

内 容 提 要

本书从投资者捕捉涨停板的角度入手，从涨停的原因写起，详细介绍了涨停板经常出没的时间段、寻找涨停板的方法，以及捕捉涨停板时的各种方式。作者从多方面、多角度介绍如何利用分时图形、指标背离、量价关系、技术指标、筹码分布等技术指标和图形显示来捕捉涨停板，操作涨停股。

捕捉涨停本身就是一种超级短线行为，但买入和卖出的时机却各有不同。不同的涨停形态后面的短线价格运行方向不同，捕捉到涨停股后，只有学会在什么情况下卖出，才能更好地获得利润，或是让利润最大化。

本书均以实战案例辅以理论知识，让读者能切实学以致用，能深刻了解涨停的原理，从而在今后的投资中提早发现并抓住涨停股，巧妙地追涨在价格底部并杀跌在价格顶部，获得丰厚回报。

◆ 著　　　淘金客
责任编辑　折青霞
责任印制　周昇亮
◆ 人民邮电出版社出版发行　　北京市丰台区成寿寺路 11 号
邮编　100164　　电子邮件　315@ptpress.com.cn
网址　http://www.ptpress.com.cn
北京七彩京通数码快印有限公司印刷
◆ 开本：700×1000　1/16
印张：18.5　　　　2017 年 4 月第 1 版
字数：249 千字　　　2023 年 9 月北京第 22 次印刷

定价：55.00 元

读者服务热线：(010)81055296　印装质量热线：(010)81055316
反盗版热线：(010)81055315
广告经营许可证：京东市监广登字20170147号

背离与买卖点

在上亿的炒股大军中，有90%以上的投资者都做着短线交易。哪怕他们中线持股，也是一种被迫行为——因为短线选股的失败，或是操作中没有严格按照短线操盘的原则去执行，最后不得不在被套中持有，有时甚至因为被深套而长线持有。

在股票投资中，不是你想做短线就能够最终做短线的。有谁不想今天买入，明天就能够收获一个涨停呢？

值得注意的是，还有一些大户甚至超级大户也是每天大举买入股票，次日又匆忙卖出。从一个个名不见经传的小散成为大师级的超级大户，他们凭借的是什么？无外乎是技术。因此，投资者要想在股票即将出现涨停前买入，或是在涨停次日买入，能够收获一个甚至是数个涨停板，就要像那些超级大户最初进入股市时一样，刻苦钻研涨停技术。

从根本上讲，股票涨停板的出现，不过是表现出了供求关系中的需求大于供给，接连涨停无非是需求远大于供给。

然而，供求关系的失衡，只是涨停板出现的一个客观因素，庄家的介入同样会人为地改变供求关系。股票数量有限，庄家又能够借助资金的优势人为改变这种关系，那么，作为市场里的小散，真的就无路可寻了吗？

事实并非如此。那些涨停敢死队，有时同样可以利用资金左右庄家的意图，因为他们懂得在什么时候去隔靴搔痒，什么时候胡须不小心碰到了庄家的鼻孔，庄家不会打出喷嚏。而要做到这一点，投资者就要学会读懂涨停板背后的东西。

例如，股票为什么会出现涨停板，如何寻找涨停板，是什么因素引发了股价的涨停，涨停板又是经常出没在哪里……投资者只有明白了这些，才能够做到在与庄共舞中，准确寻找到那些容易出现涨停和连续涨停的股票。

正是出于一种让投资者了解涨停板、寻找到涨停、正确操作涨停股票的目的，我们编写了这本书。

我们特别从投资者短线操盘的角度出发，在介绍股票为什么会涨停后，切入投资者最为关心的如何寻找涨停板的问题，告诉投资者涨停板经常出没的地方。如此一来，投资者就会真正了解在什么情况下、在哪里去寻找涨停板了。同时，投资者还可以通过分辨不同原因引发的涨停，做出正确的操作。

我们还从分时图、技术指标、量价关系、筹码分布、K线形态、指标背离等角度，深入浅出地介绍了寻找涨停牛股的各种具体方法。

为了让投资者能够真正运用这些技术进行正确的操作，我们专门用一章讲述如何操作涨停股。一切技术手段的终极目的无非就是实用，投资者不仅要懂得什么时候买，还要懂得什么时候卖，才能实现投资的最终获利。

为了能够让投资者更加准确地了解涨停的相关知识，我们特别在每一个小节中详细列举了一个典型的真实案例，并讲述了在运用技术知识时如何抓涨停的买点与卖点，以期让投资者真正看得懂、学得会，并将所学知识切实运用到实战中，坐上涨停板的“战斗机”，捕捉到牛股！

限于时间及个人水平，书中难免会出现这样或那样的失误，权作抛砖引玉，希望与读者共勉。

目录 CONTENTS

第1章 涨停密码：股票为什么会涨停

第2章 把脉涨停：如何寻找涨停板

第1章 涨停密码：股票为什么会涨停

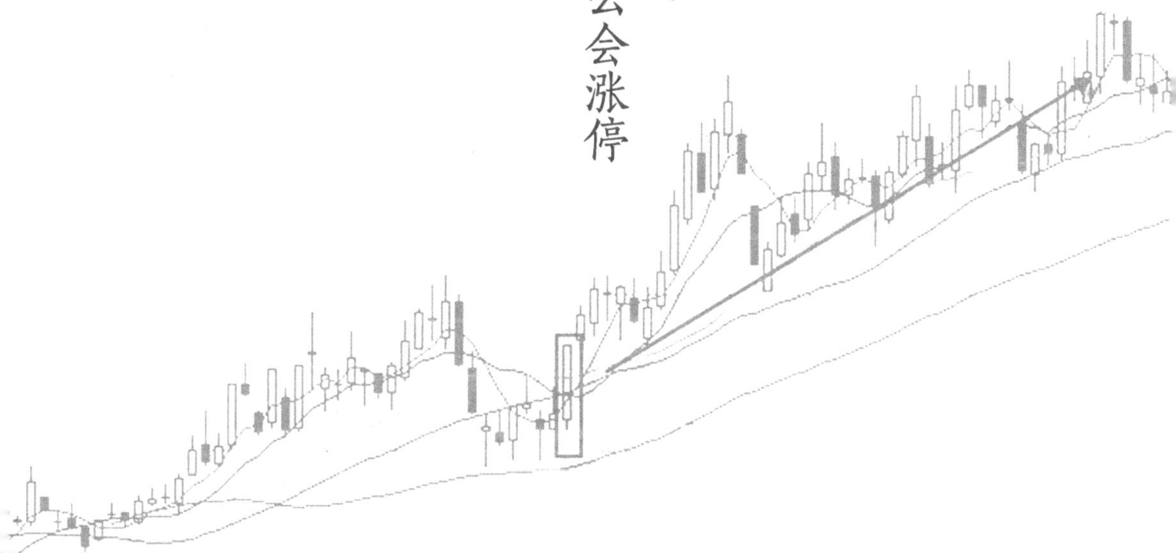

一只股票不会无缘无故地就出现涨停，无论是一字涨停，还是突然涨停，其背后总是有引发股价涨停的原因。投资者只有明白了这些股票涨停背后隐藏的密码，才能够做到当这些因素出现的时候，及时捕捉到即将出现涨停的股票。由于涨停板制度的约定，并不是只有涨幅达到了 10% 后就是涨停，还有涨到 5% 时就涨停的。投资者同样要事先知晓这些制度上的规定，以免贻误战机。

1.1 股票为什么会涨停

1.1.1 涨停板制度

涨停板制度是为了防止证券市场的交易价格出现暴涨暴跌，抑制过度投机现象的一种制度，规定不包括被特殊处理A股的股票涨跌幅以10%为限。如果当日涨幅达到10%时为最高上限，买盘若是持续维持到收盘，称该股为涨停板。ST类股票的涨跌幅设定为5%，上涨达到5%即为涨停板。

实战案例

开创国际（600697）在2016年7月27日，高开后一路震荡，至13点17分时，股价出现了快速上涨，但当价格于13点29分时上涨幅度达到10%（18.11元）后，股价即不再出现波动，此时尽管委买很多，但均排列在委买处，并且这种情况一直维持到了收盘，从而当日形成了涨停板。如图1-1所示。

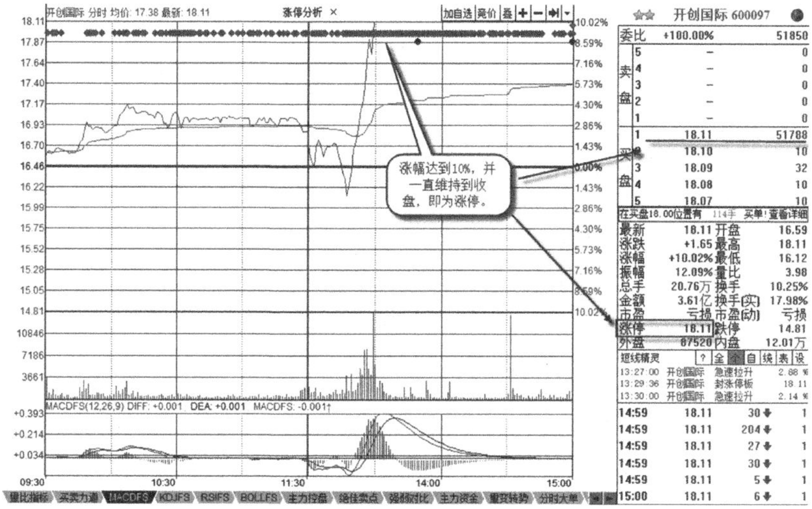

图1-1　开创国际-2016年7月27日分时图

同样，在2016年5月25日，*ST云维（600725）14点33分时，股价上涨到了5%（4.74元），之后股价不再波动，并一直维持到了收盘，从而形成涨停板。如图1-2所示。

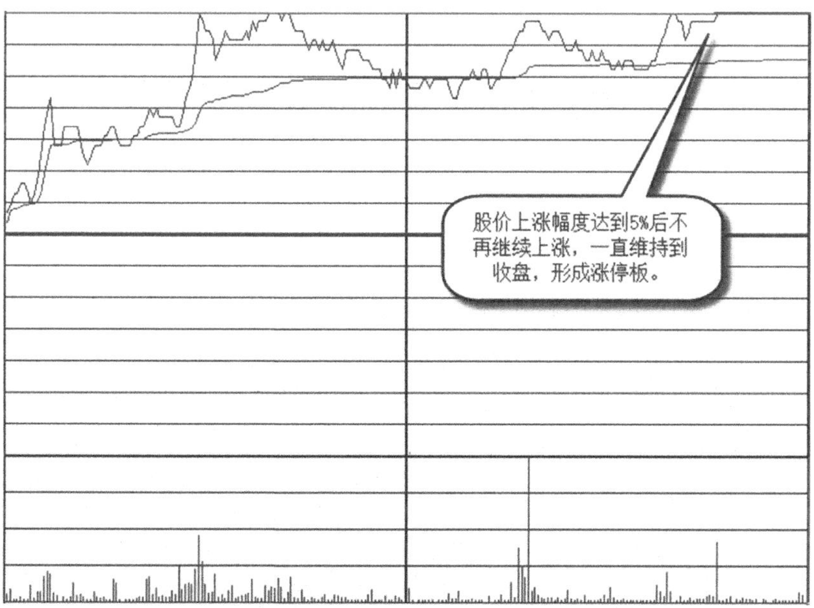

图1-2　*ST云维-2016年5月25日分时图

实战要点

◎ 在涨停板制度里，经常出现涨幅超过或达不到10%的涨停板，如9.87%、10.3%等，ST类的，如4.99%、5.1%等，这是因为涨停板计算时采取四舍五入，只以小数点以后两位数显示所致。

◎ 涨停板制度中，涨幅的计算是以昨日收盘价为基准的，即如果非ST类的普通A股昨日收盘价为10元，则次日涨停板价格为12元。

◎ 如果在集合竞价时，股票价格即达到上涨了10%，则开盘即以涨停板出现，如果维持到收盘，则为一字涨停。

1.1.2 主力是涨停板背后的推手

涨停板制度只是对市场股价的上涨幅度做了10%的限制，可股价出现涨停板这一现象，却是主力资金的大举介入行为，从而造成了实际买盘突然持续增加、股价大幅上涨直到涨停的现象。因为主力资金进入股市，除了维稳，是要从中赚钱的。如果股价不上涨，吸引不到跟风筹码，那么主力资金是难以从中获利的。因此，在涨停板制度之下，涨停板出现的背后推手就是主力资金。

实战案例

永鼎股份（600105）在2016年7月21日平淡开盘后，一路震荡上行，午后开盘后股价涨到了涨停板价格11.83元，并一直维持到收盘。如图1-3所示。

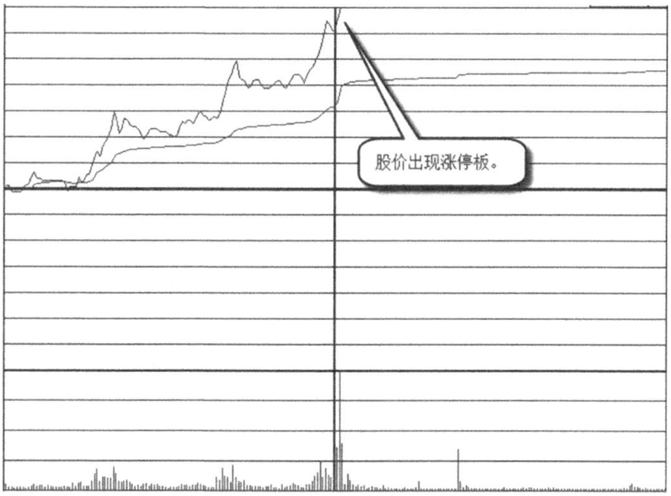

图1-3　永鼎股份-2016年7月21日分时图

查看个股相关信息就会发现，2016年7月21日，永鼎股份上了同花顺龙虎榜，有众多主力资金在通过华泰证券广州体育东路营业部、平安证券有限责任公司广州新港中路证券营业部等大举买入，从而令股价出现涨停。如图1-4所示。

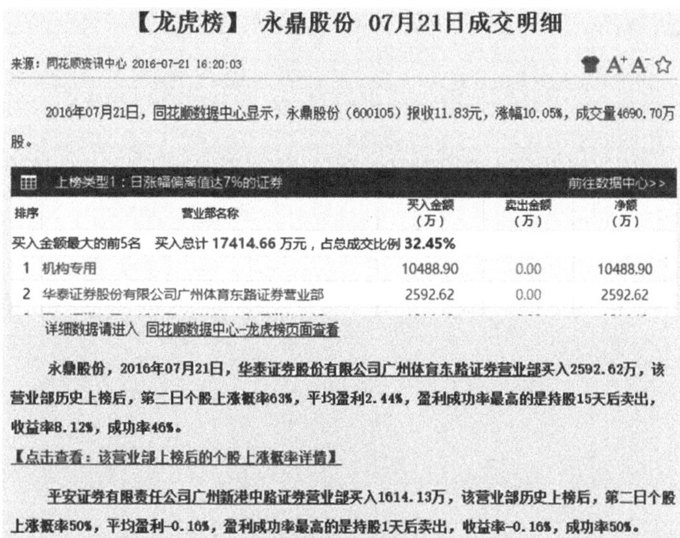

【龙虎榜】 永鼎股份 07月21日成交明细

来源：同花顺资讯中心 2016-07-21 16:20:03

2016年07月21日，同花顺数据中心显示，永鼎股份（600105）报收11.83元，涨幅10.05%，成交量4690.70万股。

上榜类型1：日涨幅偏离值达7%的证券　前往数据中心>>

排序	营业部名称	买入金额（万）	卖出金额（万）	净额（万）
买入金额最大的前5名　买入总计 17414.66 万元，占总成交比例 32.45%				
1	机构专用	10488.90	0.00	10488.90
2	华泰证券股份有限公司广州体育东路证券营业部	2592.62	0.00	2592.62

详细数据请进入 同花顺数据中心-龙虎榜页面查看

永鼎股份，2016年07月21日，华泰证券股份有限公司广州体育东路证券营业部买入2592.62万，该营业部历史上榜后，第二日个股上涨概率63%，平均盈利2.44%，盈利成功率最高的是持股15天后卖出，收益率8.12%，成功率46%。

【点击查看：该营业部上榜后的个股上涨概率详情】

平安证券有限责任公司广州新港中路证券营业部买入1614.13万，该营业部历史上榜后，第二日个股上涨概率50%，平均盈利-0.16%，盈利成功率最高的是持股1天后卖出，收益率-0.16%，成功率50%。

图1-4　同花顺-龙虎榜-永鼎股份

这也就是说，主力资金在短线大举买入，从而令股价出现了涨停，而这些主力资金的目的就是要从中获利。另一方面，此时的永鼎股份正处于高位区，这说明各路资金借机涌入，以达到随后的获利卖出，因此才出现了次日（2016年7月22日）的冲高。

实战要点

◎ 尽管涨停板是主力资金介入所造成的，但并不是主力资金的所有介入都是在以大举买入为主，也有主力资金维持股价在涨停价附近大举卖出的情况。所以，投资者要认真区分出现强势涨停的股票。

◎ 当主力资金介入后，股价出现了涨停，如果是在历史低位区，往往是主力资金大举吃进筹码或是逢震荡高点洗盘的象征。

◎ 当主力资金介入后，股价出现了涨停，如果是在历史高位区或是相对高位区时，往往是主力资金借大举介入快速拉升股价实现其后的高位出货所致。因此，投资者在操作涨停板股票时，应看清股价的具体位置及相关指标提示，而不能盲目跟从。

1.2 涨停板的意义

1.2.1 对未来趋势演变的判断

涨停板的出现，说明在市场中出现了一种供不应求的状况，即出现了股票被抢购的局面。在正常的情况下，未来股价的趋势应当是持续上涨的，因此才能促进价格的不断交易。除非主力资金采用对倒交易的方式，盘中边买边卖，否则股票价格的未来短期趋势均应是向上运行的。因此，涨停板的出现，往往更有利于投资者认清股价未来的短期趋势方向。

实战案例

广弘控股（000529）在2016年7月27日时，高开后出现了快速走高，并早早封死在涨停板上。从其日线上观察会发现，在之前的3个交易日中，该股价格出现了调整，是上涨趋势中的短期调整。因此，7月27日早盘出现的快速高开后封死涨停，说明股价已拒绝了再次下跌调整，等于封死了下跌调整的空间，之前股价正处于上升趋势中，因此短线应积极做多买入。如图1-5所示。

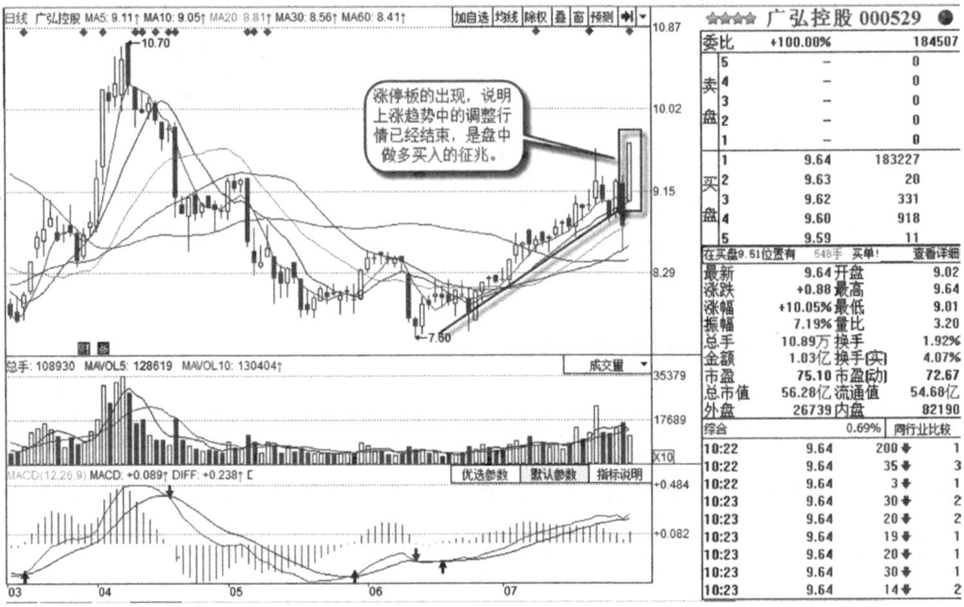

图1-5　广弘控股-日线图

实战要点

◎ 涨停板的出现，往往意味着股价已拒绝了再次下跌，通常情况下，是股价止跌的一种表现，表明短期未来趋势回归了上涨，因此是做多买入的信号。

◎ 在下跌过程中，突然出现的涨停板，往往是多头反抗的表现，也是主力资金借机强势拉高出货的信号，因此，此时涨停板的出现往往不可信。

◎ 震荡行情中突然出现涨停板时，应观察其他指标的情况，最终确定未来趋势。

◎ 出现在暴跌后的涨停板，往往意味着一轮强势下跌已结束，未来出现V形反转的概率极大，但必须同时观察成交量等其他指标。

◎ 涨停较大的时候出现缩量涨停板，往往说明其后仍然会出现快速上涨，但已接近上涨趋势的尾声。但如果是在高位出现放量上涨时，往往是主力资金借机拉高出货的表现。

1.2.2 用时间换空间

涨停的出现，由于在时间上限制了股价上涨的幅度，因此会使市场被迫以时间来换空间。从物质层面上讲，时间和空间是不能交换的，但在股票市场里，情况就不一样了。空间被限制住了，股价只能通过时间的延长，寄希望于市场各方面心态发生变化。所以，涨停板的背后就是用时间换空间。时间换空间的结果，有“换得成”和“换不成”两种情况。如果通过时间的延长，买进的冲动被抑制了，卖出的冲动被鼓励了，这时，时间和空间就实现了交换，涨停板制度的目的就实现了；如果通过时间延长，买进的冲动进一步发酵，卖出的冲动变成了惜售，那么涨停板就成了一个蓄积买盘的“蓄水池”，一夜之后，涨势会更加汹涌。所以，对价格上涨来讲，时空不能实现互换，是好事情。

实战案例

华源包装（002787）在2016年5月20日时，出现了涨停板。此时，股价是经过短期调整后出现涨停的，尽管在当日限制了股价上涨的幅度，但在其后，买盘一直较大，致使股价出现了持续上涨。至7月19日，股价已从5月20日的涨停板价格40.62元，涨到了7月19日的最高59.25元，实现了以时间换取空间的结果。如图1-6所示。

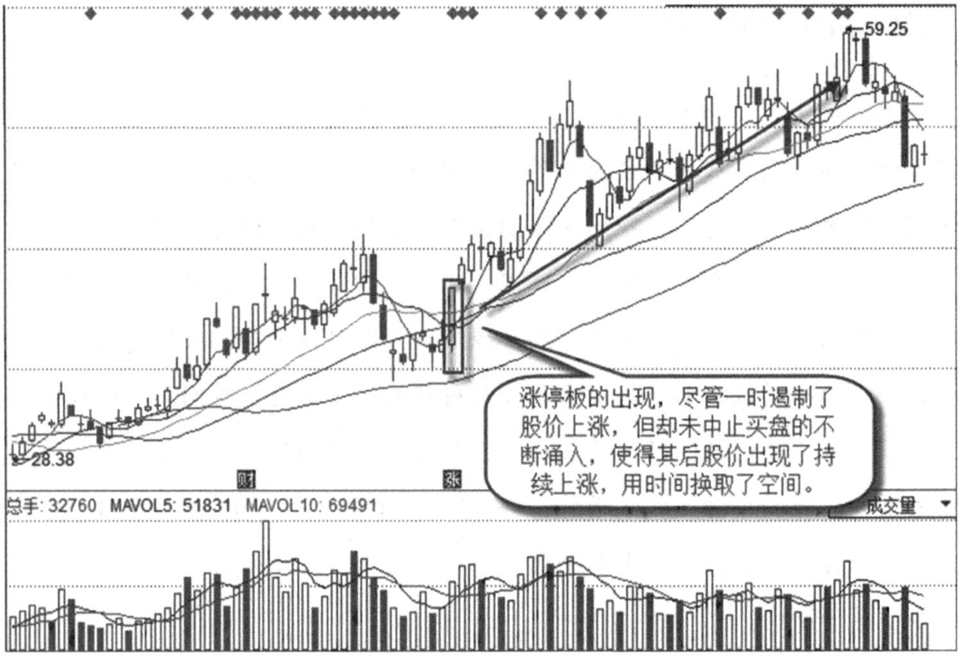

图1-6　华源包装-日线图

实战要点

◎ 并不是每一次以时间换取空间都会成功，很多时候，突然出现的涨停板也会在其后令投资者冷静下来对待行情的演变。

◎ 股价在低位期或是上涨初期的涨停板，往往会达到以时间换空间的成功。

◎ 当股价在高位区出现涨停时，往往会出现时间换空间的失败。

1.3 涨停板出现的典型方式

1.3.1 一字涨停

一字涨停，是指股票开盘即以涨停价出现，并且盘中涨停板一直未打开过，持续这种状况到收盘，K线上就会出现一条红色的像大写数字“一”的K线。一字涨停的出现，说明个股在集合竞价期间，就有远大于卖单的买单在涨停价格上委托，从而导致股票开盘即出现涨停，而开盘后跟风追涨的人众多，买单在涨停价位堆积数大于抛出的数量，一直打不开涨停。因此，这是一种超级强势的走势。但在具体如何操作一字涨停股时，却要视情况而定，不可一概而论。

实战案例

中国核建（601611）自2016年6月6日上市后，接连出现了15个一字涨停，虽然在一字涨停结束后的7月1日再次出现了涨停，但因此时涨停已较大，接近了7倍的涨停，且在其后的7月4日与5日接连爆出较大的成交量，说明此时涨势已尽，主力资金以出货为主，因此，投资者应远离。如图1-7所示。

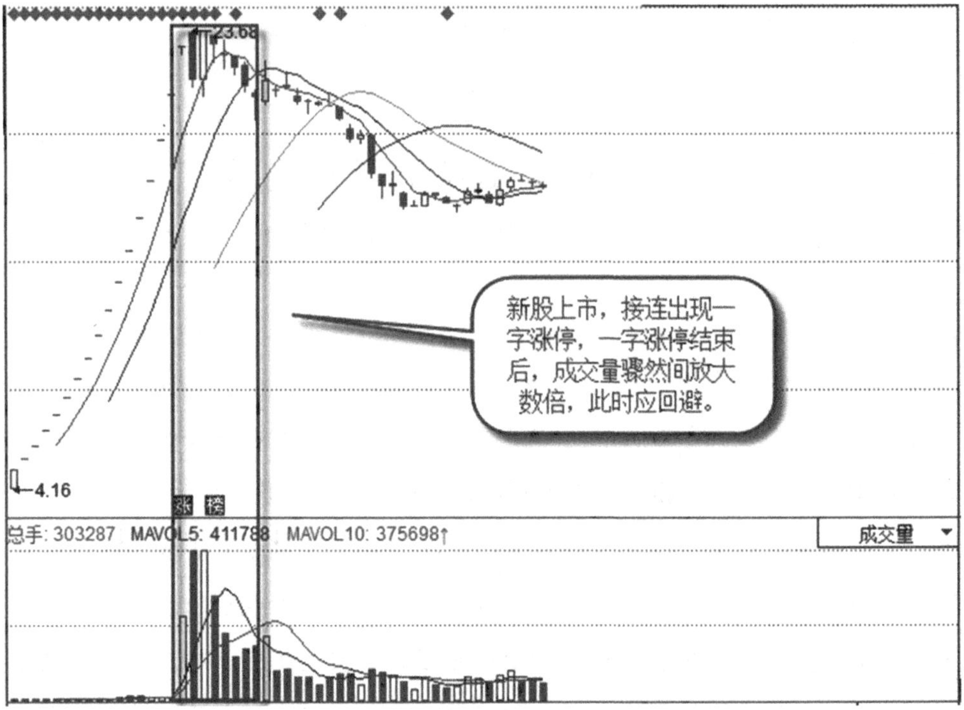

图1-7 中国核建-日线图

实战要点

◎ 一字涨停如果是出现在暴跌行情中时，往往意味着深跌后的反弹已经开始，此时投资者可适当参与反弹行情。

◎ 一字涨停出现时，若是新股上市后接连多个一字涨停，往往涨停后行情不可信，因此此时应远离。

◎ 一字涨停出现后，只有成交量出现了放大后的缩减，且一放量即会引发上涨时，才是企稳的象征，此时方可参与。

1.3.2 突然涨停

突然涨停，是指股价在运行过程中，事先没有任何征兆，突然在某一天出现涨停。这种涨停形态出现时，不管其有何内在因素，说明此时股价往往已经结束之前的震荡或调整状态，主力资金开始拉升股价，或是不愿再让股价在低位区徘徊。

实战案例

在2016年初的低位震荡行情中，千山药机（300216）在没有任何利好的情况下，突然于2016年3月9日出现了明显的放量涨停。该股涨停说明主力资金已在低位吸到了一定的筹码，不愿意股价再在低位震荡徘徊，因此开始以涨停的方式抬高股价，目的是不愿让更多的投资者买到较低的筹码。因此，此时投资者可积极参与其后的行情。如图1-8所示。

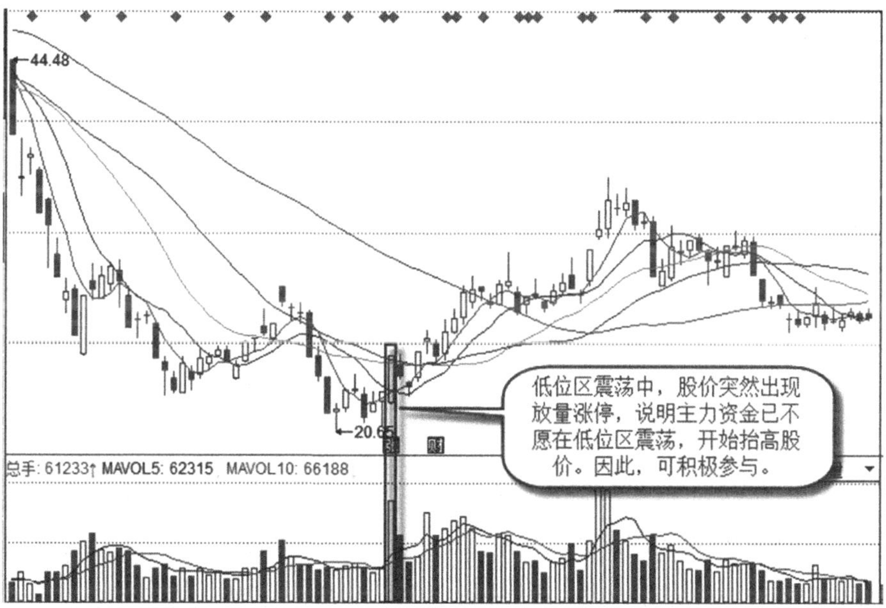

图1-8 千山药机-日线图

实战要点

◎ 突然涨停出现时，如果是出现在低位区时，往往会放量，且其后一旦上涨即会接连放量，这是主力资金低位建仓接近尾声的信号，因此可积极参与其后行情。

◎ 如果是在震荡上涨行情中突然出现涨停，且成交量十分巨大的话，往往是主力资金出逃的表现，此时应逢高卖出观望。

◎ 突然涨停如果出现在高位区，往往是主力资金拉高出货的表现，此时的涨停通常不会封死，而即使封死，次日也会出现冲高回落。因此，应当远离。

1.3.3 接连涨停

接连涨停，是指股价在运行过程中，接连出现了涨停的现象。这种情况出现时，应具体观察价格的位置。如果股价是处于低位区震荡，或是暴跌行情的末端时，说明股价已触底，是底部或深跌后的反弹行情，此时应积极做多；如果接连涨停出现在上涨过程中时，往往是股价加速上涨的象征，但此时往往是上涨末端出现时的表现，应果断逢高卖出股票。

实战案例

在2015年11月30日及12月1日的两个交易日中，万科A（000002）接连出现了涨停，此时股价刚刚离开前期的低位震荡，说明上涨行情已经启动，因此，投资者应在涨停板接连出现时果断买入做多。

2015年12月17日与18日两个交易日，万科A再次出现了接连涨停。这说明，此时的股价已进入了加速上涨期，上涨趋势即将反转，因此，有经验的投资者应在接连涨停出现后的12月8日于涨停板上卖出股票，而不要再幻想股价持续上涨。如图1-9所示。

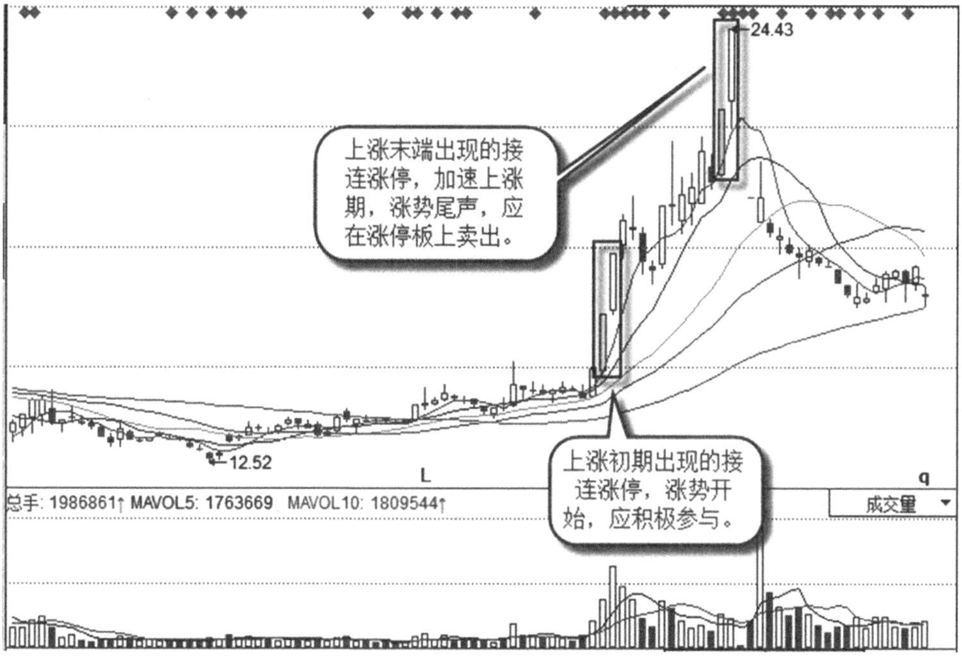

图1-9　日万科A-线图

实战要点

◎ 接连涨停出现时，投资者一定要先判断好当时股价所处的位置，再决定如何操作。

◎ 接连涨停是股票进入快速拉升期的明显征兆，因此，即使有可能出现多个接连涨停，但一旦发现涨停中止、股价开始冲高回落时，应果断卖出股票，以免高位被套。

◎ 接连涨停如果出现在震荡行情中，一旦涨势放缓甚至出现短线调整时，只有成交量出现缩减才是启动的征兆，若是成交量不减反增，则应谨慎。

第2章

把脉涨停：如何寻找涨停板

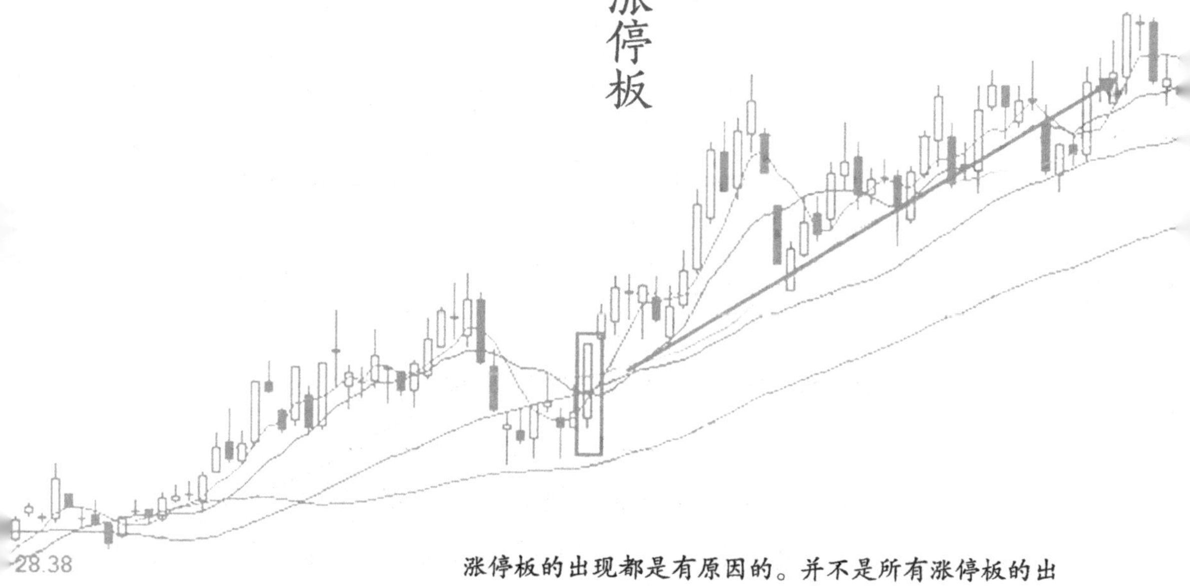

涨停板的出现都是有原因的。并不是所有涨停板的出现都表明股价短期处于一种强势。只有明白涨停出现的时期及其后股价的强与弱，才能在涨停前大胆买入，并避免因假涨停板出现时误入歧途。

2.1 涨停板出现的时期

2.1.1 底部低位区

涨停板出现时，如果股价处于低位震荡时期，则往往这一低位区会成为底部区域，而这种情况往往有两种。一是股价处于创新低后的相对低点，该情况往往是主力资金介入时不断低位吸筹所引发的，此时往往是中线的买点，可在涨停后股价向下过程中逢低买入；另一种情况是，股价在低位震荡行情中突然出现放量上涨，这往往是股价启动的象征，此时是短线介入强势股的时机。

实战案例

在2016年4月的震荡行情中时，南大光电（300346）在震荡走低后的4月25日因主力资金大举逢低吸筹，导致股价在尾盘出现涨停，因此可在涨停板出现后逢低以中线的理念建仓买入。

5月19日，南大光电在震荡走低后再次出现了涨停，此时的涨停明显是放量的，说明主力资金此时已完成吸筹开动上涨，投资者可在次日再次出现明显的放量上涨时大胆买入。如图2-1所示。

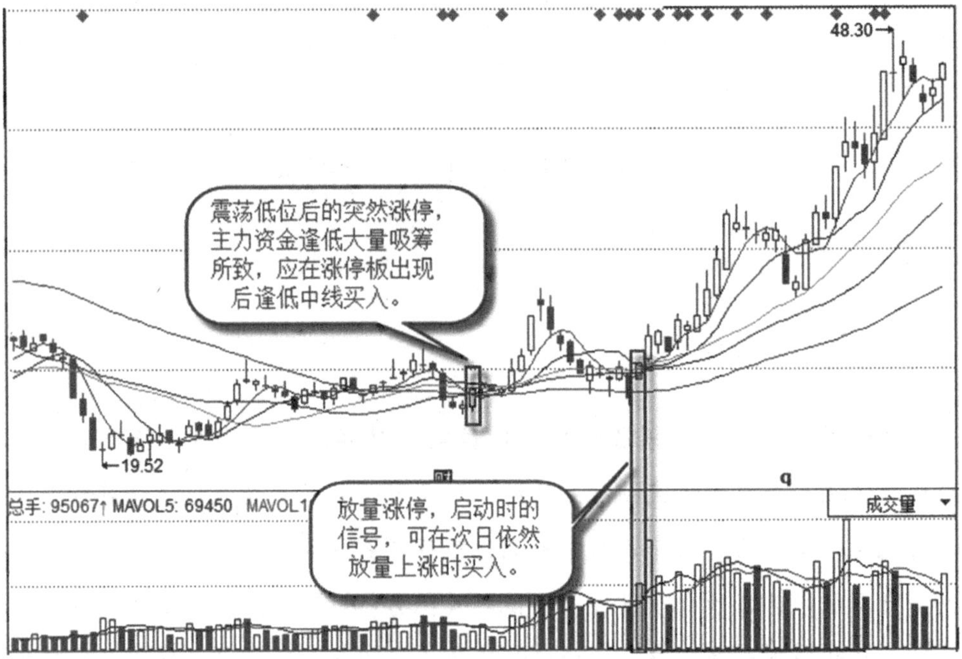

图2-1　南大光电-日线图

实战要点

◎ 当股价在低部低位区涨停时，应根据成交量或其他指标综合判断，在明确了具体的主力资金介入而出现涨停的原因后，才能进行具体操作。

◎ 当涨停板出现在底部低位区时，如果出现持续的小阳量时，往往说明此时主力资金仍然处于吸筹阶段，此时应在涨停板出现后逢低中线买入，可分批买入。

◎ 当涨停板出现在底部低位区时，只有出现成交量明显滚动放大后的突然放量涨停时，才是启动上涨的信号，可全仓在次日依然维持这种状况时买入。但成交量不应过大，否则极易出现大幅回落。

2.1.2 整理结束期

整理结束期，通常是指股价在低位震荡整理的时间，此时的突然涨停，往往是出现在股价震荡走高时，很多投资者都以为是震荡高点到来了，于是纷纷卖出股票，但实际上却是结束整理开始发动上涨的时候。因此，在判断股价是否上涨时，成交量往往是关键，只有明显且持续放量引发的涨停，才是个股启动上涨行情时的标志。

实战案例

在2015年8月底至9月底期间，华鼎股份（601113）开始了低位震荡整理，2015年10月9日，股价向上触及前期低位震荡整理时的高点位置，10月10日突然出现了放量涨停，一举突破了前期整理时的高点。这说明，股价已发动上涨，结束了低位整理。因此，投资者应在放量涨停出现后及时买入，并持股待涨。如图2-2所示。

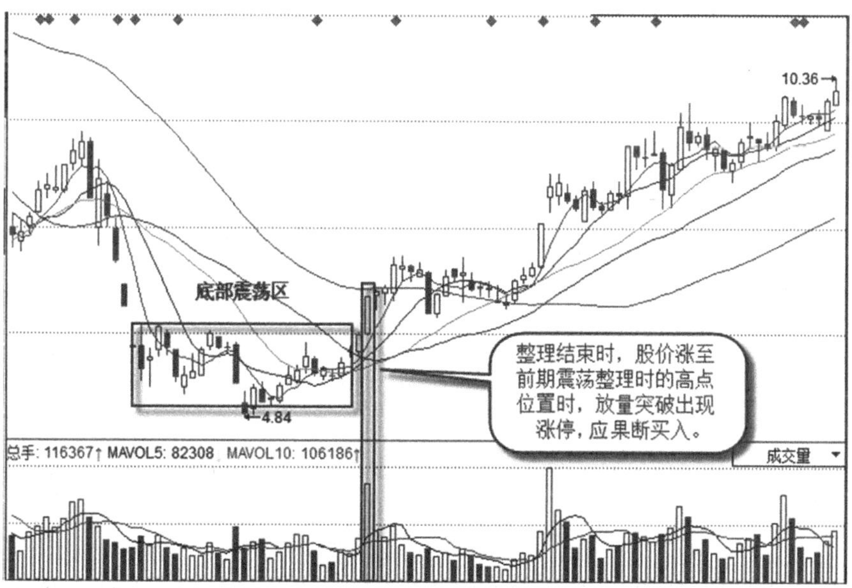

图2-2 华鼎股份-日线图

实战要点

◎ 股票震荡整理的时间有长有短，不一而足，因此投资者在判断结束期时不能以时间为判断依据。

◎ 当股价在震荡整理结束期出现放量涨停时，应观察前期在震荡整理期中，成交量是否以小阳量居多。如果小阴量过半，此时的涨停往往不是结束。只有在震荡整理期内小阳量明显较多，且涨停突破时成交量不是单一某日的放大，而是其后依然要大于整理期的水平时，方为股票启动的信号。

◎ 在确定股价是否以放量涨停的方式结束整理时，投资者应以整体的量堆计算，而不能以单根成交量来计算。

◎ 如果整理结束时股价是以放量涨停的方式出现，若前期整理的时间较长，往往说明此时的上涨催生大牛股的概率较大，买入后应捂股，并时刻观察个股的周线变化。

◎ 如果放量涨停出现时，个股整理期较短，则往往换手率总和在整理期是较大的，这也是主力资金快速建仓的征兆，个股往往会在放量涨停结束整理后出现快速上涨。因此，要时刻观察整理期个股的盘口情况。

2.1.3 加速上涨期

个股在加速上涨期来临前，往往也会以涨停的方式出现，但此时成交量并不一定会明显放大，股价也常会在涨停拉开加速上涨序幕后接连涨停或是上涨。因此，在上涨趋势中出现的突然涨停，往往是股价进入加速上涨期的标志。

实战案例

2015年11月，超华科技（002288）处于上涨行情中，11月19日，突然出现了放量涨停。说明股价此时已经进入了加速上涨期。因此，投资者应在放量涨停出现后，及时买入股票，即使次日股价出现了高开，也应买入，而不要畏缩，并且在买入后，一直到发现股价出现冲高回落时果断卖出。如图2-3所示。

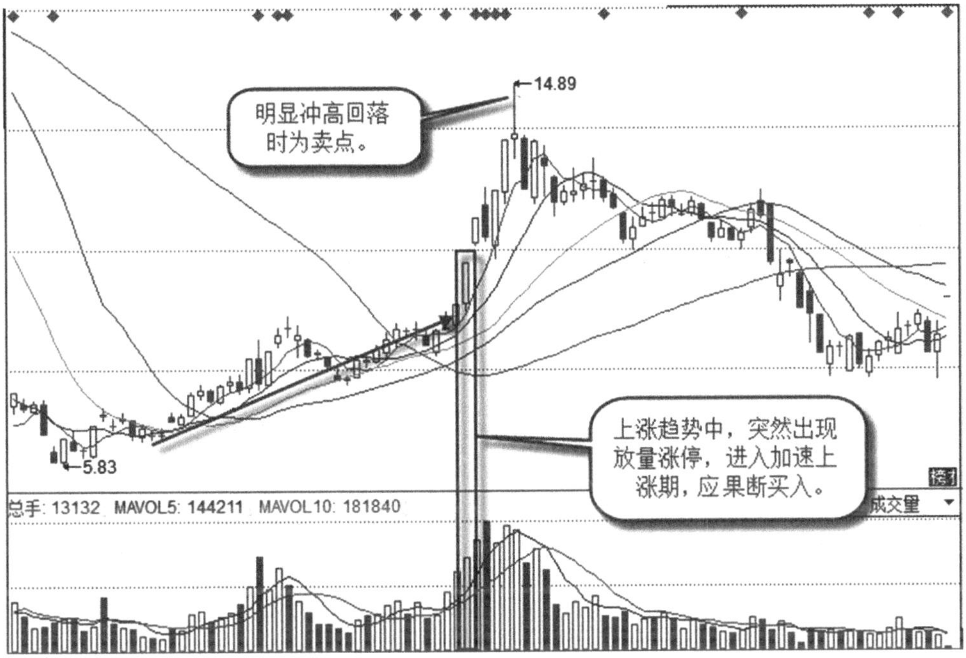

图2-3　超华科技-日线图

实战要点

◎ 加速上涨期，是大多数股票在上涨行情中必然经历的一个阶段，但对于那些稳健的锯齿式的涨涨停停类个股，加速上涨往往成为了高点到来的征兆，因此，一旦发现这类个股在高位涨停，则不应参与。

◎ 前期上涨幅度并不大的个股，如果突然出现涨停，往往其后的短期涨幅较为可观。个别牛股、妖股，往往借高送转等题材再次发动加速上涨，此时涨幅往往很可观，但其进入加速上涨期时的换手也往往是惊人的。

◎ 当发现股票在上涨趋势中出现涨停时，在买入后不应隔日卖出，而应一直持有到股价冲高回落时再卖出。

2.1.4 涨势末端

在股价的上涨趋势末端，同样容易出现涨停，但此时的涨停往往是主力资金出货时的拉高所致。通常这种时候，主力资金会利用对倒的手法，将股价拉高，但由于此时主力资金是边拉高边在高位出货，因此股价在高位或是涨停板上及接近涨停板的位置出现反复下跌后又被快速拉起，甚至是涨停板封死不久又被反复打开，即使是尾盘封死在涨停板上，次日也往往会开盘略有上冲即开始回落，甚至是开盘即回落或低开后回落。这是由于主力资金大举出货而无力再上拉股价造成的。因此，此时出现的涨停往往是伴随着较大成交量的。

实战案例

2016年7月19日，中科三环（000970）在经过了前期较大涨幅后，突然出现了涨停。当日开盘后，股价看似一路上涨，但主力资金此时是以大单向上拉、小单卖出的方式进行，因此较为隐蔽，使得股价在当日分时图上表现出一路上行的态势，但成交量明显放大，且次日即出现开盘短暂冲高即回落的走势。如果是主力拉升的话，以此时主力资金的控盘程度而言，是无需大量即会很快出现涨停的。因此，此时出现的放量涨停，投资者应回避。如图2-4所示。

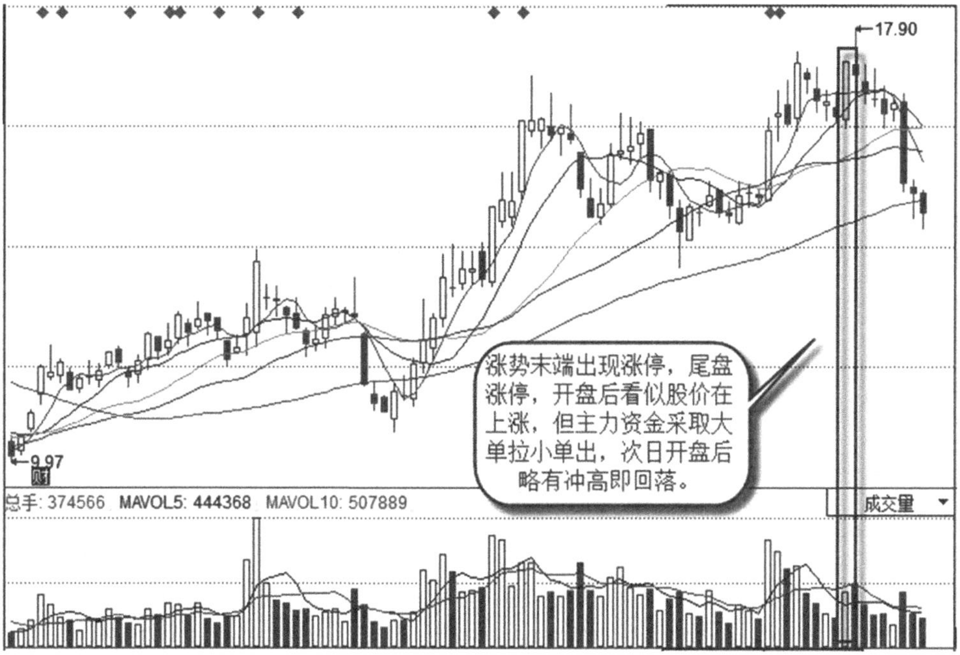

图2-4　中科三环-日线图

实战要点

◎ 涨势末端出现涨停时，往往是一根较长的大阳线涨停，或是盘中反复打开涨停后回落，或是尾盘强拉涨停，因此不可信。

◎ 涨停末端出现涨停时，并不是每次股价都会以涨停出现，有时甚至只是盘中蜻蜓点水式的上触一下涨停板即回落，或是接近涨停而不出现涨停，这往往表明主力资金此时已无力或无意做高。

◎ 涨停末端出现涨停时，若股价是较长时间在高位震荡，则此时的涨停往往无需放出较大的成交量，迷惑性更强。

2.2 容易出现涨停板的时间点

2.2.1 早盘30分

早盘30分，是指早上开盘后30分钟之内，即9点30分至10点之间。当股价在这一时间段里出现涨停板的话，往往说明主力资金的做多意愿较为浓重。因早盘时，主力资金往往会以迅速拉升的方式打空方一个措手不及，此时的拉涨停会很快，所以投资者参与时一定要出手快，及时赶在封板前买入。

实战案例

深深宝A（000019）在2016年6月22日实施高送转后，当日以略高开的方式出现，但股价略有震荡后即出现大量买盘，从而令股价在9点44分即出现了快速封板。这说明主力做多意愿较浓。而从策略上来看，当日小幅高开后的震荡，不过是主力资金迷惑空方及投资者的一种方式，9点41分开始的持续大单拉升才是其真实的意图，所以才出现了短短4分钟极速封板的情况。因此，投资者应在股价封板前快速买入。如图2-5所示。

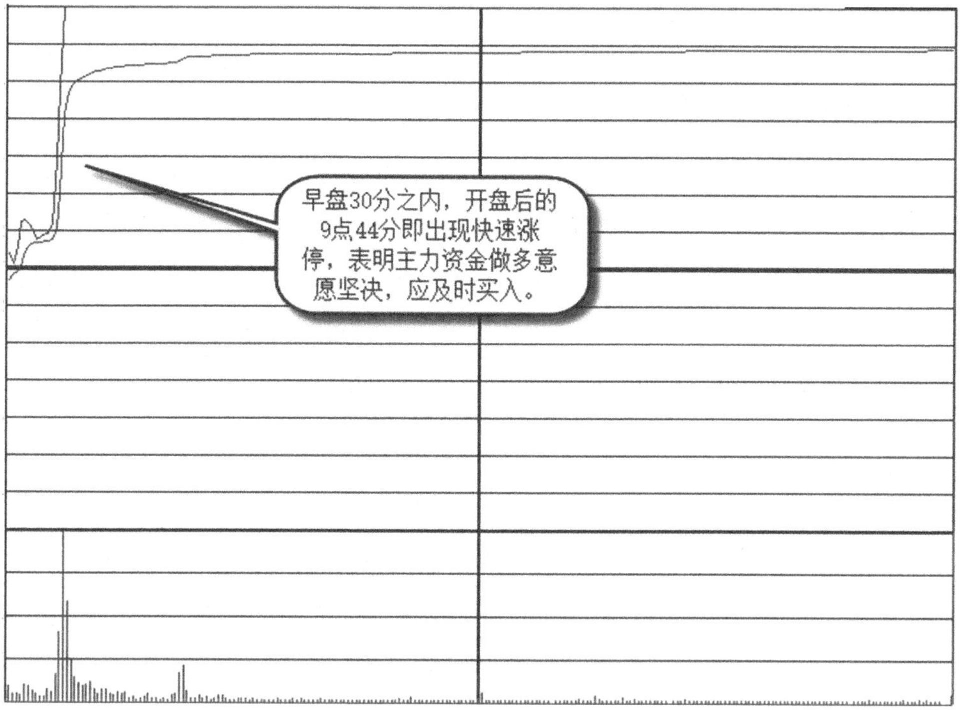

图2-5　深深宝A-2016年6月22日分时图

实战要点

◎ 早盘30分是投资者看盘的重要时间段，因为许多涨停牛股都是在这个时间里实现快速封板的。

◎ 在实际操作中，对于那些喜欢短线捕捉涨停牛股的投资者来说，应及早从换手率、K线形态、涨幅榜等角度事先选择出强势或强势潜力股，然后具体分析，再通过早盘表现捕捉涨停板。

◎ 尽管集合竞价往往也能反映出这一问题，但这仅仅是一个侧面。很多欲做多的主力资金往往会选择在开盘30分拉升，因为此时可以避开集合竞价时的纠缠。所以，在早盘30分内出现许多平开甚至是低开后快速涨停的牛股。

2.2.2 10点30分

对于有经验的投资者来说，10点30分，同样是一个重要的时间点。因为在经历了开盘1小时多空双方的激烈争夺后，优劣的局势已经明朗化。股价在此时已进入由钓或空方主宰的行情，也就是说此时的股价开始出现真实的趋势，所以很多有经验的投资者都会选择在10点半后操作。因此，早上10点半后出现的涨停板，往往更为真实可信，因为它的出现，是多方经过早盘激烈争夺后的结果。

实战案例

在经过2016年3月上旬的低位震荡后，启明信息（002232）于2016年3月18日略有高开、上行后开始震荡，说明此时多空双方一直处于一种胶着状态，但到了10点半后，多方渐渐占据主动，于10点37分时开始发动明显的放量上涨，其后略有休整后，再次发动上涨，股价很快于10点55分封死在涨停板上。多方经过早盘的交锋后已完全占据主动，股价将继续上行。因此，投资者应在股价明显放量上行时果断买入。如图2-6所示。

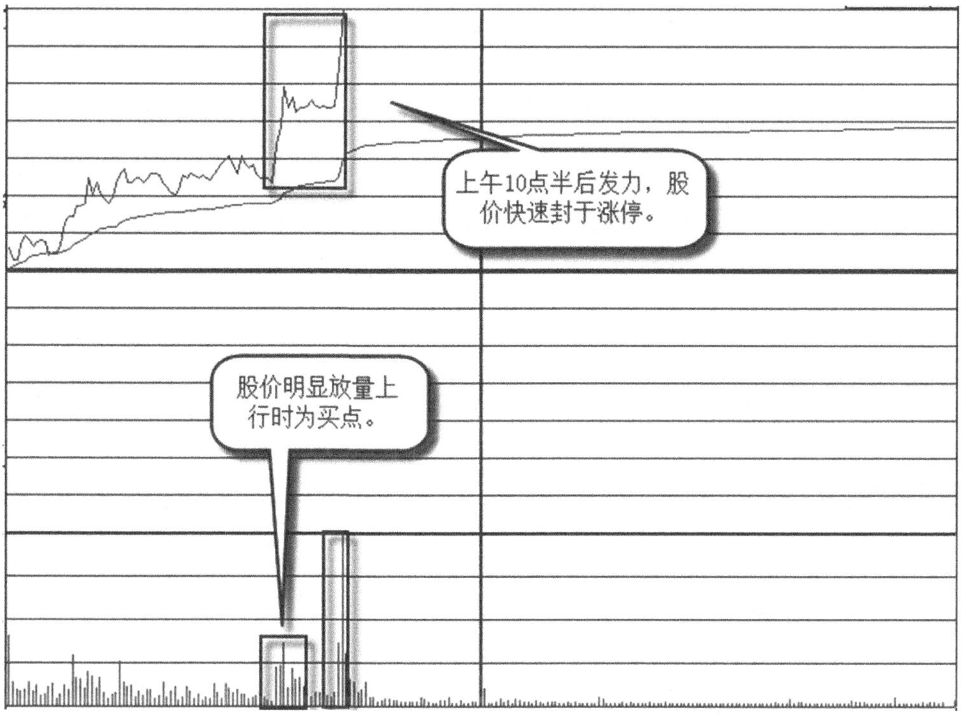

图2-6　启明信息-2016年3月18日分时图

实战要点

◎ 10点半之前往往是多空双方争夺最为激烈的时刻，此时的价格走势往往不够真实。10点半之后的行情才是股价真实的走势，也是投资者买入的最佳时刻。

◎ 10点半后，越快出现涨停的股票，往往表明主力资金做多的意愿越强烈，因此也越容易成为涨停牛股。所以观察10点半后股价放量上行时的角度，成为了投资者判断股价是否为强势牛股的标准之一。

◎ 上午10点半后，封板不够坚决的股票，午后极易出现涨停板打开甚至回落的走势。因此买入时越是封板时间短、上行坡度陡的股票，后市上涨的概率越大。

2.2.3 午后开盘30分

午后开盘30分之内，也是极易出现涨停的时间。有些主力资金打算做多时，为了避免在早盘大举厮杀，所以经常会在上午盘中保持实力，而在午后开盘后，也就是空方疲乏且对上午多方的示弱中放松了警惕时，突然发力，从而一举将股价拉至涨停。因此，午后开盘30分钟内出现的涨停板，同样是一种短线参与的良机，这段时间也是捕捉涨停牛股中不容忽视的重要时间段。

实战案例

经过低位震荡后，创兴资源（600193）在2016年3月18日开始震荡上涨后，于3月21日平淡开盘，经过围绕前日收盘展开震荡整理后略有上行，此后继续震荡，但到了午后开盘后，突然在13点08分开始放量上攻，并于13点23分时突然涨停。这说明，在经过低位震荡上涨后，多方为了避免与空方我正面交锋，3月21日以平淡开盘，并一直震荡，给空方造成一种无力上攻的假象，而在午后开盘后，在空方大意的情况下，突然发动上攻，将股价牢牢封死在了涨停板上。因此，投资者应在午后开盘后股价快速上行过程中及时买入股票，并持股待涨。如图2-7所示。

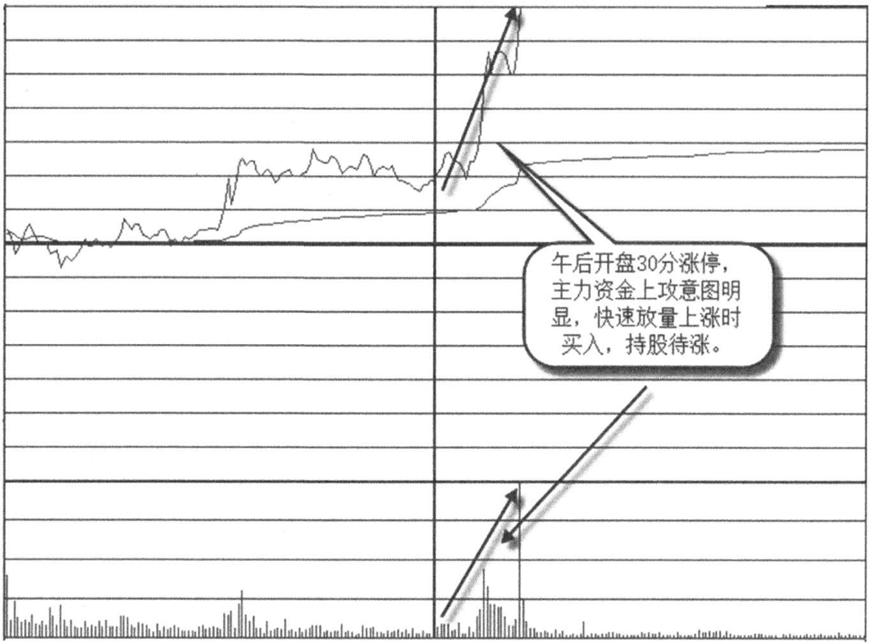

图2-7 创兴资源-2016年3月21日分时图

实战要点

◎ 午后开盘30分，是主力资金快速发动上攻的重要时间段，因此对于喜欢捕捉涨停牛股的投资者来说，这是买入涨停股不容忽视的时间段。

◎ 投资者在午后开盘30分内捕捉涨停牛股时，一定要结合日线个股的趋势综合判断，而不应单纯以时间点内出现的涨停孤立看待行情。

◎ 投资者在午后开盘30分内捕捉涨停股时，如果发现封板后涨停板打开，应结合其他指标综合判断行情，一旦发现买入失误后，次日应坚决离场。

2.2.4 尾盘

尾盘，是指收盘前30分钟内，即14点30分至15点之间。因为尾盘往往是全天交易最为集中，也是多空较量最激烈的时间，会直接影响到次日的盘面走势，对次日开盘有一定的指示作用，因此对于短线交易者，如果尾盘如果出现大幅拉升，甚至放量涨停，说明主力资金在不惜成本地大举进入，次日股价往往会继续走高，因此这是投资者买入的好时机。

实战案例

2016年5月，在上涨趋势中，御银股份（002177）出现调整，并且股价在5月12日、13日接连向下跌至了60日均线之下，但在16日再次开盘在60日均线之下后，股价即出现了震荡上行，并很快回到了60日均线上方运行。至尾盘30分时，开始放量，且股价出现快速上涨，并最终封于涨停。这说明，股价的短期调整已结束，主力做多意愿较浓。因此，投资者应在尾盘30分钟内、股价出现放量上涨时，果断买入并持股待涨。如图2-8所示。

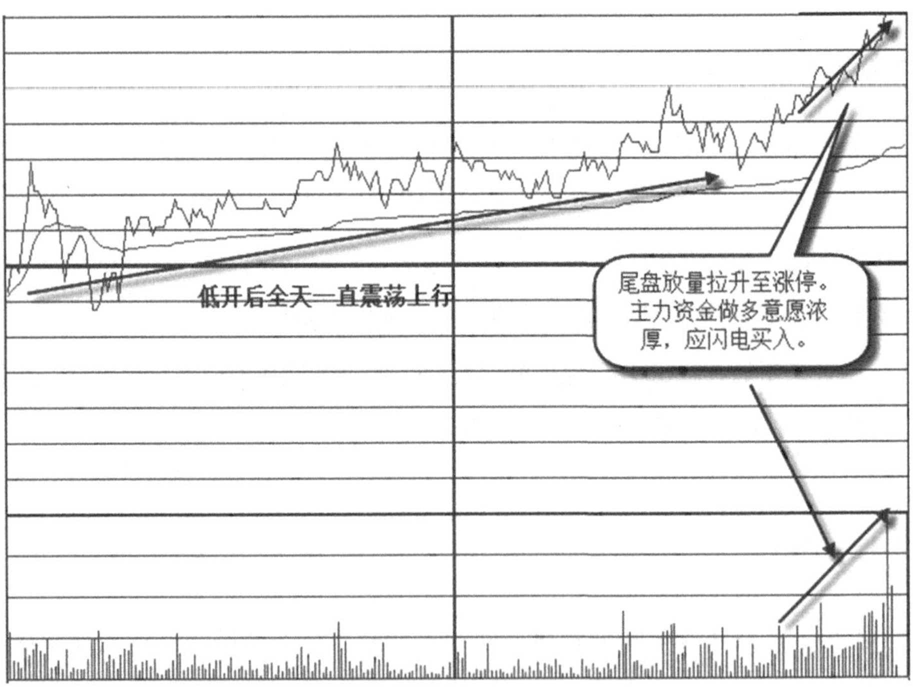

图2-8　御银股份-2016年5月16日分时图

实战要点

◎ 尾盘涨停，是一种短线强势的表现，但只有发生在低位区（包括上涨趋势中的调整低位区）时，才是后市看涨的信号。

◎ 出现在股价高位区的尾盘涨停，往往是主力资金出货时的一种拉高假象。因此，投资者在利用尾盘涨停寻找涨停牛股时，应首先从日线上去判断股价的位置，而不能盲目地以尾盘涨停来判断行情。

◎ 尾盘涨停如果出现在低位区时，投资者应果断在涨停前闪电买入，因为该股次日往往会以高开的方式出现。

2.3　狙击涨停板前对大势的判断

2.3.1　顺势抓涨停

顺势抓涨停，是指当股价的趋势为上行时，应以多头思维来看待行情的未来演变，一旦发现个股某一日突然出现了高开后迅速上行，说明股价会出现快速上涨，短线冲击涨停的概率极大，因此应及时在高开的当日快速买入。

实战案例

2016年6月24日，榕基软件（002474）正处于明显的上升趋势，因此，当6月27日，股价出现高开高走后，应快速买入。因为此时股价的趋势是向上的，股价高开后放量高走，说明股价极有可能开始了快速拉升，当日出现快速涨停的概率极大，所以应快速买入。如图2-9所示。

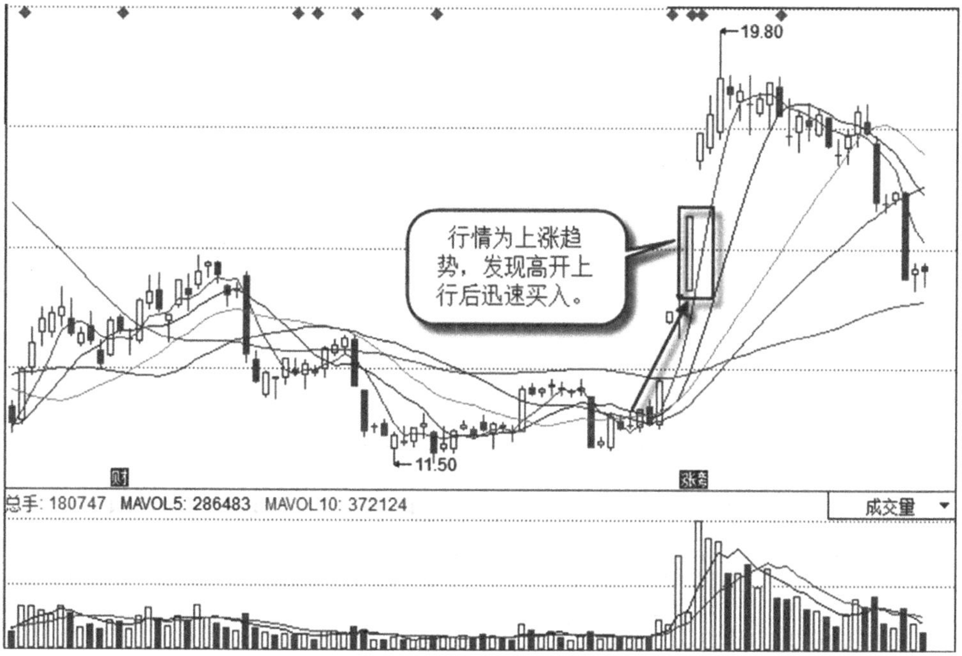

图2-9　榕基软件-日线图

实战要点

◎ 顺势抓涨停，实质是借上涨趋势的“势”搭坐顺风船，因为此时的趋势是向上的，高开就意味着加速上涨，因此当日出现涨停的概率是极大的。

◎ 顺势抓涨停时，对于高开类个股，投资者应摒弃恐高心理，应在高开后放量走高中买入，而不要在高开后立即买入（如集合竞价时发现高开后即挂单委托买入），因为高开并不代表一定会高走。

◎ 顺势抓涨停时，高开的情况较多，但不是唯一标准，即使那些突然低开或是平淡开盘的股票，只要出现高走，且上升角度较大，能够放量向上突破重要位置（如均价线等），均可视为强势上涨的开始，但此时最好观察一下个股的盘口数据，综合判断更为准确。

2.3.2 逆势抓涨停

逆势抓涨停，是指当个股趋势为下跌时，一旦出现放出巨量止跌反弹时，股价往往会以涨停的方式出现，因此应在止跌后放量上行时果断买入。通常，逆势抓涨停，往往出现在股价经历了暴跌行情的下跌末端。

实战案例

在经历了前期的大幅下跌后，博彦科技（002649）于2016年4月步入了震荡下跌的趋势，但在2016年5月31日，股价在刚刚创出近期新低33.55元后，突然出现了高开，并且高开后出现了一路放量上行，这说明短期股价已探明了底部，开始止跌企稳。而当股价在长期下跌过程中出现止跌后，往往会以涨停的方式出现报复性上涨。因此，投资者应在发现高开后放量上行时果断买入。而事实上，当日股价在尾盘时一度冲击涨停，虽未封死，略有回落收盘，但短期强势已了然在目。同时，未封死涨停，也意味着其后股价出现反复的概率较大，因此买入后，可在发现股价上行无力时卖出。如图2-10所示。

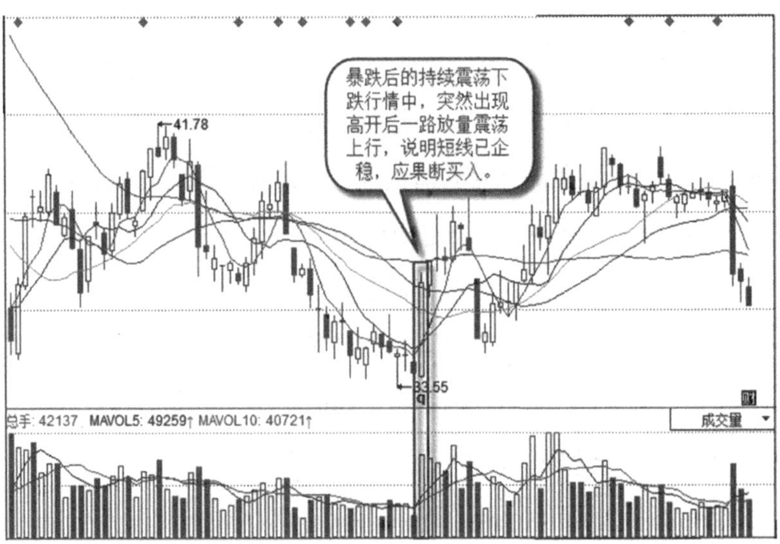

图2-10 博彦科技-日线图

实战要点

◎ 逆势抓涨停，往往是在跌势末端时操作，而在下跌过程中出现止跌后放量上行时应谨慎，往往是主力拉高出货的表现。

◎ 通常，只有经过较大幅度的下跌或是经过了短时暴跌行情后，出现的低位止跌上行更为可信。

◎ 逆势抓涨停时，投资者应提前设好止损位，一旦发现次日未能如期上涨并达到止损位时，应果断离场。

◎ 逆势抓涨停时，原则是量越大越好，尤其是暴跌中出现的止跌，必须有远大于卖盘的量，才能促使股价出现反转，且在大量中往往会频频出现大买单。

2.4 狙击涨停板时如何判断个股

2.4.1 个股运行趋势

狙击涨停股，其实就是在寻找上升趋势较强的个股，或是即将离开底部震荡转为上涨趋势的股票。因为只有那些即将离开底部震荡转为上涨趋势或是想强化上涨趋势的个股，才更容易出现涨停，并在涨停后出现接连上涨。所以，寻找涨停股，其实就是对个股趋势的一种判定。

实战案例

江粉磁材（002600）在经历了2016年1月底至2月中旬的底部低位震荡后底部被抬高但依然为横盘式震荡，突然在2016年4月20日出现了一根放量长阳涨停。这说明，股价在经过低位震荡后，已结束低位整理，趋势将转为上涨，因此，投资者应以多头思维来操作个股，积极买入做多。如图2-11所示。

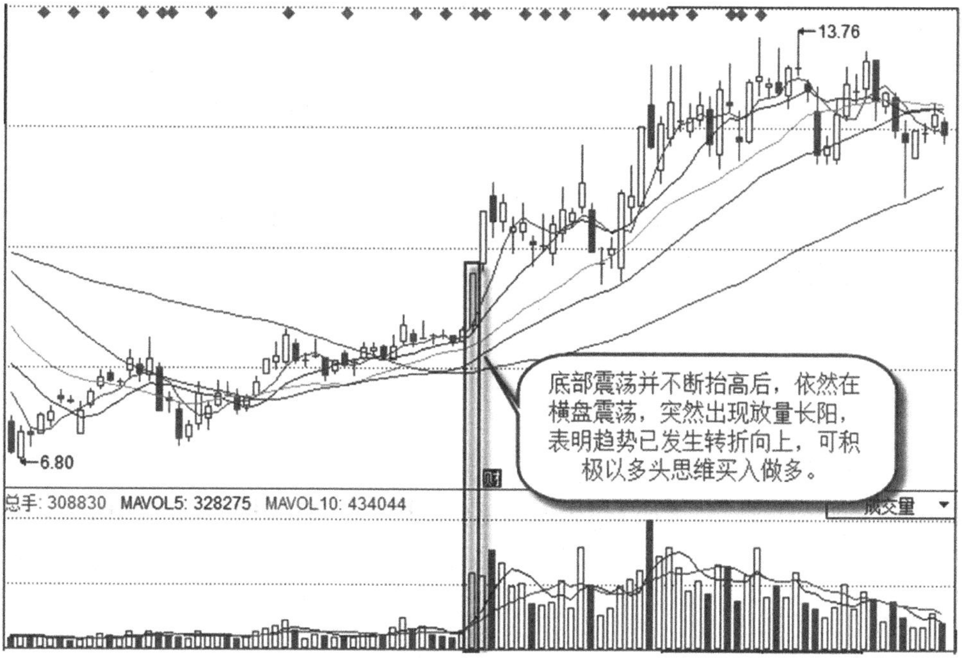

图2-11 江粉磁材-日线图

实战要点

◎ 捕捉涨停股，是对个股趋势转折或是强化上涨趋势的一种判断。因此在操作涨停股，是对个股短期趋势的一种判定。

◎ 只有发现个股在上升趋势或是即将转为上升趋势时，涨停股的出现才更为可信。

◎ 投资者在实际操盘中，涨停股并不难找，难的是找到那些通过涨停板的出现即将上涨，或是在上涨趋势中股价加速上涨的股票。因为在T+1制度之下，投资者在操作涨停股时，只能次日交易，所以投资者当天买入的股票可能会出现涨停，但只有次日出现继续上涨时，才能卖出获利。

2.4.2 个股质地

个股质地，是指一只股票的公司基本面。每一只股票都会有大大小小许多的庄家，但真正能够实现连续上涨，或是上涨幅度较大的股票，依然是那些质地优良的公司。因此，投资者在捕捉涨停股的时候，最好是选择那些质地优良的公司股票，这样才能实现其后的接连上涨。

实战案例

2016年3月22日，亿利达（002686）突然以涨停的方式离开低位区，说明趋势即将反转向上。查看该公司的资料就会发现，该公司是国内规模最大的中央空调风机开发、生产和销售的企业，在中央空调领域及建筑通风领域均具有较高的知名度和市场占有率，在同行业中排名第7位。并且，其每股收益自2015年3月以来，一直较为稳定，在0.1～0.2元之间徘徊。即公司质地较好，且业绩较为稳定。因此，当股价以涨停的方式告别低位区后，可放心买入持有。如图2-12所示。

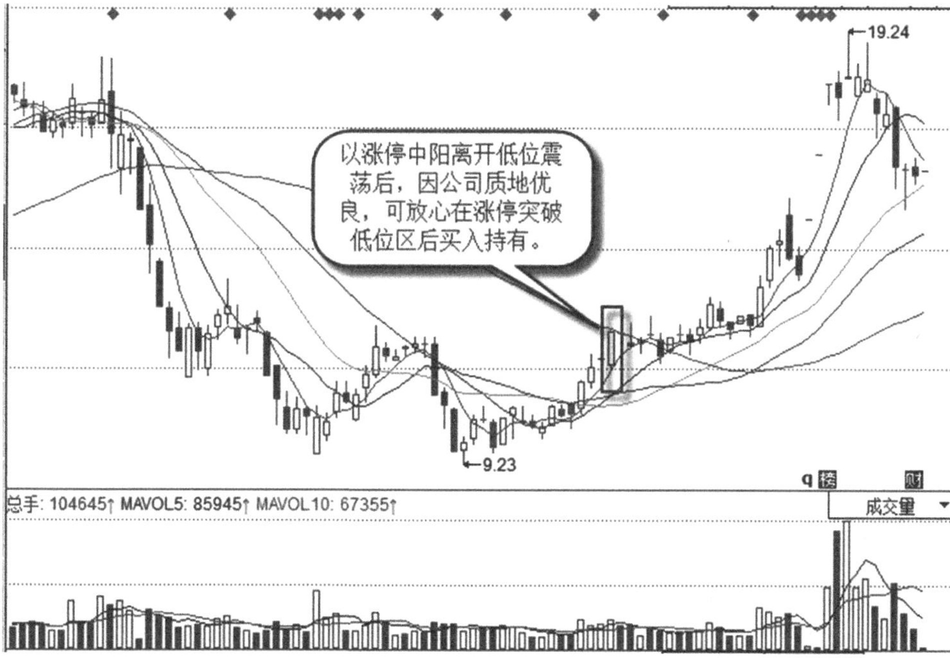

图2-12　亿利达-日线图

实战要点

◎ 公司质地决定了投资者买入股票后的风险，只要公司质地良好，即使短线抓涨停买入时出现失误，也无需顾虑被深套，只要不是在涨幅较大时买入即可。

◎ 股价的涨停往往和公司的质地有很大关联，几乎每一只妖股，其背后都有公司基本面即将发生改变的可能，因为随着证监会的不断管控，垃圾股满天飞涨的现象会逐步消失。

◎ 只有处于上升趋势或是即将进入上升趋势的质地优良的股票，才会得到市场的认可，不断持续走高。

2.5 从哪里寻找涨停板

2.5.1 涨幅榜

涨幅榜是指交易日当日上涨幅度的排名，也是很多涨停牛股经常出没的地方，所以投资者在选择涨停股时，可从涨幅榜上去寻找。但是，在“今日涨幅排名”上寻找涨停牛股时，很多当日都是以涨停出现的，这就需要投资者在寻找到相关个股后，放入股票池，然后观察其后的表现，再选择买入。

实战案例

◎ 2016年3月17日，亚太股份（002284）在告别底部低位区时出现了放量涨停，并出现在了同花顺排行榜上。此时，投资者可将其放入股票池中去观察，而次日股价继续高开后放量震荡上行，说明趋势已彻底转为上涨，此时可大胆买入，因是低价反转，所以可持股待涨，到涨势中止后再卖出。如图2-13所示。

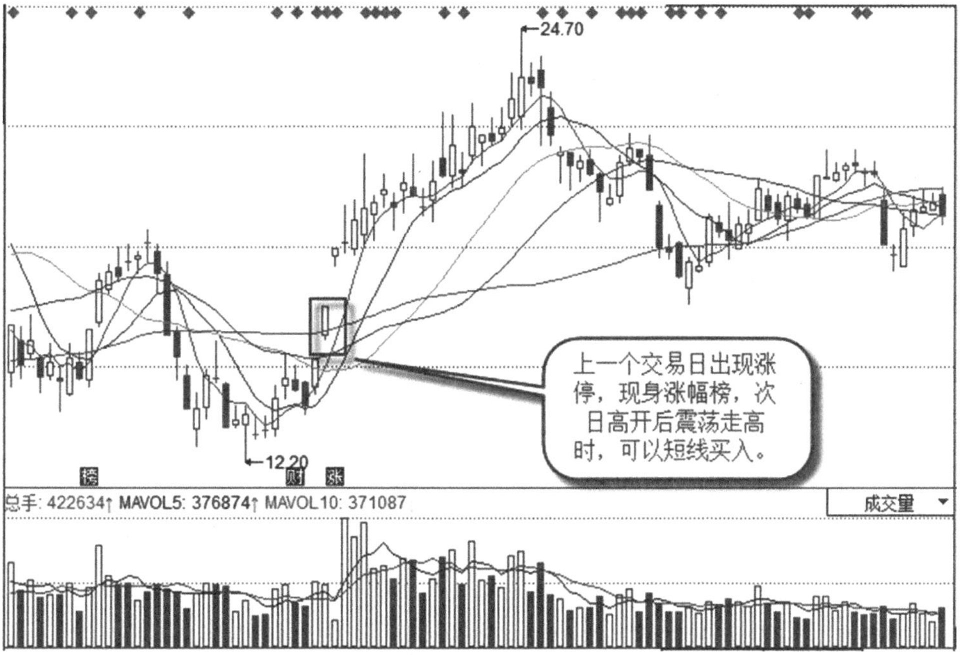

图2-13 亚太股份-日线图

实战要点

◎ 涨幅榜为涨停股云集的地方，里面可谓鱼龙混杂，因此投资者在放入股票池后，应全面分析其K线形态及信息因素，才能找到持续上涨的牛股。

◎ 在涨幅榜上，当日的涨停只是揭开了上涨的一角，具体是否能够在其后持续上涨，则需要投资者根据其他指标来具体判断，而不能只从表面上妄下判断去操作。

◎ 涨幅榜是寻找涨停牛股的地方，但并不能说明其中涨停的都是牛股，因此，寻找到目标股后，具体的甄别工作是必不可少的。

2.5.2 快速涨幅榜

较涨幅榜来说，快速涨停幅榜是指在短时间内出现快速上涨的股票排名，可以说是涨幅榜的蓄水池，因为不少最初在快速涨幅榜里的股票，后来会由于涨停而步入涨幅榜。所以，快速涨幅榜里的股票如果条件达到了持续上涨的动力，是可以在当日买入的，当日封涨停的概率是较大的。因此，投资者在寻找涨停牛股时，可以从快速涨幅榜中去寻找。

实战案例

2016年3月18日，拓普集团（601689）开盘后出现了低开后的快速上涨，并且出现在了快速涨幅榜上。此时，投资者可将其放入股票池中进一步观察。在日线上会发现，此时股票已经离开底部低位区，出现了底部抬高后的横盘震荡，且60日均线此时已渐渐走平，其他各短期均线已形成向上的多头排列，3月18日，又出现了放量。如图2-14所示。

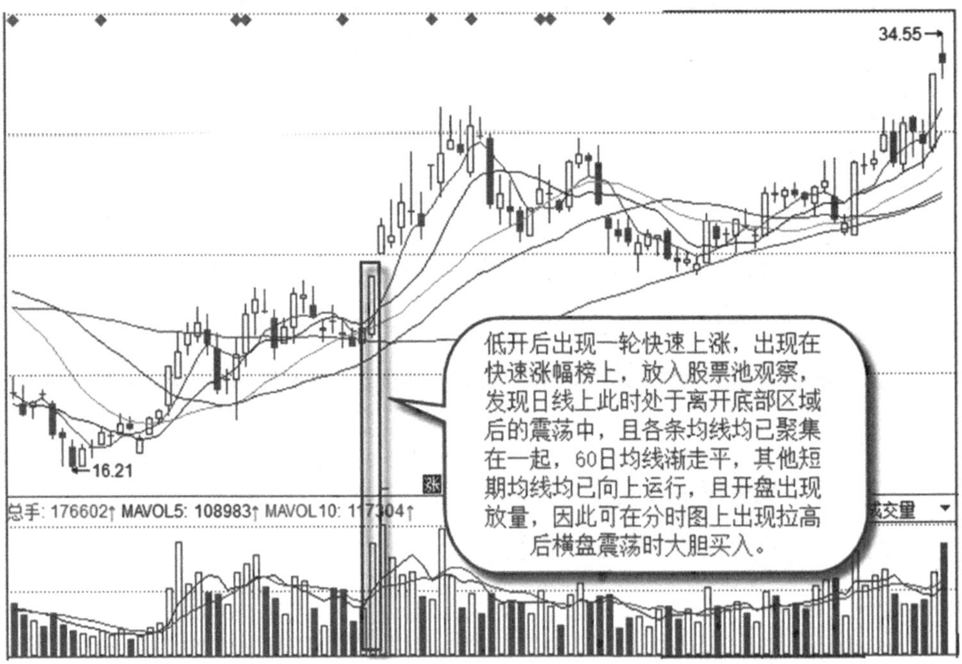

图2-14 拓普集团-日线图

此时，仔细观察3月18日的分时图就会发现，拓普集团的股价在低开快速上涨后，出现了横盘震荡。11点05分，突然出现了放量，股价结束横盘整理再次上涨，说明股价再次开始上涨，因此是买入的良机。如图2-15所示。

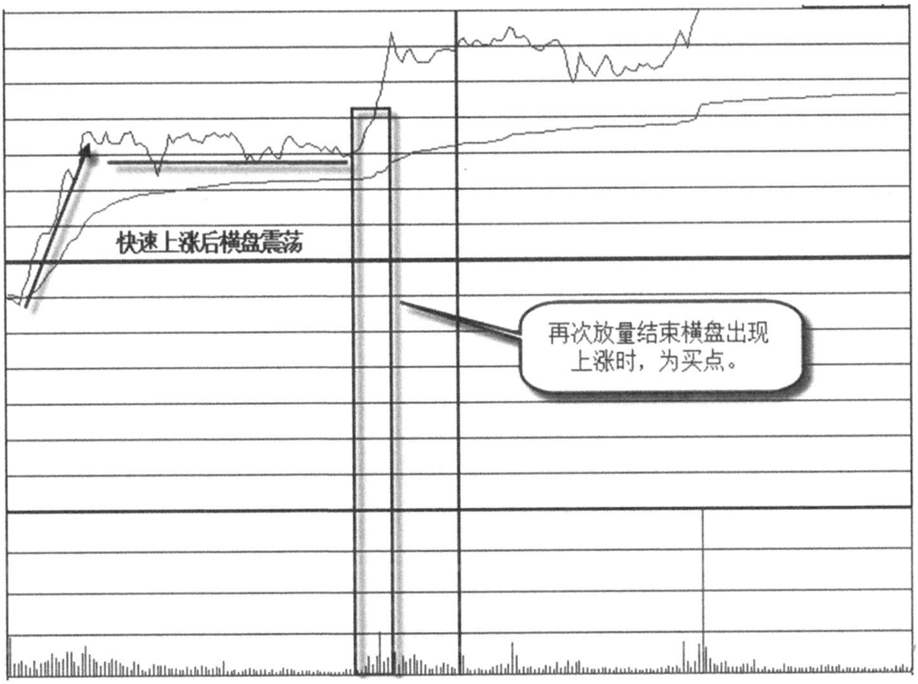

图2-15　拓普集团-2016年3月18日分时图

实战要点

◎ 出现在快速涨幅榜上的股票，并不一定其后都会成为牛股，但却为其后的涨停打下了基础，因此是投资者寻找涨停牛股的淘金地。

◎ 当投资者从快速涨幅榜上寻找到目标股后，一定要从日线甚至周线上去查看目标股的形态，只有在确认目标股为离开底部后的启动，或是上涨趋势中调整结束时的上涨，或是快速拉升开始时，方可买入。

◎ 在快速涨幅榜上寻找到目标股后，如果发现该股处于快速离开底部的上涨初期，则买入后不应过短持股，应在涨势中止或是短期调整开始时卖出。

第3章 涨停基因：引发涨停的信息因素

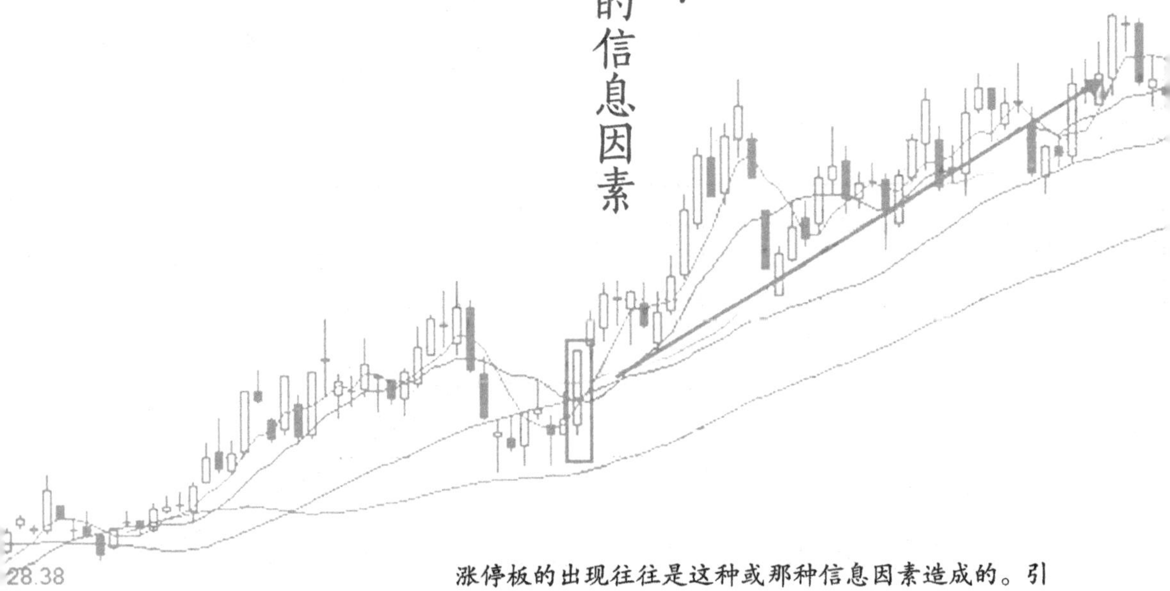

涨停板的出现往往是这种或那种信息因素造成的。引发涨停的信息是多样的，有很多规律可循。投资者要提前了解哪些信息容易引发涨停，才能在这些信息出现时，从容不迫地做好准备，大胆买入。

3.1 外部因素

3.1.1 政策利好

政策利好，是指当股票在运行过程中，突然消息面上出现了利好行业的政策，从而令股价出现了快速上涨，甚至是涨停。尤其是当股价处于筑底阶段时，或是上涨调整趋势时，政策的利好会提前结束这种底部震荡或是调整的局面，刺激股价快速上涨。因此，除股价处于高位区出现政策利好时，均应大胆买入，因为政策利好会极度刺激个股，从而引发涨停。

实战案例

2014年7月22日，国家发改委发布了《关于电动汽车用电价格政策有关问题的通知》，浙江省即刻宣布，年底前全省高速服务充电桩将实现全覆盖。这说明，在政策支撑之下，浙江省已在大力发展充电桩，因此利好充电桩企业，尤其是本部位于杭州的本省企业数源科技（000909）更是最大的受益者，股价当日出现涨停，所以投资者应及时买入。如图3-1所示。

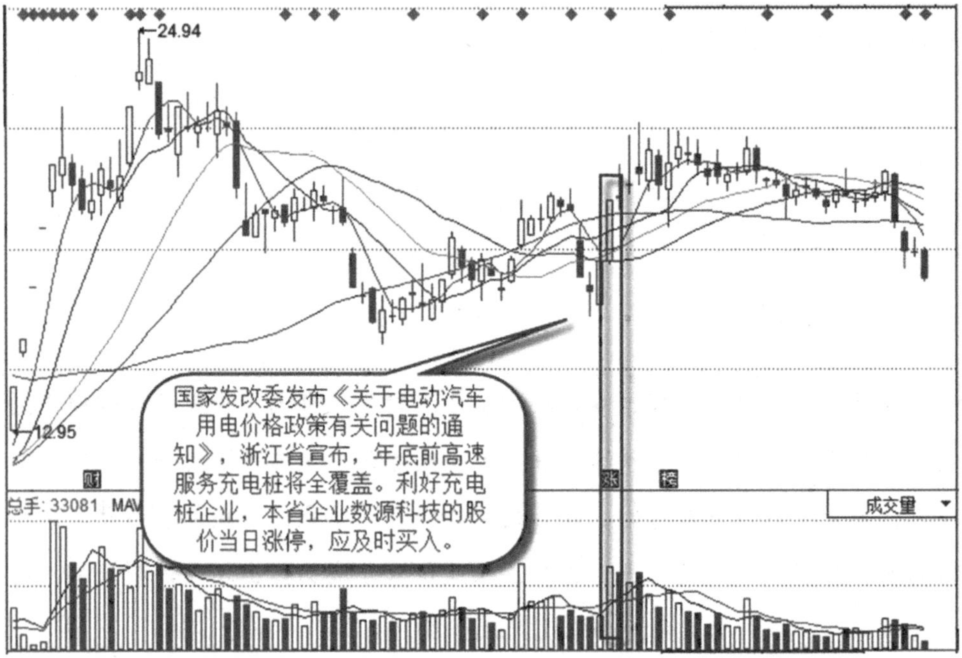

图3-1 数源科技-日线图

实战要点

◎ 政策性利好，并不是针对某个企业的，而是国家或地方政策基于某个行业大力发展的政策，因此会对这一行业的企业直接受益，比如相关政策的扶植与优惠。

◎ 当政策利好出现时，受益最大的往往是这一行业的龙头企业。因此，投资者在选择时应针对利好的行业，选择其中的龙头企业买入。

◎ 当政策利好出现时，投资者如果选择相关个股，一定要看清个股股价所在的位置，如果发现股价正处于高位区时，往往这种利好会成为主力资金借机高位派发的由头，因此应小心跟从。

3.1.2 重组

重组是指企业制定和控制的、将显著改变企业组织形式、经营范围或经营方式的计划实施行为。属于重组的事项主要包括以下3项。（1）出售或终止企业的部分经营业务；（2）对企业的组织结构进行较大调整；（3）关闭企业的部分营业场所，或将营业活动由一个国家或地区迁移到其他国家或地区。另外，重组还包括股份分拆、合并和资本缩减（部分偿还）以及名称改变等。

在市场中，重组会改善原有企业的营利能力，而有些企业又借重组之名实现借壳上市，因此一直以来成为资本市场上的炒作对象，并且，重组类个股上涨时，往往不仅仅是一两个涨停，而是会接连出现数个甚至是几十个涨停，从而令股价出现乌鸡变凤凰，因此成为了众多投资者竞相关注的焦点。

实战案例

新海股份（002120）是2007年登陆深市中小板的一家企业，其后，因公司业务发展，一直在兼并一些企业，如2015年3月收购深圳市锦瑞电子有限公司5%的股权，2016年收购深圳市尤迈医疗用品有限公司49%股权等，并于2016年5月21日起开始停牌，进行重组。

从新海股份的走势来看，在其重组之前，也就是在重组预期期间，股价一直处于长期横盘震荡的状态。但是，当2016年7月15日宣布重组成功，股票复牌后，却一连出现了8个一字涨停，股价从5月21日停牌当日的收盘价20.48元计算，至复牌的一字涨停结束次日的最高价计达到了42.50元，上涨停幅度短期达到了100%。

在这种情况下，投资者如果想要参与行情是较难的，在有重组预期时即逢低买入埋伏进去，到重组成功、股价结束上涨时卖出，才可获利。如图3-2所示。

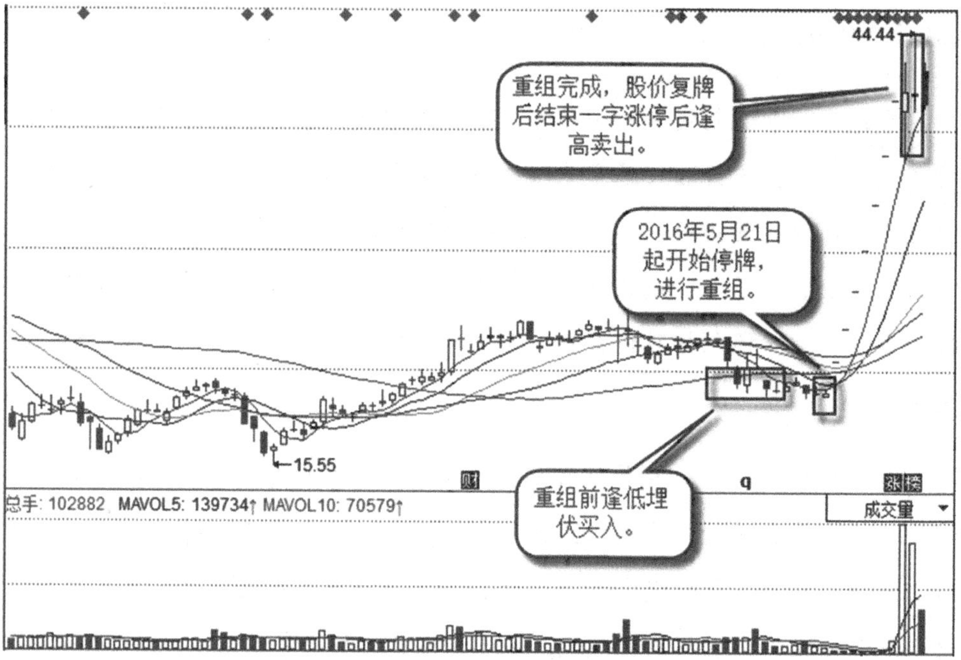

图3-2　新海股份-日线图

实战要点

◎ 并不是每一只有重组预期的股票都会最终实现重组，也不是所有重组的股票都会重组成功，因此埋伏重组预期股往往风险很大。

◎ 优质个股的重组往往风险相对小，而ST类股票的重组往往一波三折，因此投资重组预期股时应谨慎。

◎ 投资者如果热衷于重组类股，应仔细研究那些有重组预期的股票，在其低位震荡时买入，而在实现重组后，股票复牌后停止一字涨停时卖出，而尽量不要在高位出现涨停时，因重组的概念追高买入。

3.1.3 概念

概念，是指个股因公司主营业务或相关业务涉及某些概念。概念看起来似乎很集中，比如一提起苹果概念，就会想到德赛电池一样。事实上，每一家上市公司都会有至少一个概念。因此，在利用概念盘中捕捉涨停股时，应结合当时股价的趋势以及相关政策的刺激。因为，只有概念成为人们关注的焦点时，其概念股才会有更好的表现。此外，在选择概念股时，仍然要从公司的这一概念进行分析，只有某一概念成为关注焦点时，那些概念性较强的公司，其股票才更容易成为领头羊，带动概念股最先出现涨停。

实战案例

2015年9月9日，在经过6月份开始的大跌以及其后的震荡下跌后，启明星辰（002439）率先开始带领网络安全概念股出现了涨停。这是因为，当时国务院力挺大数据概念，从而刺激了网络安全概念的股票。而网络安全，也随着近年来互联网在中国的快速发展，成为了大家最为关注的一个概念。而当时K线上，启明星辰短线已经止跌企稳，有反弹的需求，加之国务院支持大数据的信息又刺激到了此类概念股，且启明星辰又是一直专注于信息安全领域的行业龙头，因此才成为了领涨先锋，率先上涨并出现涨停。因此，可以在此时短线介入。如图3-3所示。

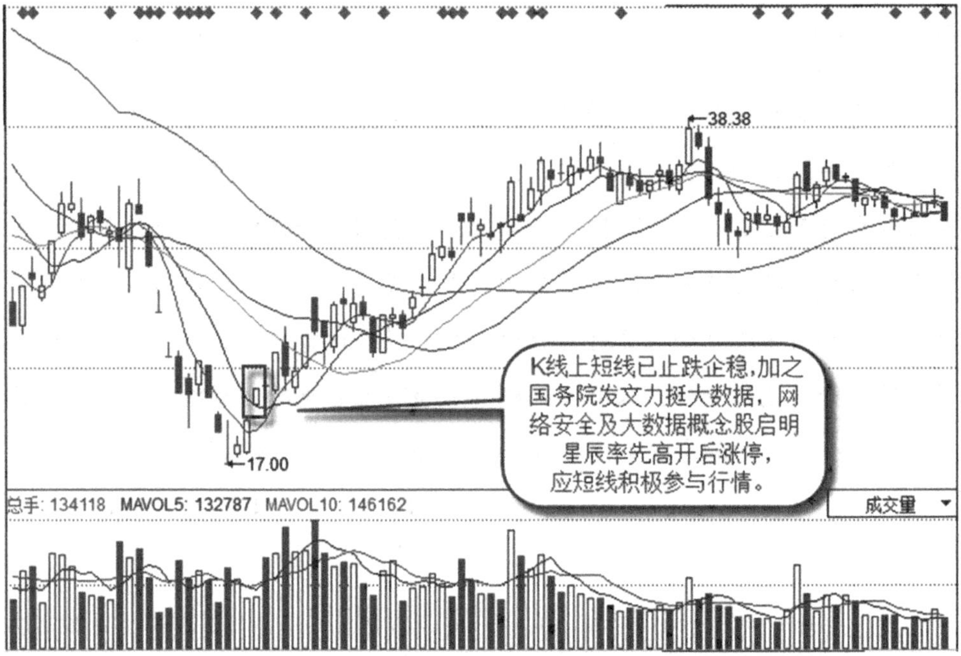

图3-3 启明星辰-日线图

实战要点

◎ 概念仅仅是公司业务涉及的一个概念，只有当概念成为关注的焦点时，概念股才会引发快速上涨，甚至涨停。

◎ 当某一概念开始成为上涨热点后，那些概念纯正、处于龙头地位的公司才更容易成为引领概念板块股走强的领头羊。

◎ 概念没有好与不好之分，只有成为了热点，才能引起市场关注，出现走强和涨停。

3.2 个股概念

3.2.1 高送转

高送转，是指上市公司送红股或者转增股票的比例很大。实质是股东权益的一种内部结构调整，对净资产收益率没有影响，对公司的盈利能力也并没有任何实质性的影响。高送转实施后，上市公司的股本总数虽然扩大了，但公司的股东权益并不会因此而增加。并且，在公司净利润不变的情况下，由于股本的扩大，资本公积金转增股本与送红股将摊薄每股收益。在上市公司高送转方案的实施日，公司股价将做除权处理，也就是说，尽管高送转方案使得投资者手中的股票数量增加了，但股价也将进行相应的调整。因此，高送转方案实施后，投资者持股比例不会发生变化，持有股票的总价值也不会发生变化。

然而，一直以来，高送转都是市场上一个关注的焦点。所以，很多上市公司一旦确定了高送转方案，其股票往往会出现一定幅度的上涨，而许多主力资金也借机实施高位派送。因此，高送转概念成为了引发股价短线出现涨停的一个因素。

实战案例

在2016年6月19日收盘后，彩虹精化（002256）公布了2016年中期高送转高达10送30的方案，当即引发了次日的一字涨停，其后再次接连出现了涨停和强势上涨。观察此时的K线会发现，公司在公布高送转方案时，股价正处于多头上涨格局，因此高送转方案成为了引爆股价加速上涨的因素，所以投资者应短线积极参与行情。如图3-4所示。

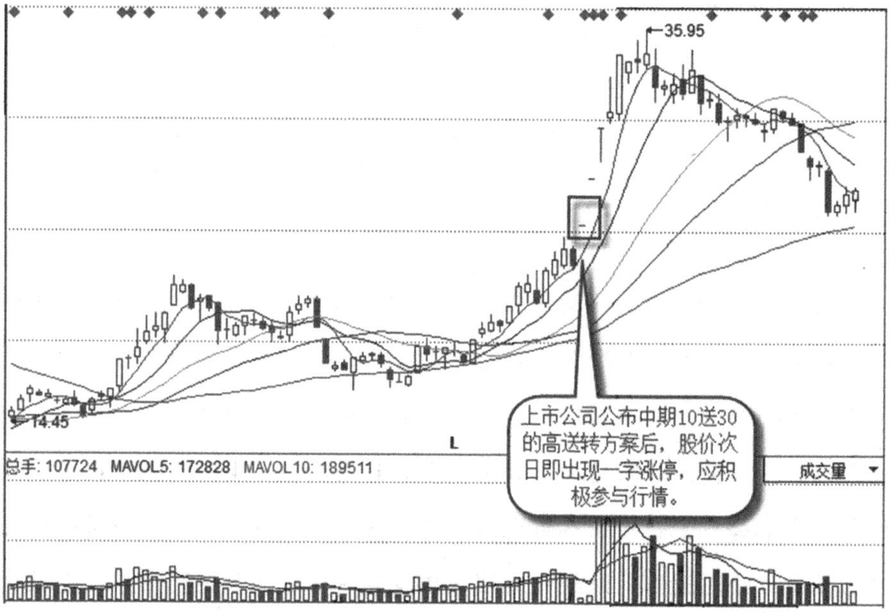

图3-4 彩虹精化-日线图

实战要点

◎ 高送转实质上是股票价格走高后，为了进一步在市场上流通而采取的一种摊薄股价的措施，也是上市公司成长过程中募集资金的一种方式。

◎ 由于高送转的股票存在填权的问题，所以往往会成为市场关注的热点。但投资者应理性对待填权问题，因为填不填权是随公司业绩是否不断增厚而决定的。

◎ 高送转方案公布后，投资者应结合K线上具体的趋势来确定股价是否拉升的时机。

◎ 如果高送转方案实施时，股价在高位震荡，则此时的高送转往往会成为主力资金借机出货的“借口”。

3.2.2 定增

定增全称为定向增发，是指非公开发行，而是向特定投资者发行一定数量的公司股票的行为，这实际上是一种常见的上市公司募集资金的方式。在2006年证监会推出的《再融资管理办法》中规定，定向增发的发行对象不得超过10人，发行价不得低于市价的90%，发行股份12个月内（大股东认购的为36个月）不得转让，募资用途需要符合国家产业政策，上市公司及其高管不得有违规行为。除此再无其他条件，这就是说，非公开发行并无盈利要求，即使是亏损企业也可申请定增发行股票。其次，定增也成为了并购的一种方式。

定增会增加上市公司的现金流用于发展公司，所以会令公司股票的市场竞争力增强，因此也成为了一种利好。只要不是行情极弱时，有定增需求或定增方案公布后，公司股价极易引发上涨，或涨停。

实战案例

2016年6月6日晚间，振芯科技（300101）公布了定增方案："公司拟非公开发行不超过6500万股，募集资金总额不超过11.65亿元。"公司股票6月7日复牌后，直接高开并在高位维持震荡。结合当时的行情分析，股价刚刚离开底部区域开始上涨，复牌后尽管当日高开后高位震荡，但未回补缺口，加上公司定增是发展主营业务及补充流动性，是为了公司能够更好地发展，因此应在定增方案公布后果断买入股票，其后股价果然出现涨停和加速上涨。如图3-5所示。

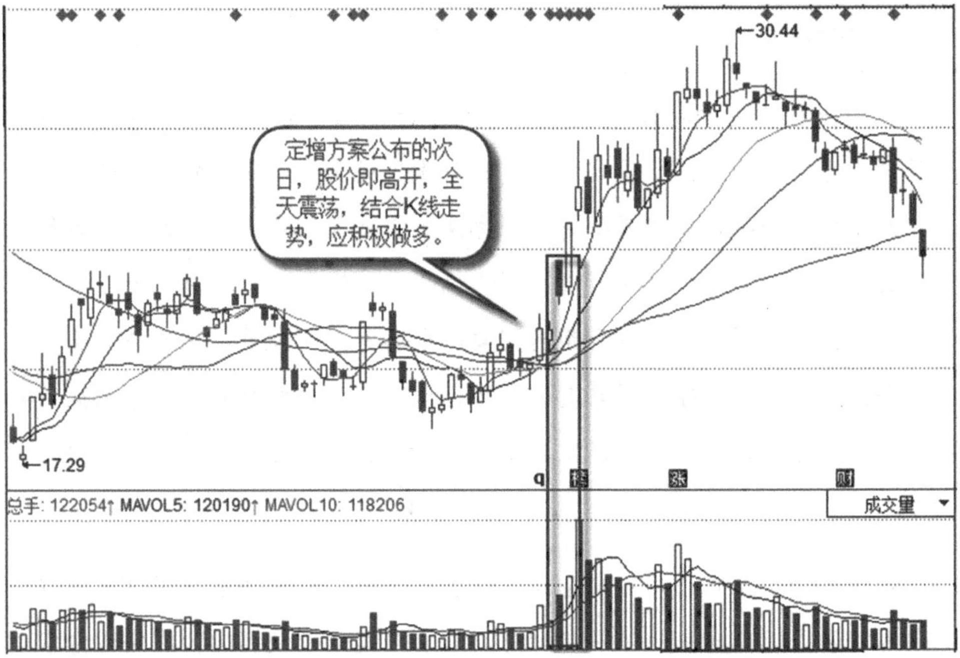

图3-5　振芯科技-日线图

实战要点

◎ 行情好时，上市公司的定增方案出台后，股价更容易获得市场青睐。

◎ 行情不好时，公司即使公布了定增方案，也极易出现定增失败，股价跌破定增价，引发定增流产。

◎ 当定增方案出台后，投资者应结合公司融资需求及技术形态来综合判断行情。只有那些通过定增后募集到资金发展主业的公司，其竞争力才会得以提升。对于那些超前扩张的企业则要谨慎。

3.3 个股利好

3.3.1 中标

中标，是指投标人被招标人按照法定流程确定为招标项目合同签订对象。在市场中，中标是指上市公司与客户签订了业务合同。因此，这一消息对于上市公司而言，显然是一种利好。因此，在通常情况下，上市公司中标往往会引发股价的上涨，甚至涨停。所以，当发现上市公司中标某一项目后，应短线及时买入股票。

实战案例

2016年6月23日晚间，潜能恒信（300191）公告称，公司海外全资公司智慧石油于6月22日收到蒙古国石油局颁发的正式中标通知书，通知确定智慧石油为蒙古国 Ergel-12 区块石油勘探开采中标方，双方拟签订为期33年的《Ergel-12合同区产品分成合同》。经申请，公司股票将于6月24日复牌。

6月24日复牌后，潜能恒信的股价当日即以涨停价开盘，并一直维持到收盘，且接连出现了5个涨停。因潜能恒信的中标属于主营业务的重大中标，显然是一种利好，因此消息公布后，投资者可在集合竞价时挂单买入，若未能买入，在接连涨停后，反而因短期涨幅过大，应回避。如图3-6所示。

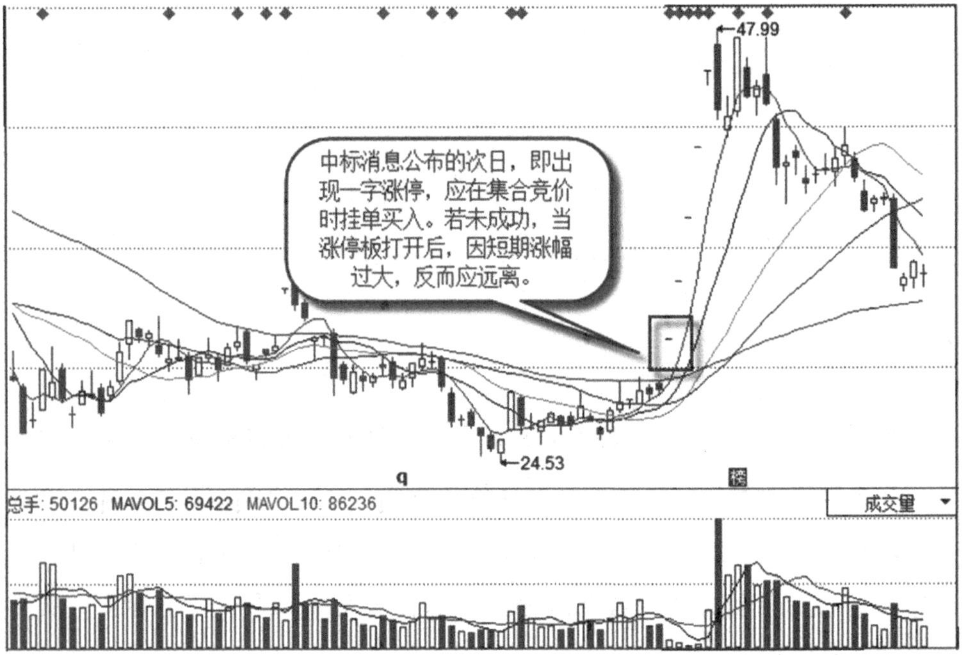

图3-6 潜能恒信-日线图

实战要点

◎ 当上市公司发布中标公告后，投资者应对此认真研究。许多公司中标的项目给公司带来的收益只占公司业务收入的很小一部分，这种中标其实是无法增厚公司业绩的。

◎ 只有那些能够影响到公司全年业务的大项目中标，才会为其股票带来实质的利好，从而引发接连涨停。

◎ 如果股价在高位区时，公司发布利好也应谨慎对待，因为主力资金极有可能会利用这种利好出货。因此，中标利好出现后，应结合股价具体的位置综合判断行情。

3.3.2 业绩增长

业绩增长，是指上市公司在年度、半年或季度中出现了利润增长。这一消息对于上市公司而言，自然是一种利好，因此会影响到公司的股票出现相应的上涨，如果增长幅度较大时，尤其是环比增长的幅度较大时，不仅会令公司股价出现涨停，还会出现接连上涨。因此，出现业绩增长的消息时，往往是捕捉涨停牛股的良机。

实战案例

世纪游轮（002558）是网络巨人史玉柱执掌的一家网络游戏公司，从2016年开始，该股一直处于低位震荡走势，但在5月23日时，公司突然发布了一条2016年的中报预增消息，称中报业绩将增加31951.81%。这对于世纪游轮来说，无疑是一条重磅利好。此时结合K线会发现，股价正在低位徘徊。在消息发布的次日，股价即出现了跳空高开后一直高位横盘震荡。虽然未出现涨停，但公司业绩大幅提升以及K线自2016年年初以来的一直小幅震荡，均说明股价上涨在即，其后必然会出现涨停甚至是接连上涨。因此，应在消息发布后的次日，股价高位横盘时，大举买入并持有。如图3-7所示。

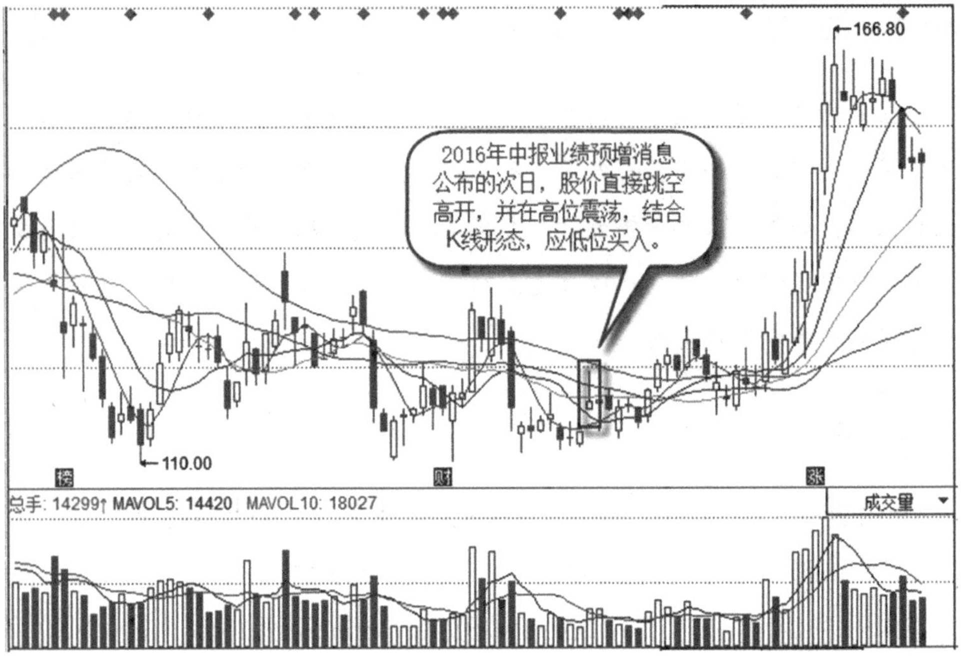

图3-7 世纪游轮-日线图

实战要点

◎ 投资者在通过业绩增长选择涨停牛股时，应以业绩预增为准，而不能等公告发布后再去选择，因为股市本来炒的就是一种预期，所以消息一旦落实，往往就会成为一颗弃子。

◎ 投资者在根据业绩增长选择涨停牛股时，也可通过公司之前的业绩增长情况，具体分析行业、公司的发展情况，综合预判其成长情况。因为很多白马股业绩一直是较为稳定的，而一旦经营及政策在利好的情况下，业绩也会突然发生大增。

◎ 对于业绩增长的情况，投资者在看待这一指标时，应区别对待。因为，有些行业的经营周期性较强（如养殖业等），而有些行业又存在很多不确定性（如计算机应用等）。投资者不能单纯地只看季报或中报，而应该结合年报来看，将更为准确。

3.3.3 “摘星脱帽”

“摘星脱帽”即撤销风险警示，撤销ST和*ST。上市公司因连年出现亏损，即会被证监会在股票前挂上ST或*ST，而上市公司要打算“摘星脱帽”，就必须满足以下条件中的一条。

（1）最近两个会计年度，经审计的净利润连续为负值，或者因追溯重述导致最近两个会计年度净利润连续为负值；

（2）最近一个会计年度，经审计的期末净资产为负值，或者因追溯重述导致最近一个会计年度期末净资产为负值；

（3）最近一个会计年度，经审计的营业收入低于一千万元或者因追溯重述导致最近一个会计年度营业收入低于一千万元；

（4）最近一个会计年度的财务会计报告被出具无法表示意见或者否定意见的审计报告。

证监会规定，被ST或*ST的上市公司，只要公司达到以上4个条件中的任意一条，即可申请摘星脱帽。

通俗意义上讲，“摘星脱帽”实质上就是亏损的企业出现了大幅改善。因此，投资者可关注那些ST或*ST类的股票，一旦发现公司经营业绩得到了大幅改善，或公司召开了申请摘星脱帽的大会，应即刻买入。

实战案例

*ST星美（000892）原来名“星美联合”，被*ST后，股价一直走势平平。公司在停牌期间的2016年2月6日召开了董事会，审议关于公司申请撤消退市风险提示的问题，说明此时公司的经营已经符合了“摘星脱帽”的条件，经营

得以大幅改善。再结合K线形态来看，日线上，股价停牌前正处于反弹行情中的调整。因此，公司在2月15日复牌后低开出现时，有经验的投资者即可果断在低位买入，因为这种低开只是对停牌前趋势的一种短时延续，其后股价必定会接连大涨。如图3-8所示。

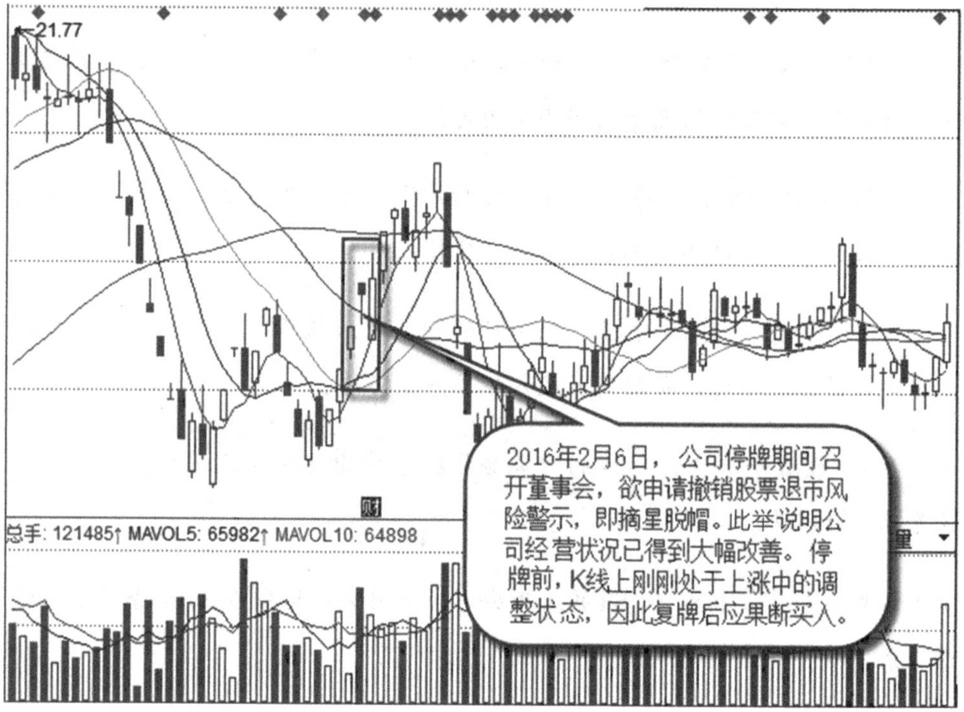

图3-8　星美联合-日线图

2月25日，公司得到了证监会的通知，获准其自2016年2月25日起“摘星脱帽”，*ST星美恢复了星美联合的证券简称，股票代码不变。

实战要点

◎ “摘星脱帽”对于上市公司而言，是经营状况和业绩大幅改善的标志，但在市场中，投资者一定要在公司摘星脱帽前进行这些操作，因为公司一旦获准了“摘星脱帽”的申请，也就失去了炒作的理由和机遇。

◎ 不是所有的ST或*ST股都能够顺利实现“摘星脱帽”，只有公司经过努力经营、公司现状得以改善后才会符合证监会的“摘星脱帽”标准，所以投资者不能陷于对ST股的幻想而无以自拔。

◎ 因为很多上市公司是以重组、兼并等手段实现“摘星脱帽”的，所以往往会在“摘星脱帽”前出现接连十几个或数十个涨停。参与这类股时，应通过提前分析，埋伏买入。

第4章

寻找涨停：从涨停板出没的地方狙击涨停

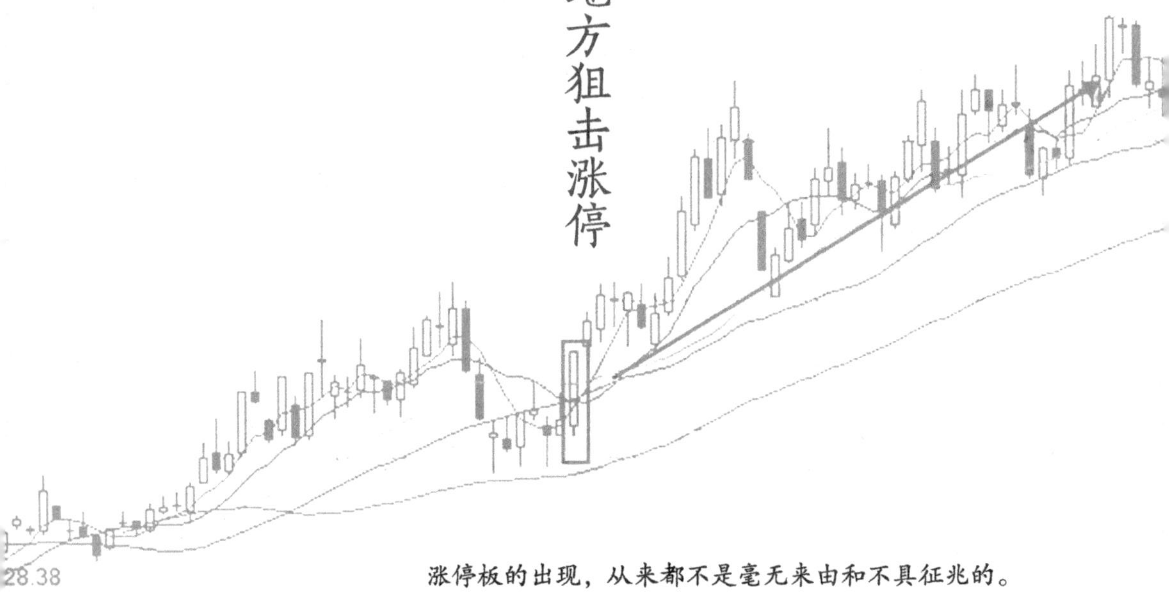

涨停板的出现，从来都不是毫无来由和不具征兆的。只有提前知晓这些征兆，才能抓住良机。此外，有些股票本身就具有涨停的因素，只要投资者在恰当的时机果断介入，就能够轻松地收获一个或数个涨停。

4.1 容易引发涨停的股票类型

4.1.1 热点

热点，是指比较受市场关注或者欢迎的板块、行业、概念、股票。一个行业、板块、概念，之所以受到市场的关注成为热点，原因可能是多方面的，如国家政策对某一行业的大力支撑，或是某些产品受到消费者的热捧等，都会直接或间接地使相关的行业股票或相关概念以及板块中的股票成为市场的热点。

当行业、概念、板块成为市场的热点之后，其中的相关股票就会成为市场众多投资者跟从的主要对象，于是会引发股价大幅上涨或接连涨停。因此，热点对于投资者来说，是捕捉涨停牛股的关键。

实战案例

2016年7月4日，国防军工、大飞机、有色冶炼加工、分散染料等板块或概念突然成为盘中热点，出现了集体上涨，不少个股均在当日出现一字板涨停，如三德科技、环球印务等。此时，投资者可选择其中的概念或板块股进行操作，如国防军工板块及大飞机概念的中航飞机（000768），当日小幅低开后出现一路上涨。投资者应在开盘后股价向上震荡上行时果断买入，因为热点板块或概念中的个股极易出现涨停。如图4-1所示。

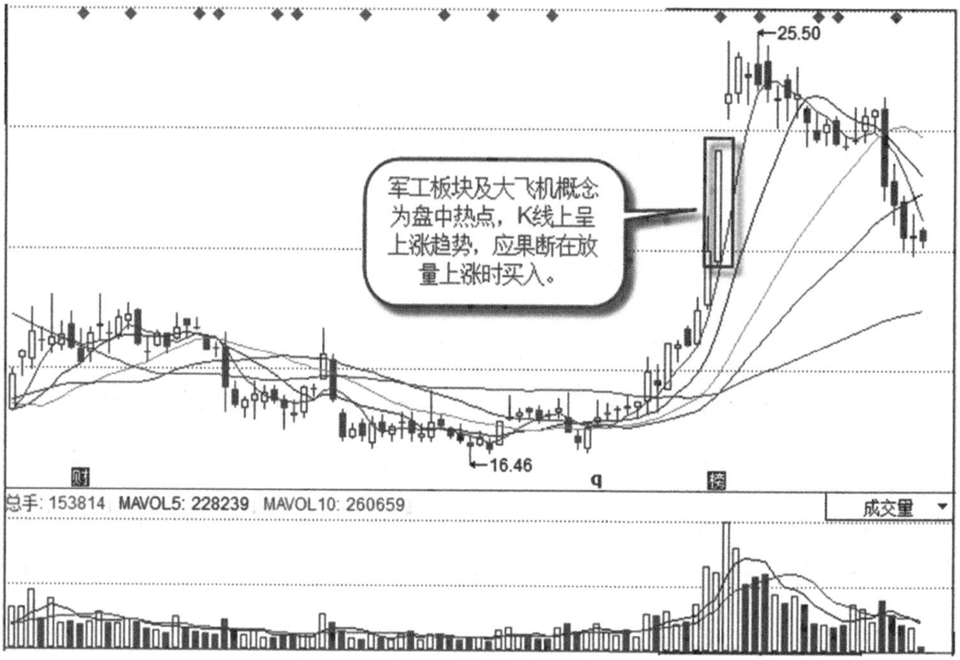

图4-1　中航飞机-日线图

实战要点

◎ 热点是股市的焦点，必然会吸引众多资金跟从，因此极易引发涨停或连续上涨，尤其是处于上升趋势的个股。

◎ 热点的形成原因不一，所以热点的持续热度也不一而足，只有那些能够持续成为热点的板块、概念或个股，才是短线的强势股。

◎ 突然出现的短期热点，应看其受到市场关注的原因；若关注不够，或是仅仅因为某些小利好而成为热点的个股或板块，往往持续上涨的动力不足，此时应谨慎参与。

4.1.2　行业龙头

行业龙头，是指在某一行业中处于领头地位的企业。这些企业，无论是行业技术还是市场占有率，均在行业中占据优势，甚至是在行业中有着决定产品价格的话语权。所以，这些行业龙头股一旦结束调整开始上涨时，往往会成为行业板块的风向标，会率先引领行业板块个股发起冲锋，极易出现涨停或是接连上涨。因此，行情龙头是投资者盘中捕捉涨停牛股的较好选择。

实战案例

2016年6月中旬，山东黄金（600547）在上涨趋势中出现调整，此时黄金类股即同时出现调整，但作为黄金类龙头股的山东黄金，在6月24日控低结束调整后，引领行业中个股出现了快速上涨，并在午后开盘后不久即出现涨停。因此，投资者应在黄金类股结束调整时，及时买入其中的龙头股山东黄金。因为在同一黄金概念股中，恒帮股份虽然也是其中的龙头股，但相较而言，该股在6月24日只是在尾盘出现涨停，较山东黄金落后了不少，而很多其他的黄金类股却未在当日出现涨停，足见捕捉龙头股的重要性。如图4-2所示。

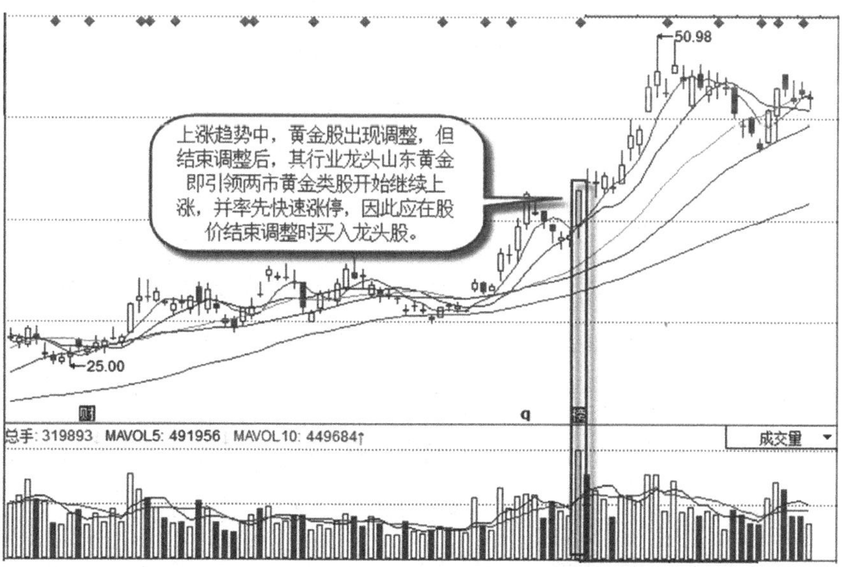

图4-2　山东黄金-日线图

实战要点

◎ 行业龙头之所以往往能够引领行业板块个股上涨，是因其市场份额较大，所以一旦行情转好，其受益也会最大。

◎ 行业龙头虽然可以领涨，但同样也具有领跌的作用。所以，投资者在捕捉上涨龙头股时，一定要选择在这一行业个股处于上涨趋势时操作，而非下跌趋势。

◎ 如果投资者只是寻找涨停股，可选择在龙头股发动上涨之初或是加速上涨时买入，此时最明显的标志是放量或上涨时间与坡度较大。但如果是基于中长线思维去选择龙头股，可在龙头股市场表现最差时逢低分仓布局。

4.1.3 领涨股

领涨股，是指引领行业板块或某一概念股率先发动上涨的股票。通常而言，领涨股是这些行业的龙头股，但对于一个行业或概念而言，这些领涨股有时并不一定是龙头股，它们或是二线龙头，或是细分行业龙头，或是某一概念较为纯正的股票。由于某一个政策或利好的刺激，使公司大为受益，率先引领行业或某一概念板块出现上涨。而一旦出现上涨的情况，这些股往往会成为涨停先锋，率先涨停并持续出现较大幅度的上涨。

实战案例

2014年6月22日，国产软件板块出现了集体上涨。其中，龙头股信雅达（600571）或神州信息（000555）等在午后表现一般，而榕基软件（002474）的表现却格外抢眼。榕基软件的主营业务是关于电子政务、质检行业“三电工程”、信息安全、协同管理等软件产品的开发与销售，是海峡西岸软件行业的龙头企业。也就是说，榕基软件只是一个区域龙头。但它却引领着国产软件出现了上涨，并在尾盘一度封于涨停。

从K线图上可以发现，榕基软件此时刚刚结束低位底部震荡整理，率先在国产软件上涨时起到了领涨的作用，这与其形态有很大关系。因此，投资者应在午后榕基软件出现放量加速上涨时果断买入。如图4-3所示。

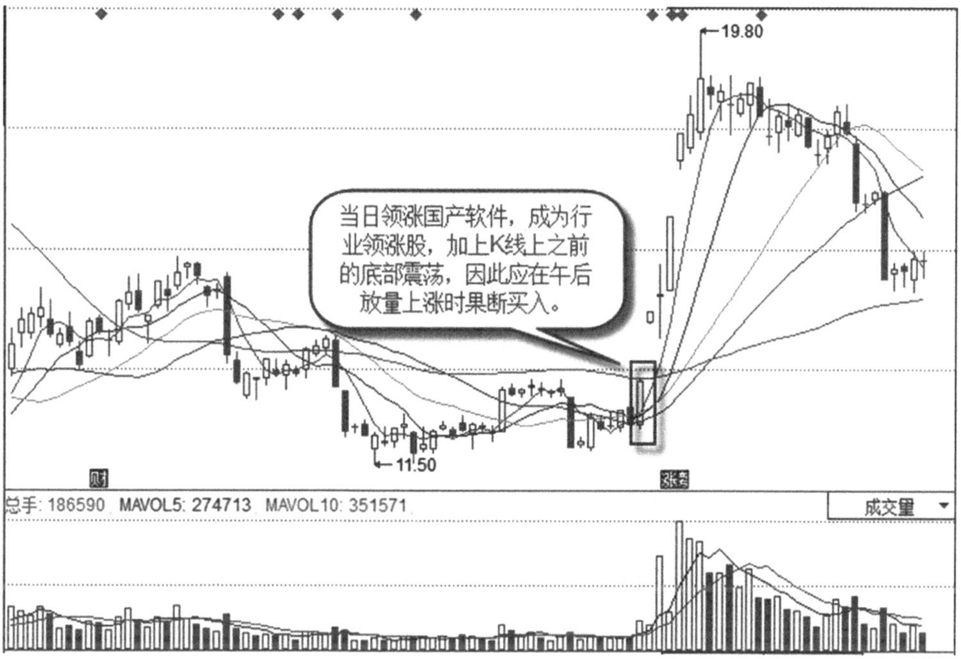

图4-3 榕基软件-日线图

实战要点

◎ 从广义上讲，领涨股基本为行业的龙头股或行业细分龙头、区域龙头。因此，领涨股在细分行业或区域行业中，均占据着重要地位。所以，投资者在寻找领涨股时，应从行业的细分行业或区域地位入手。

◎ 当个股领涨行业时，应具体分析个股的K线形态，若是领涨股此时已在高位震荡，则往往是主力资金在借行业或板块的集体上涨出货，此时应远离领涨股。

◎ 当某一行业或概念出现集体上涨时，只有那些前期底部形态明显的个股，才可能成为领涨股，因此也可以根据K线形态预先选择领涨股。

4.2 从盘口抓涨停

4.2.1 如何看盘口信息

投资者在捕捉涨停牛股时，个股的盘口信息往往是十分重要的。盘口是看盘观察交易动向的俗称，但盘口的信息较多，比如成交量、换手率、市盈率、委买与委卖、内盘与外盘、涨幅与振幅、总市值与流通值等，这些信息往往是投资者在捕捉涨停牛股时必不可少的信息。

实战案例

2016年8月3日，通裕重工（300185）大幅高开，并且在短短数分钟内，股价即封于涨停板，且换手率高达8.06%，外盘委买40多万手，而内盘中委卖的却只有近17万手，悬殊较大，所以造成了短时的封于涨停，且封单（即委买处的大单）高达24万多手，均以涨停价挂在委买处。这种大笔的封单，说明了股价一直处于强势上涨中。如图4-4所示。

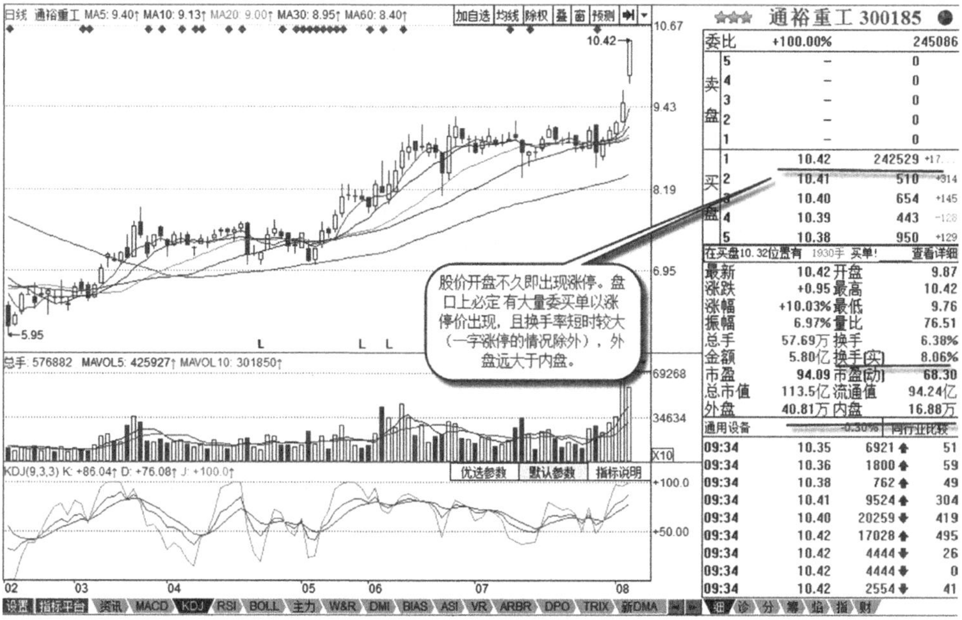

图4-4　通裕重工-日线图

打开分时图即会发现，短时间成交量出现了格外放大。这一点从日线上也可清楚地看到。

K线形态上的多头排列说明此时的涨停只是行情加速上涨的表现，因此投资者可积极参与，但由于此时已涨停，投资者难以参与，如果次日交易，股价却已在高位区。在随后的观察中发现，9点36分，涨停板被瞬间打开后即又被封死，因此，投资者可借涨停板打开之际，果断介入，但因价格在高位区，买入后应及时观察变化，一旦发现盘口换手率加大，且委卖放大，成交量也放大为阴量时，应果断逢高离场。如图4-5所示。

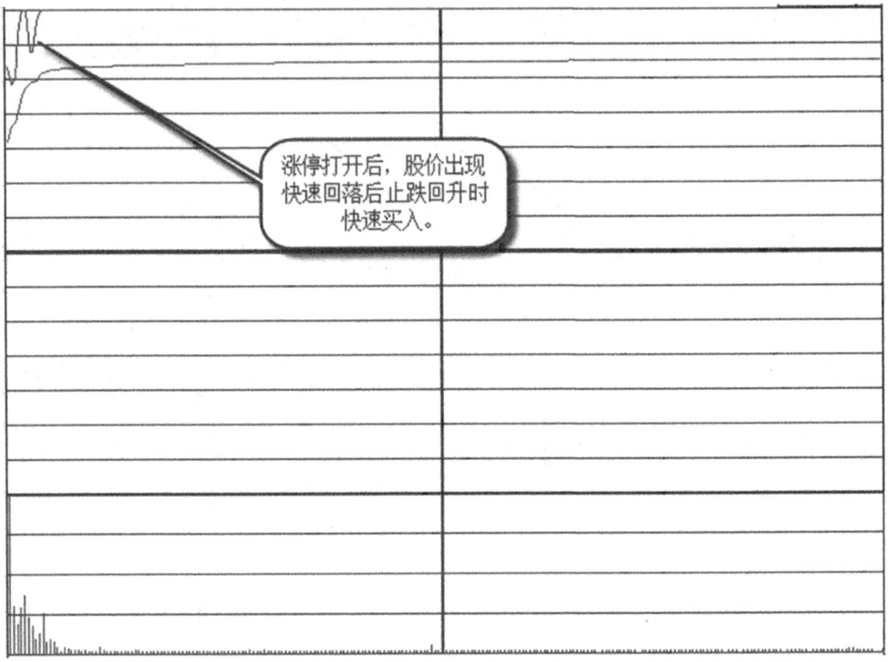

图4-5　通裕重工-2016年8月3日分时图

实战要点

◎ 投资者在观察盘口信息时，应重点关注委买与委卖、换手率、涨幅等情况，同时应结合日线观察形态，从而确定买卖点。

◎ 当换手率过大时，应结合K线形态具体判断，因为并不是所有高换手率都说明价格会上涨。

◎ 当内盘远大于外盘时，往往股价也会出现短时上涨，并在高位维持震荡，此时往往是主力资金大举卖出的象征，因此不应买入。

4.2.2　什么样的盘口信息容易引发涨停

当股价涨停的时候，通常会在盘口信息上留下明显的迹象，因为除了一字涨停，股价要出现强势上涨时，必须出现成交量放大，而成交量的放大，必然会导致换手率突然放大，同时买盘踊跃，造成外盘买入远大于内盘卖出。另外，在委买与委卖栏内，委买处用一定的大单托住底价，委卖处以不断增大的大单向上拉起价格，委卖1、委卖2处却以小单挂出，从而吸引跟风者必须以高价买入，使得股价在这种不断向上滚动的过程中出现不断上涨，最终，当股价接近涨停时，小卖单减少，大卖单会以接近涨停价的价格大笔挂出，造成一种兵临城下的感觉，然后委卖处的大单突然消失，转而出现在委买处的涨停价上，形成封单，令股价涨停。因此，投资者捕捉涨停牛股时，在观察盘口信息时，应重点观察成交量是否大、换手率是否高、外盘是否大于内盘、委买与委卖处的挂单等来判断股价是否会出现涨停。

实战案例

2016年8月4日，扬子新材（002652）成交量出现明显放大。从盘口信息得知，换手率突然出现了快速放大，最高超过了10%，且外盘一直大于内盘，说明买入者要远多于卖出者，而在委买与委卖栏内，先是在委买1、委买2处出现小单，但上方远离委买处却出现不断增加的大卖单，而下方委买处却有大单托住底，令这些大委卖单或是大委买单实际上不能成交，股价在这种情况下出现不断向上，委买与委卖处的大单也呈价格不断向上滚动的增加状态。直到股价接近涨停价时，涨停价的大委卖单突然出现在委卖1中，委买1中也以大单低于涨停价1分的形态出现，看似结成僵局。但事实上，投资者如果需要买入的话，必须以不断滚动向上的委卖1的价格才能成交。因为主力资金这种拉升股价出现在尾盘，所以涨停价的大委卖单还未移至下方委买处形成封单。

综合日线看，此时扬子新材是离开底部的初次上涨，但换手率已达到了10%，说明短期上涨欲望强烈，因此，投资者应在发现股价放量上涨、换手率突然快速放大、外盘远大于内盘的情况下同时出现增加时，选择果断卖入。如图4-6所示。

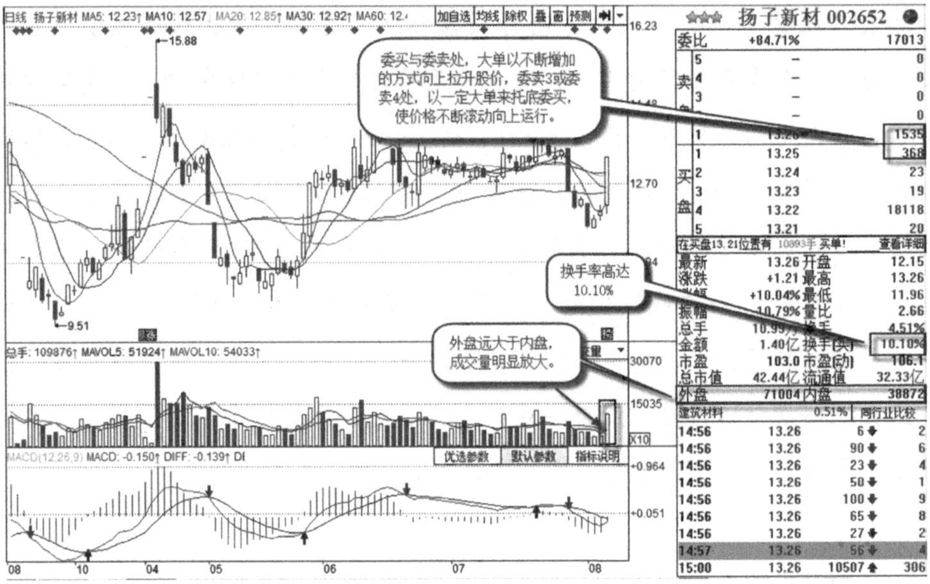

图4-6　扬子新材-日线图

实战要点

◎ 投资者在通过盘口信息捕捉涨停股时，除一字涨停板外，换手率应保持在5%以上，如果是低位突然上涨或高位强势上涨时，换手率往往会更高，有时甚至达到30%或40%。

◎ 突然启动的妖股，往往在拉升前换手率很高，股价却滞涨，此时投资者应以这一阶段的换手率来判断。因为只有经过充分的底部换手，股价才会很快发动接连强势上涨。所以，如果仅仅是一两日的高换手率，效果则不会明显。

◎ 委买与委卖栏的变化，是判断主力资金对敲股价时的惯用手法，不能单一只凭此判断行情。

◎ 投资者在通过盘口信息捕捉涨停牛股时，不能以单一的信息确定行情，应结合委买与委卖、内盘与外盘、换手率、成交量来综合判定。此外，还要结合K线形态来判断，因为股价在不同的K线形态下的意义不同。

4.3 怎样操作涨停股

4.3.1 选定目标股

投资者在捕捉涨停牛股时，不应盲目操作。首先，应该从涨幅榜或是快速涨幅榜上选择处于强势或是即将可能超强的目标股，然后具体分析。如果这只目标股已然处于上涨行情中，要观察其后股价是否会有继续上冲的动能；如果这只目标股是在低位底部震荡，要看它是否具有结束整理即将出现上涨的征兆。最后，选择买入或是计划好买入后何时卖出，指导具体操作。

实战案例

2016年8月3日，柯利达（603828）突然出现放量上涨并涨停，该股出现在龙虎榜上，此时可以将其设定为目标股。通过进一步分析可以发现，该股自2015年7月25日实施高送转后，短线经过了短期下跌后出现企稳，8月3日突然放大换手率，跳空高开后出现涨停，说明短线有继续上涨的冲动，主力资金是借拉高出货。因此，如果参与这类股，有短期填权的期待，但因送转前股价已出现一定幅度的上涨，此时应谨慎以短线操作为主。

在这种理念下，当8月4日继续高开后，尽管换手率放大到了20%，但股价一直在高位横盘震荡，说明行情不止于此，且股价至下午并未跌破昨日收盘价，并未完全回补这一上涨跳空缺口，趋势短线仍然处于强势，因此投资者可在尾盘时逢低买入。8月5日，股价继续高开，虽然盘中出现一定冲高回落，但依然在高开价之上出现横盘震荡，盘口换手率依然较高，成交量也有所放大，且外盘依然大于内盘，说明涨势仍未中止，因此可放心持股，待继续冲高后出现乏力时再行卖出。如图4-7所示。

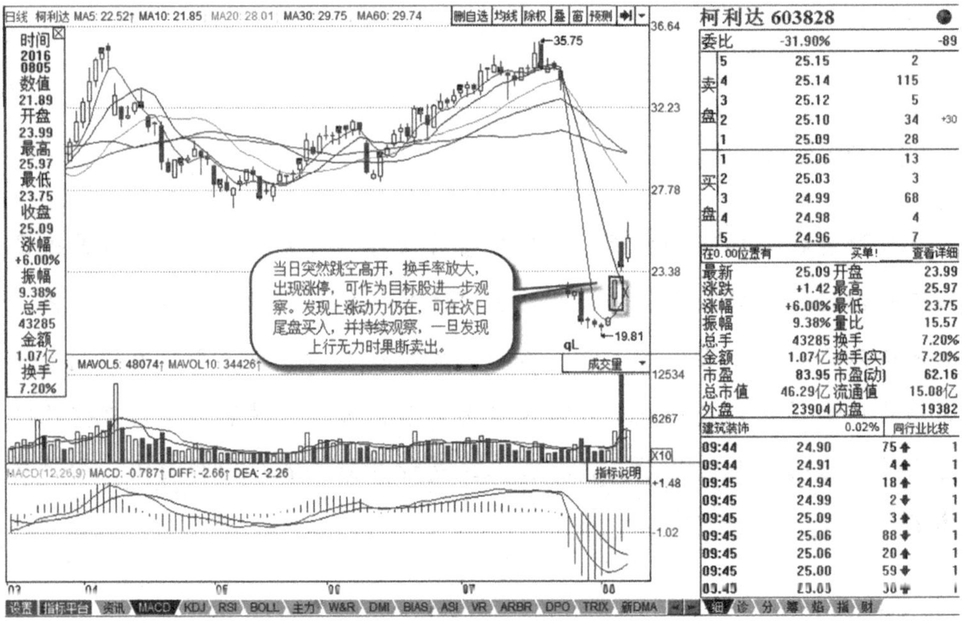

图4-7　柯利达-日线图

实战要点

◎ 目标股只有通过进一步详细观察后，方可列入操作对象。

◎ 不同形态的目标股，有着不同的操作理念，如果是底部突然出现的涨停牛股，买入后应一直持有到涨势结束再卖出。

◎ 如果是高位出现的涨停，应以短线操作为主，一旦发现上行无力时应果断卖出。

◎ 高送转类个股，不能以低位看，应回到复权前或复权后再确定。

4.3.2 操作涨停股

因为投资者很难在涨停股出现涨停时以涨停价将其买入，所以在操作涨停股时，一般可以选择以下两种方式。（1）在涨停前伏击涨停。投资者应事先判断股价的位置再决定是否买入。如出现在高位时，应以短线为主；如出现在低位启涨时，可波段持股。（2）在涨停后买入。通常在涨停后买入时，为超级短线操作，应在股价发动快速上涨初期的涨停后，高开后果断于早盘买入，次日冲高后果断卖出。

实战案例

2016年4月6日，红宇新材（300345）股价在低位震荡后，出现了跳空高开，说明股价已结束低位整理，有上行的冲动，因此，可在开盘前发现以跳空高开的价格出现时，果断以开盘价买入。当日股价放量涨停，次日在开盘前，发现股价未能出现高开，且开盘后未跳空高开继续上行反而出现下跌。此时应果断现价卖出。如图4-8所示。

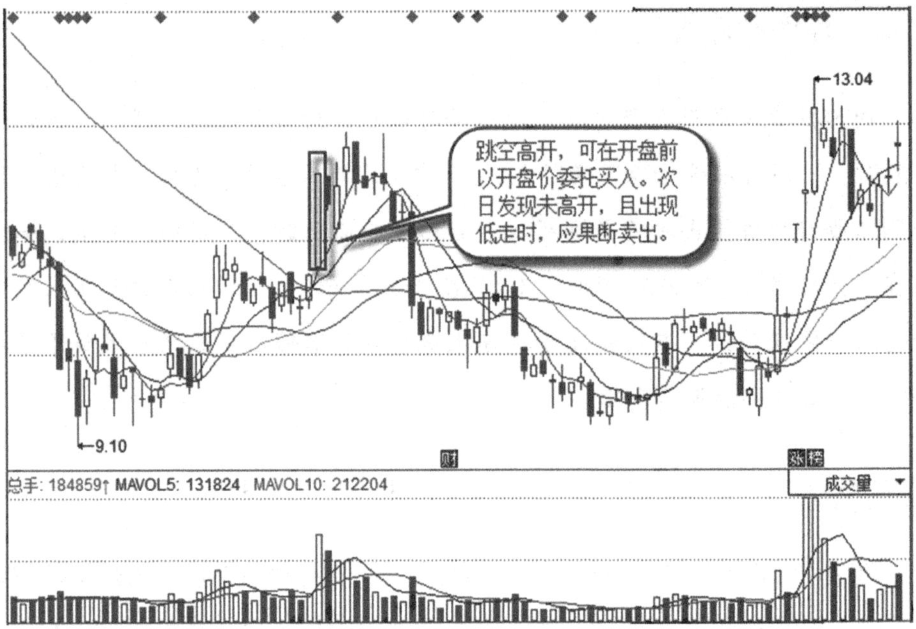

图4-8　红宇新材-日线图

实战要点

◎ 在操作涨停股时，如果选择涨停前买入，应对股价短期低位整理形态具体分析。如果前期底部震荡整理充分的话，此时出现的跳空高开或突然放量上涨，往往是启动上涨的信号。若前期底部整理时间较短，且近期综合换手率等无明显主力大举介入的征兆时，往往是一种震荡走高，应快进快出。

◎ 在操作涨停股时，投资者一旦在买入的次日发现股价出现回落，应果断离场；若继续高开或高走，可在滞涨或上行无力时卖出。

◎ 投资者在操作涨停股时，应事先制定好止损价，并严格按照短线操盘原则执行，不能计较亏损，因短期行情瞬息万变，稍有犹豫就有可能让盈利变为亏损。

第5章

分时图形：从分时图形态伏击涨停

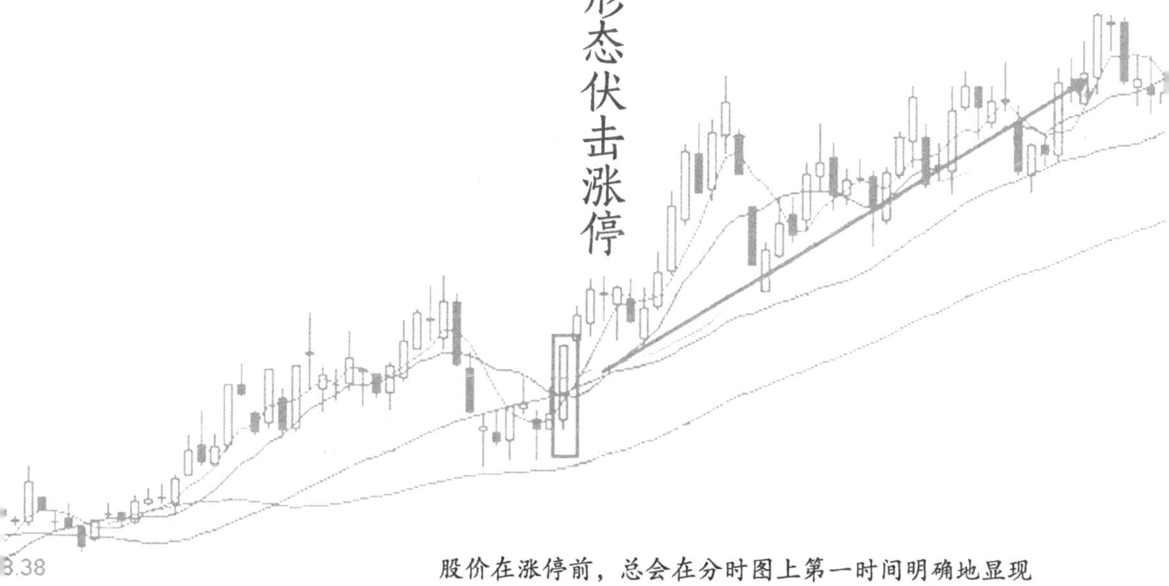

股价在涨停前，总会在分时图上第一时间明确地显现出来，所以投资者要想捕捉到涨停牛股，就必须学会看懂分时图，了解在什么时间段、什么样的价格走势波形和趋势形态，会出现什么样的涨停形态。明白了这一涨停的“因”，才能收获涨停的“果”。

5.1 容易出现涨停的时间段

5.1.1 早盘封板

早盘封板，是指股价在开盘后30分钟内出现快速封板。这种情况的出现，说明股价在短线上拥有较强的上涨欲望，主力资金不愿有更多的人在低位买入股票，所以在开盘后出现了早早封板。在这种情况下，投资者应及时在早盘发现大幅高开或是快速上涨的个股，并立即买入。

实战案例

2016年8月，歌力思（603808）此前在高送转后出现了小幅下跌，并止跌震荡，成交量也出现了明显缩小。8月5日却突然出现了大幅高开，并且在开盘后出现了快速上涨，此时投资者应在股价高开快速上涨时闪电买入。如图5-1所示。

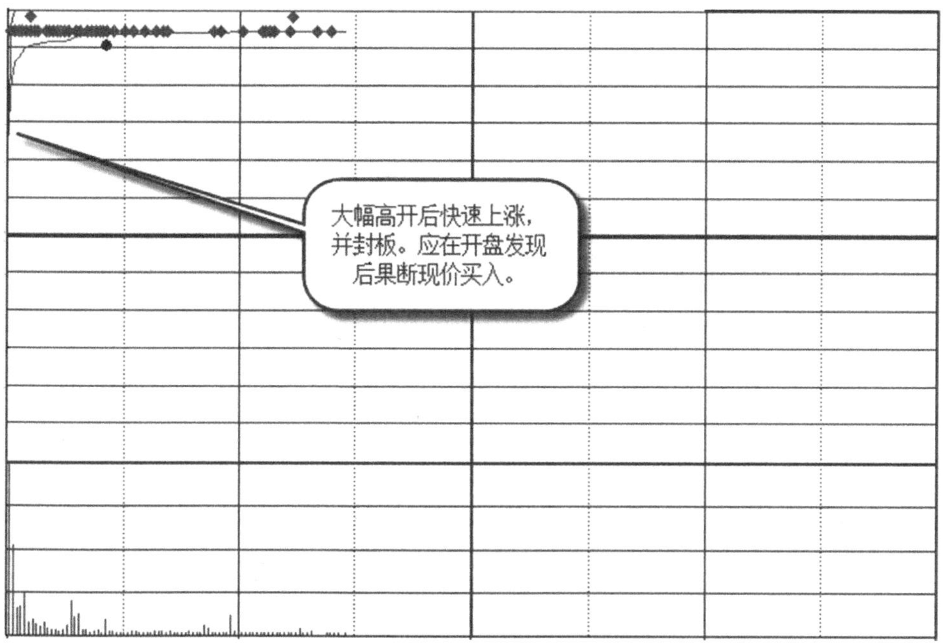

图5-1　歌力思-2016年8月5日分时图

实战要点

◎ 早盘封板，是主力资金因在集合竞价时未能实现一字封板，在开盘后又不愿太多人低价买入，所以出现的一种极速封板，有时甚至是接连大单快速拉升，因此应快速买入。

◎ 在出现早盘高开后快速上涨甚至是平开后快速上涨的强势股时，投资者千万不要以低价委托，幻想出现回调后买入，因为一旦出现回调，可能不止调整这一点，会影响到其后是否会实现早盘封板，所以应现价委托。

◎ 对于那些早盘强势股，投资者一定要结合日线趋势进行趋势判断，之后再根据分时图操作。

5.1.2 盘中封板

盘中封板，是指开盘后股价正常运行，在结束早盘多空双方的争夺后，盘中出现了封死涨停板的情况。盘中封板，是主力资金控盘力集中的一种表现，因为早盘往往是多空双空激烈争夺的时候，而一旦经过了这一时间，盘中股价依然呈向上运行并封板，说明多方已明显占据了主动，因此是短线捕捉涨停牛股的好时机。

实战案例

2016年8月2日，天润数娱（002113）在略高开后，出现了持续震荡上行，但到了盘中10点30分突然出现了放量上涨，并封于涨停板。如果投资者在开盘后即观察一下其日线图就会发现，天润数娱处于上涨后调整的尾声的高开高走阶段，说明日线上行情已呈明显的上涨恢复时间，因此投资者应果断在盘中股价出现明显放量加速上涨的封板前买入。若是错过了这一良机，还可在上午尾盘涨停被打开后、股价并未出现大幅下跌、均价线亦未跌破时，果断买入。因为这种情况通常说明主力资金在借涨停板洗盘。如图5-2所示。

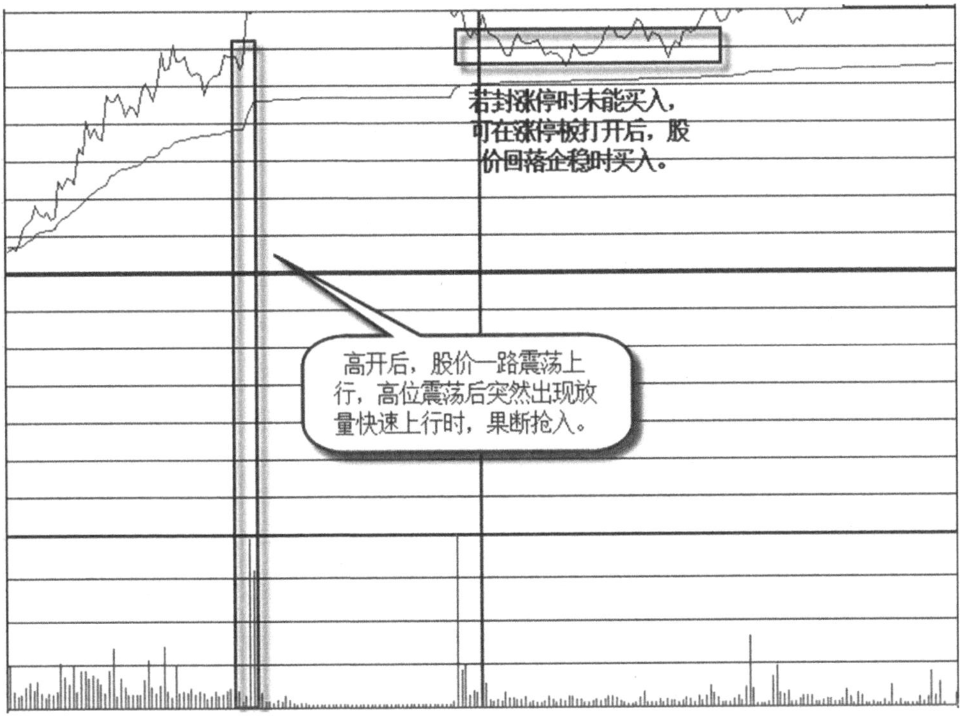

图5-2　天润数娱-2016年8月2日分时图

实战要点

◎ 盘中封板是主力资金筹码高度集中的一种征兆，只要当日成交量不爆出格外大量，均可视为一种强势买入的信号。

◎ 并不是盘中封板后，个股均会出现打开涨停板的情况，因此投资者应在明显放量快速上行时买入，因为其后的封板往往极快。

◎ 盘中封板出现时，应提前从日线上看清股价的具体位置，再根据不同位置设定大概的获利目标，并在买入后根据具体行情趋势决定卖点。

5.1.3　午后开盘快速封板

午后开盘快速封板，是指在午后13点开盘后或开盘后不久，股价突然结束震荡，出现快速上涨，并很快封死在涨停板上。这种情况的出现，往往说明股价已结束整理，主力资金开始发力上涨。这是股价强势的一种表现。所以，投资者在看盘时，应特别留意午后开盘后的这段时间，因为很多涨停牛股均是在该时间段里开始强势上涨的。

实战案例

2016年8月5日，辽宁成大（600739）在略高开后即出震荡，其后上涨到一个新高度后继续横盘震荡，并一直持续到上午收盘。午后开盘后，股价依然横盘震荡，延续了上午走势，但到了13点23分，突然出现了明显的放量上涨，并很快涨停。这说明，经过上午的震荡上涨及横盘后，主力资金已经感觉到了盘中压力不大，因此发动了上涨。结合日线看，股价是在经过前期较长时间横盘震荡后出现的放量向上突破，说明个股已经启动上涨。因此，投资者应在午后结束横盘放量上涨时果断买入。如图5-3所示。

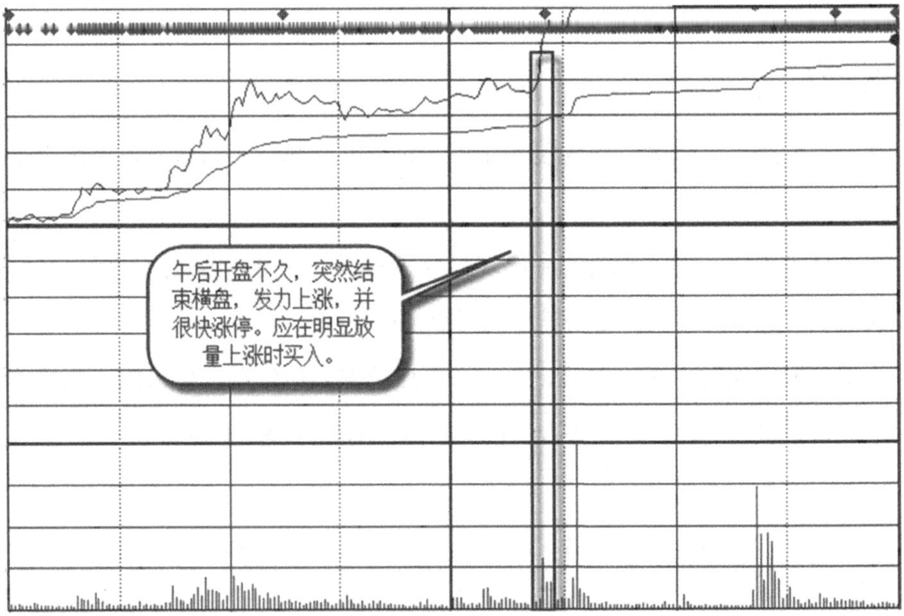

图5-3　辽宁成大-2016年8月5日分时图

实战要点

◎ 午后开盘30分，是较容易出现股价涨停的时间段，不少股票会在午后开盘后即发动快速上涨，这往往是多方想以快速上涨的方式打空方一个措手不及。

◎ 不少主力资金也会选择在午后开盘后略延续一下上午的走势，然后突然发动上涨。

◎ 午后开盘快速涨停的出现，往往是多方以上午低迷整理的方式迷惑空方，或是通过上午小幅拉升静看盘中压力，只有发现压力不大时才会发动突然上涨。但无论是什么原因，午后开盘快速涨停出现时，股价都会出现明显的放量上涨，且上涨的坡度越陡，其后快速封板的概率越大。

5.1.4 尾盘封板

尾盘封板，是指股价在全天震荡整理的情况或是小幅上涨的状态下，到了尾盘30分时突然放量上涨，并快速封于涨停。通常情况下，尾盘放量涨停的虚假成分较多，尤其是股价在高位区突破时，是主力资金借机作高股价，次日实现出货的表现。因此，在低位区出现的尾盘放量更为可信，此时是投资者捕捉涨停牛股的好时机。

实战案例

2016年8月5日，匹凸匹（600696）平淡开盘后，股价先是震荡出现了一波上涨，但其后即出现了高位横盘震荡，并维持这种状态一直到了午后，直到14点42分临近收盘前，股价突然出现了明显的放量上涨，并快速封死于涨停。这说明，经过全天的拉高横盘震荡后，盘中压力较小，因此主力资金在尾盘时快速拉升。

结合日线就会发现，匹凸匹此刻在经历前期下跌后已经在低位出现两个企稳，8月5日分时图上的尾盘突然放量上涨，说明一轮超跌反弹即将出现。因此，投资者应在尾盘14点42分出现明显的放量快速上涨时大胆买入。如图5-4所示。

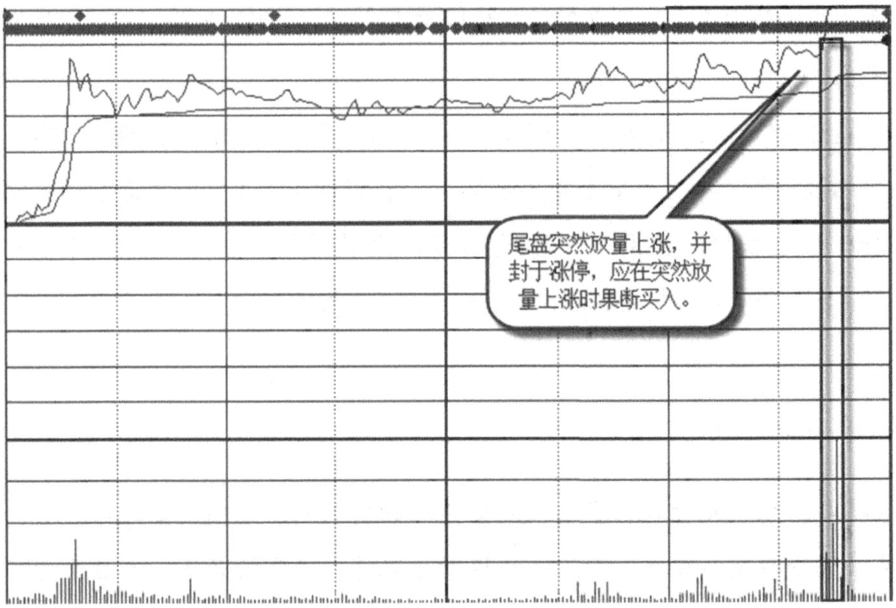

图5-4　匹凸匹-2016年8月5日分时图

实战要点

◎ 尾盘封板如果是出现在股价高位区时，往往盘中放量较为明显，日线上成交量呈格外放大的情况，是主力资金拉高作价出货的表现，此时勿参与。

◎ 主力资金在尾盘封板拉升股价时，也有封板是故意在尾盘30分之前先行封板，然后再打开涨停板，这是主力资金洗盘的表现，尾盘股价即会出现快速再次封板。

◎ 判断主力资金在尾盘封板中是出货还是拉升，应结合日线形态及指标综合判定，因为分时图毕竟只体现当日行情。

5.2 涨停形态

5.2.1 高开高走

高开高走，是指在分时图上，股价在当天出现高开后继续向上运行的情况。这种形态的出现，往往表明短线股价上行的动力较大，尤其是高开高走后上行的坡度较大时，极易出现快速涨停。因此，这是根据分时图买入涨停牛股的一种形态。

实战案例

2016年3月2日，西藏发展（000752）在日线上结束了探低止跌后，突然在当日分时图上出现了略有高开，并在开盘后出现了一路向上高走，且坡度较大，同时成交量也呈逐渐放大的情况。这说明股价已结束低位整理，拉开上涨之势。因此，投资者如果在股价高开高走时，发现上涨的坡度较大，且为健康的放量上涨时，应果断买入。这种情况极易引发其后的涨停，且其后的交易日中，更是会出现持续上行。如图5-5所示。

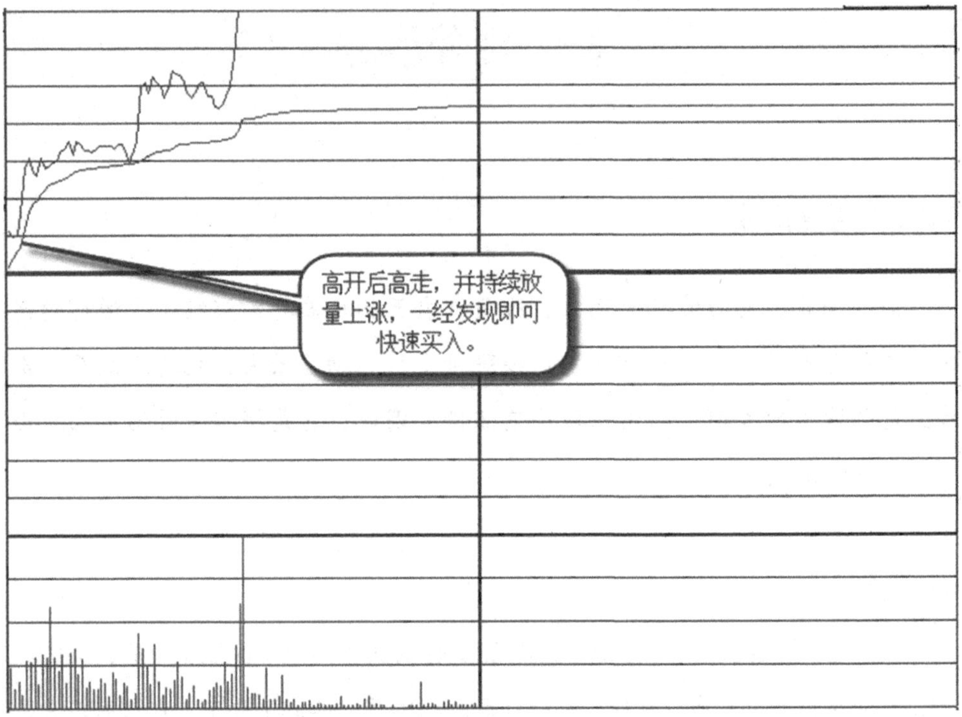

图5-5　西藏发展-2016年3月2日分时图

实战要点

◎ 高开高走出现时，只有成交量持续放大、股价上行的坡度较大时，股价才易在其后出现快速涨停；若是成交量参差不齐，往往后市继续震荡的可能性较大，此时应慎重买入。

◎ 高开高走出现时，若是成交量不能持续放大，甚至出现缩量时，行情往往难以持续高走，所以此时应观望。

◎ 当个股分时图上出现高开高走形态时，应结合观察日线上股价所处的位置及形态，然后再决定是否操作。

5.2.2 低开高走

低开高走，是指在分时图上，股价在低开的情况下，出现了震荡向上的走势。低开，说明多方在集合竞价时受到了空方严重的打压；高走，说明多方并不甘心集合竞价时的失败，因此开盘后发动了再次向上的进攻。当出现这种情况时，如果高走的态势一直持续，则一旦分时图上出现明显的放量上行时，往往是股价加速上涨的表现，后市极易引发快速封涨停，因此是捕捉涨停牛股的好时机。

实战案例

在经过2016年5月初的短时下跌后，飞天诚信（300386）在低位企稳上涨。2016年5月20日，该股突然出现了低开后的不断震荡走高，并一举向上越过昨日收盘价与均价线，形成强势；略有震荡后，股价即突然出现了明显的放量上涨，开始加速上行。因为出现低开高走后的突然放量加速上行时，成交量放大较明显，且股价上行的角度较大，因此后市短时引发涨停的概率极大。因此，投资者应在低开高走形态中，突然出现明显放量上行时，果断买入。如图5-6所示。

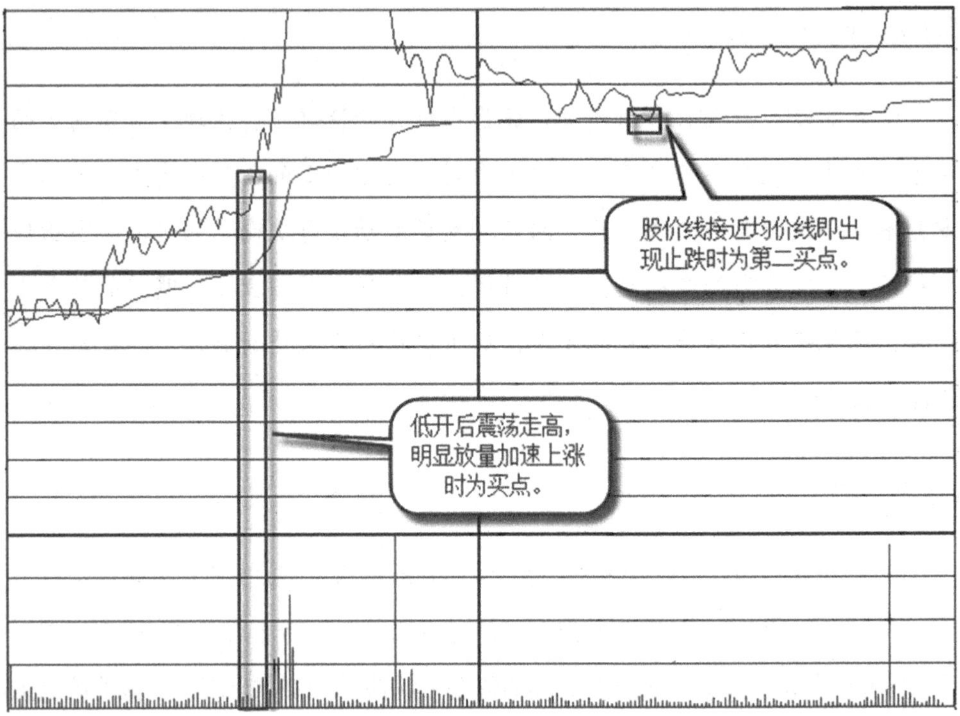

图5-6　飞天诚信-2016年5月20日分时图

实战要点

◎ 低开高走出现时，只有股价线向上越过昨日收盘价及均价线后出现的突然放量上行，才是最好的买入点。之前的放量上涨即使较明显，也不能确认股价强势，因此应持续观望等待。

◎ 低开高走形态分多种情况，有的是直接一路震荡向上，有的则是上行后略有震荡之后继续上行，但是否强势，应以均价与昨日收盘线来判断。

◎ 大幅低开后的高走，属于弱势形态，应等待股价实现向上突破均价线与昨日收盘价后再选择操作。

5.2.3 突破窄幅震荡

窄幅震荡，是股价在上涨前一种常见的整理形态，是指股价在极小的价格区间内进行上下震荡，此时明显的特征是成交量高度萎缩。突破窄幅震荡，是指股价放量向上突破了窄幅震荡的区间。这种形态的出现，往往是股价结束窄幅震荡整理的表现，而一旦发现股价向上放量突破时，股价上行的斜率较大，则后市极易出现快速涨停。因此，应在发现后快速买入。

实战案例

经过前期大幅下跌后，浙江东日（600113）于2016年2月3日止跌，之后突然出现了低开后的横盘窄幅震荡，此时股价位于昨日收盘价下方。由于股价是围绕均价线进行的横盘窄幅震荡，因此属于弱势整理，但自上午10点15分起，股价开始发力，并向上突破了昨日收盘价与均价线，再次在转强后展开了横盘窄幅震荡。11点15分时，股价突然出现放量向上突破，且上涨斜率较大。这说明股价已结束横盘窄幅震荡，即将出现上涨。因为放量的同时，股价上行斜率较大，所以后市出现快速涨停的概率极大，因此应在放量上涨突破横盘震荡区时果断买入。如图5-7所示。

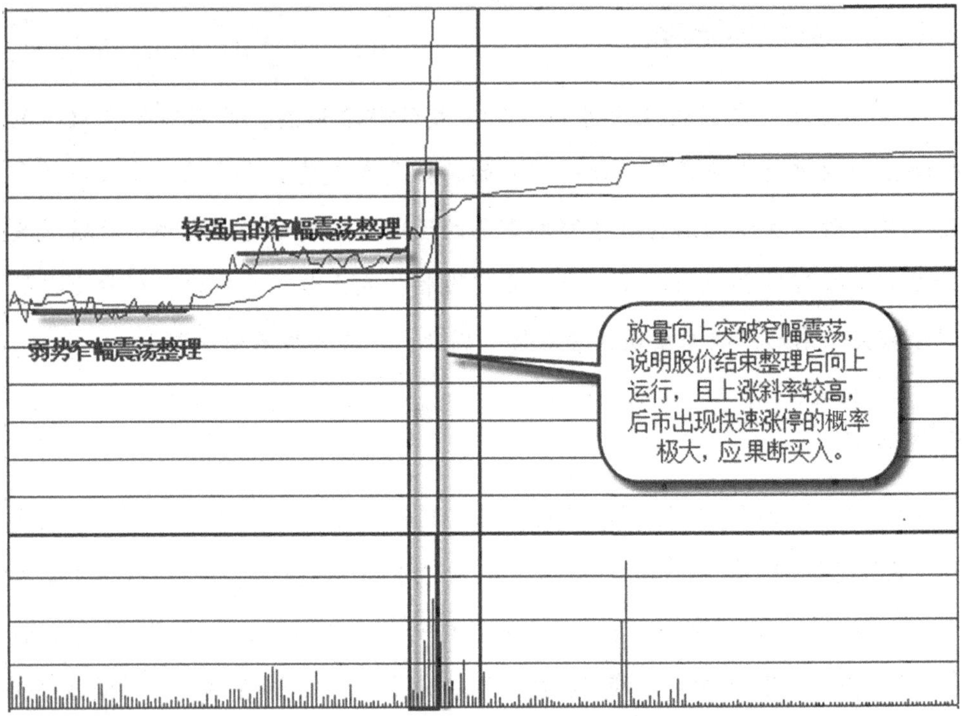

图5-7　浙江东日-2016年2月3日分时图

实战要点

◎ 窄幅震荡出现时，分时图上股价线往往是在极小的区间做横盘震荡运行。如果上下运行的幅度过大，表明盘中分歧较大，此时应谨慎在突破时买入。

◎ 窄幅震荡出现时，如果上下震荡的幅度很小，股价往往会形成一种横盘形态，此时后市上涨的幅度更大且时间更短，引发涨停的概率极高。

◎ 突破窄幅震荡时，必须有明显的成交量放大或是大单频出，而窄幅震荡期间需要量能萎缩。

5.2.4 突破坑体区

坑体区，是指在分时图上明显的低位区，是股价快速下跌后形成的低位区。突破坑体区时，应以股价向上突破下跌前的高点（坑沿）为准，因为此时的突破往往会出现突暴大量、股价快速上行，所以极易引发涨停。因此，突破坑体区时出现，是短线捕捉涨停牛股的信号。

实战案例

在经过前期大幅上涨后，名家汇（300506）在2016年4月13日突然出现了低开，并在低开后出现了快速上涨，一举越过了前日收盘价与均价线，形成强势。但随后，成交量明显缩减，股价出现大幅回落，回落到均价线之下后，在前日收盘价处得以止跌，随即出现了反弹。分时图上，此时形成了一个“深坑”，股价在回升过程中，遇到下跌时的高点位置时，突然出现了明显的放量，出现了快速上行，一举向上突破了“坑体”。这说明股价已结束之前的调整，恢复加速上涨，接下来的行情中极易出现涨停。因此，投资者应及时买入。如图5-8所示。

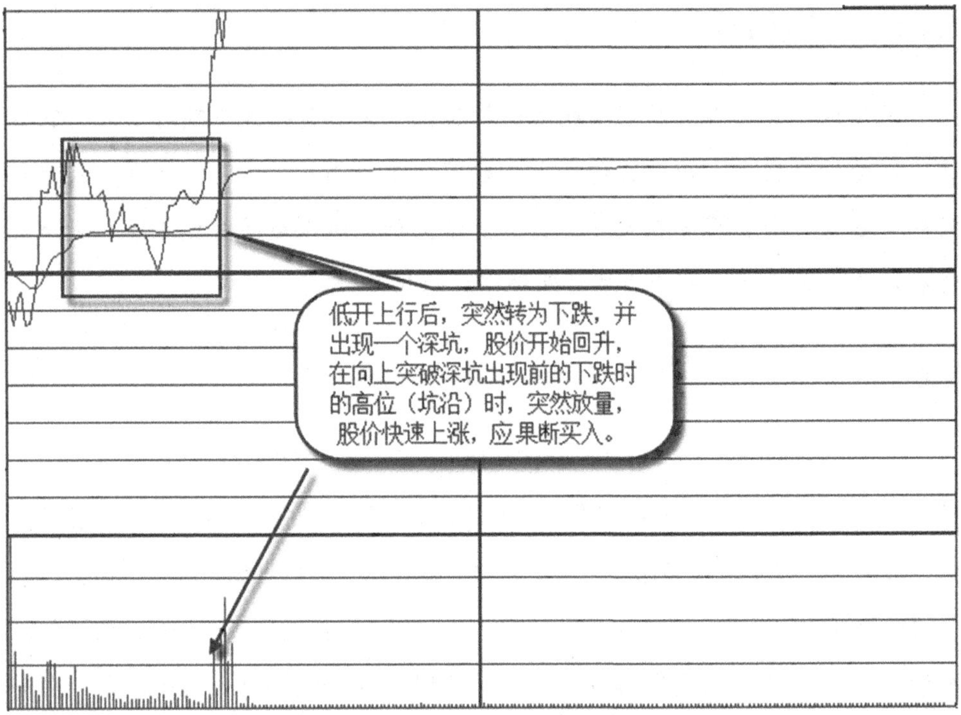

图5-8　名家汇-2016年4月13日分时图

实战要点

◎ 突破坑体区出现时，只有股价在放量的情况下向上快速越过下跌前的高点时方为有效突破，如果只是站到了坑沿上下即出现震荡，说明行情不够强，应观察后再操作。

◎ 只有股价放量向上突破坑沿，才表明行情强势，此时才是捕捉涨停股的良机。

◎ 如果股价在向上突破坑体区后，即出现在坑沿上下徘徊，接下来极易再次出现震荡调整。所以，突破坑体区时，成交量或大单是否出现，往往成为了股票是否短线强势的象征。

5.3 涨停波形

5.3.1 平波

平波，是指在分时图上，股价在运行期间，在成交量缩减至均衡的情况下，出现了横盘震荡，但股价上下波动的幅度并不大，几乎处于“一”字的水准运行，也就是所谓的窄幅震荡，但震荡幅度一般为股价的1%～3%。平波的形态一经出现，当日出现涨停的概率极高，因此它是一种短线抓涨停牛股的形态。

实战案例

2015年12月1日，万科A（000002）在日线上正处于上涨初期，但在分时图上，其股价却在低开后向上突破昨日收盘价，在15.50元附近出现了上下窄幅震荡，最低至14.42元，最高在15.58元，不足当时股价的1%，形成平波。这表明后市一旦出现放量上涨，股价冲击涨停的概率极大。因此，投资者应在平波整理形成时买入，稳健型的投资者可在股价出现放量上涨、突破平波整理时买入。如图5-9所示。

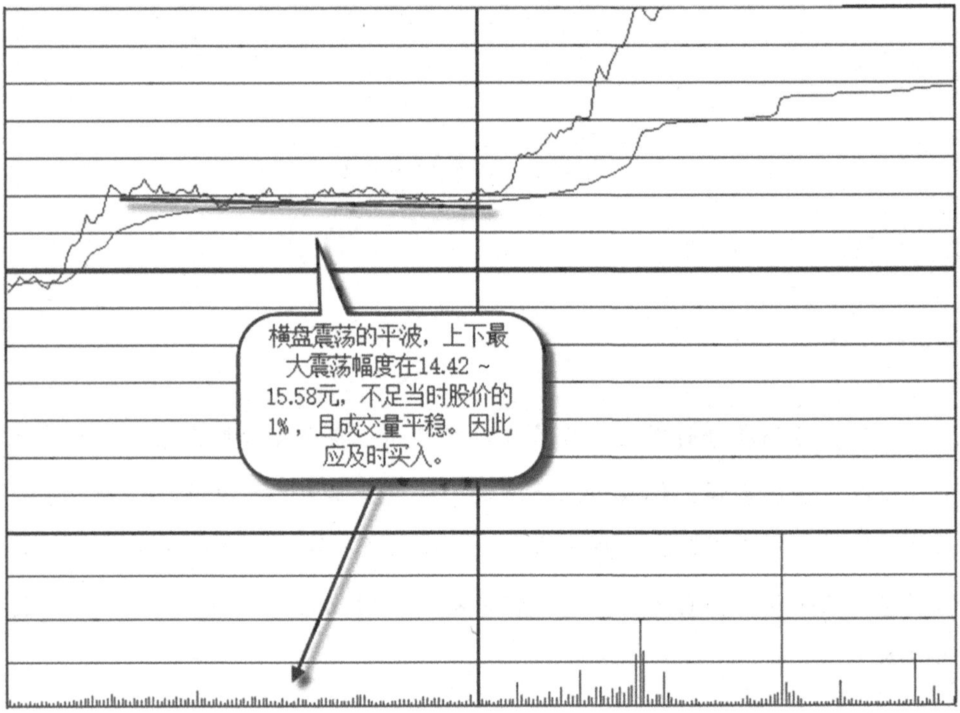

图5-9　万科A-2015年12月1日分时图

实战要点

◎ 平波属于一种先平后涨的攻击波，当日出现涨停的概率极大，激进者可在平波出现后买入，稳健者可在股价突破平波形态后放量向上运行时买入。

◎ 平波如果是出现在下降趋势中，或是在前日收盘价及均价线之下运行时，往往是股价下跌的标志，此时不能以攻击波对待。

◎ 平波出现时，股价往往在当日开盘后出现一波快速上涨，或是直接以高开的方式出现，略有震荡即出现平波整理，但最好在放量上行突破时买入，因为一旦平波出现后不放量，极有可能引发下跌。

5.3.2 阶梯波

阶梯波是一种波段性的震仓波，是指在分时图上，开盘后股价以阶段性有节奏的阶梯方式向上拉升，其波形呈阶梯状，因此得名。阶梯波一旦出现，股价往往会像上台阶一样一级一级地上行，最后出现涨停，因此这是一种短线抓涨停牛股的形态。

实战案例

2016年6月1日，在骆驼股份（601311）的分时图上，股价在高开后，经过短时震荡即出现上涨，但上涨到一定高度后即出现了短暂的停歇，但之后再次发动了上涨，且股价一口气冲至涨停。因此，投资者应在阶梯波形成后及时买入。因为这种形态的上涨波属于一种攻击波，股价出现涨停的概率极大。如图5-10所示。

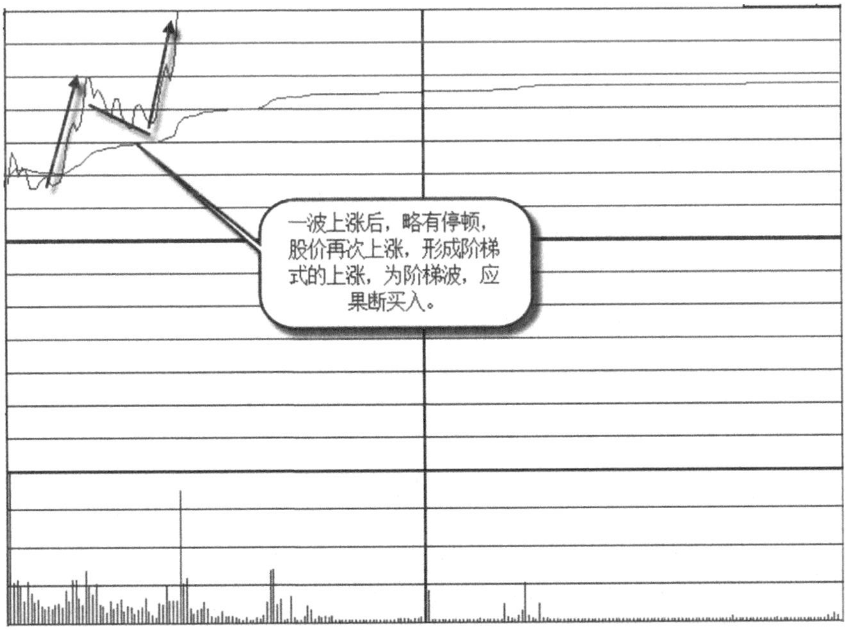

图5-10　骆驼股份-2016年6月1日分时图

实战要点

◎ 在阶梯波中，股价每一波上涨时的幅度约为3%。这也就意味着，阶梯波往往以三波到四波即完成涨停。若是阶梯过多，形态极有可能发生变异。但如果是高开后出现阶梯波，阶梯波则会少至一波或两波。

◎ 有时，阶梯波出现前为平波，只要期间震荡幅度不是太大，维持窄幅震荡，则应以阶梯波对待，当日冲击涨停的概率极大。

◎ 如果K线上属于上涨的初、中期阶段，分时图上出现阶梯波时，短、中线均可重仓参与。因此，当分时图上出现阶梯波时，最好结合日线来观察。

5.4　涨停方式

5.4.1　快速封板

快速封板是指股价在启动上涨后以较快的速度出现快速拉升，从而最终实现短时间封板。这种上涨方式出现时，股价在分时图上呈现几近直线的方式。因此，投资者在捕捉涨停时，应做到及时跟进。

实战案例

2016年6月17日，特发信息（000070）在小幅高开后，开始缓慢上行，到了10点16分，突然出现了小幅但很明显的放量，股价出现加速上行。并且，成交量在分时图上呈持续滚动放量，股价很快出现涨停，形成快速封板。因此，投资者应在股价于分时图处于明显上涨过程中出现放量加速上涨时买入，这种情况极易引发涨停。如图5-11所示。

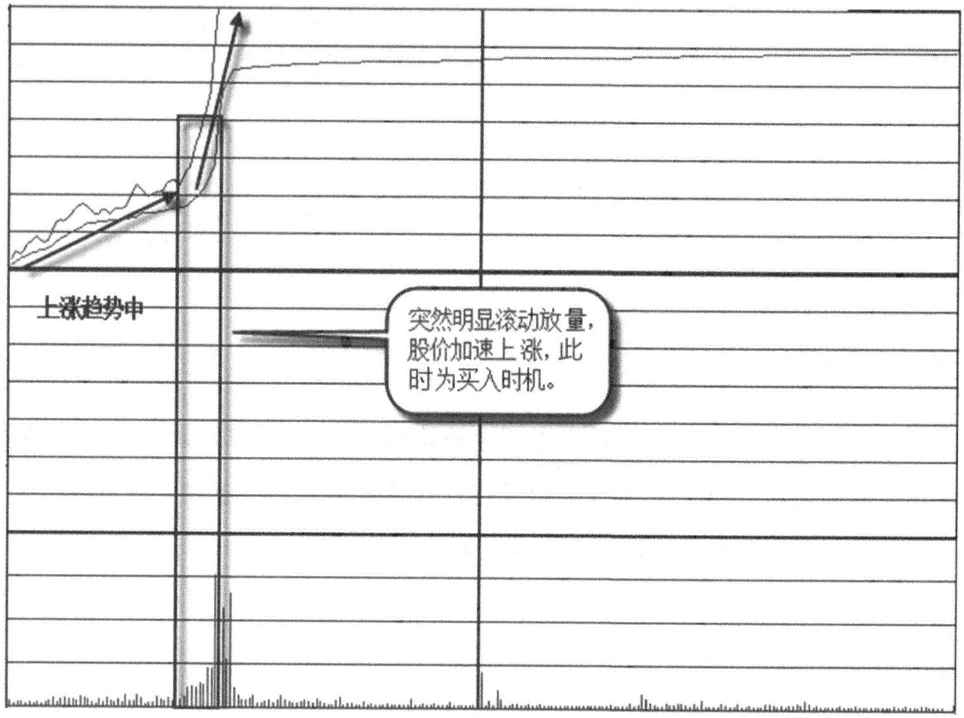

图5-11　特发信息-2016年6月17日分时图

实战要点

◎ 分时图上，股价快速封板前，往往会处于小幅上涨形或充分的横盘整理，但盘整的时间越久，则后市突然上攻的爆发力越强，突然出现的大单直接将股价拉至涨停的情况较多。

◎ 股价若在高位区出现尾盘突然快速封板，往往是庄家出货时强作价的表现，可信度不高。

◎ 快速封板可以出现在任何位置、任何时候，其出现时最明显的标志是突然出现成交量放大、股价加速上行。

◎ 快速封板出现前，股价线上行的角度往往很大，因此应快速买入，因为很多时候会是以大单直接拉至封板。

5.4.2 一波封板

一波封板是指股价在开盘后，以中间没有停顿直接上涨的方式冲击到涨停价，从而封在了涨停板上。这种股票处于强势上涨行情中，仅仅次于“一”字涨停。出现这种形态时，表明股价突然受到重大利好或处于强力拉升之中。因此，这种形态的出现，是抓涨停的好时机。

实战案例

2016年7月7日，华友钴业（603799）在日线上处于上涨趋势，但其股价在分时图上却出现了大幅高开，并且在高开后出现快速向上运行，并快速封于涨停板，形成一波封板。因此，投资者应在股价大幅高开后依然在高走时果断买入，而考虑到日线上此时短期涨幅已大，所以在买入的次日，一旦发现股价冲高无力时，则应果断卖出。如图5-12所示。

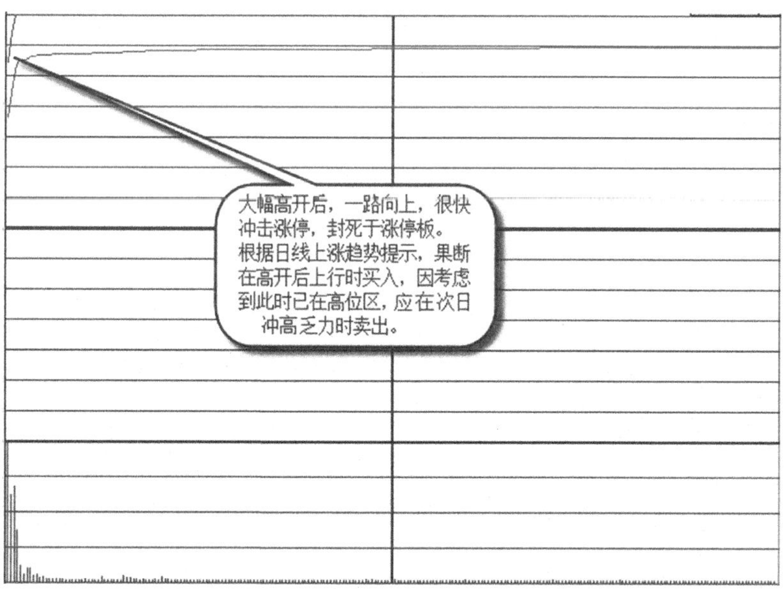

图5-12 华友钴业-2016年7月7日分时图

实战要点

◎ 一波封板往往出现在股价经过充分的底部酝酿，并突然受利好刺激，或是股价处于快速拉升期时，这是股价加速上涨的表现。

◎ 一波封板若是出现在股价快速拉升期，投资者应在股价高开后且不封于涨停时买入，并在次日出现冲高无力时果断卖出。

◎ 一波封板出现时，股价往往在高开后上行的角度极陡，几乎呈直线。

◎ 因为一波封板大多出现在股价快速上涨的时候，而过快上涨常会引发快速回落，所以此时应以短线操盘为主，快进快出，并严格遵守短线操盘原则操作。

5.4.3 两波封板

两波封板，是指股价上涨过程中，分时图呈现出股价通过两波持续的上涨完成涨停。也就是说，股价每上涨一个阶段，即出现一定时间的震荡整理，而后再继续上涨冲击涨停。因此，这种形态往往是股价快速冲击涨停的买入形态，也是投资者短线捕捉涨停牛股的良机。

实战案例

2016年8月，贵州百灵（002424）日线上处于上涨趋势。8月8日平淡开盘后，先是短时震荡，之后即出现一波上涨，其后略有震荡再次出现第二波上涨，并封于涨停。该形态说明短线处于强势，日线上已发动快速上涨。因此，投资者应在第二次股价发动放量上涨时强势买入。如图5-13所示。

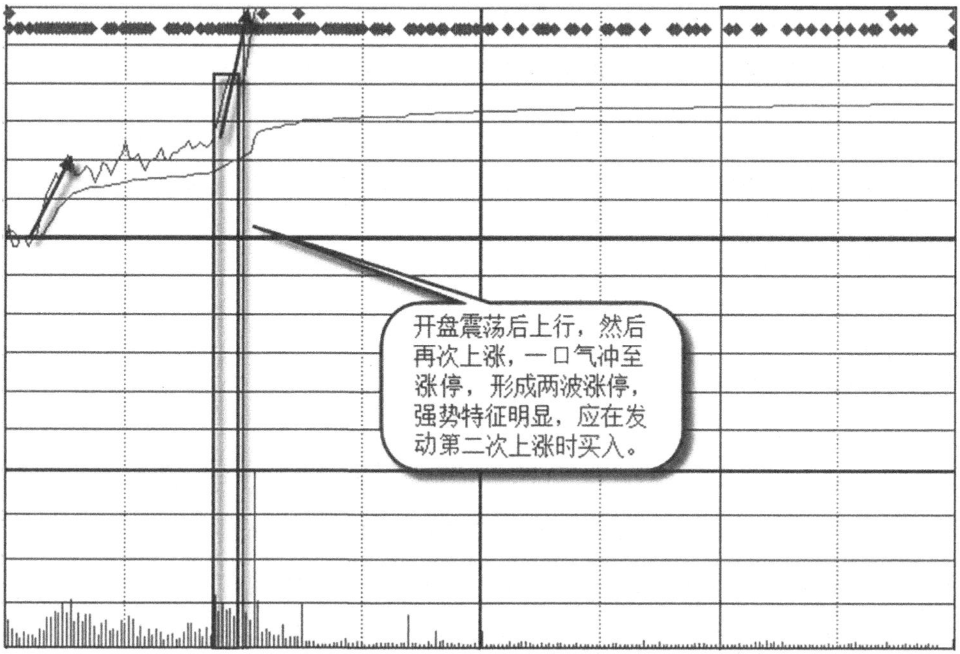

图5-13　贵州百灵-2016年8月8日分时图

实战要点

◎ 两波封板通常会以高开的方式出现，并且拉升的幅度往往较大，中间间歇的时间不长。

◎ 如果两波封板中第一波上涨结束后，间歇的时间过长，一旦暴出大的成交阴量，极易引发变盘。因此，不仅间歇时间要短，而且震荡幅度也应当很小，不得低于当日开盘价。

◎ 发现两波封板时，投资者应当在间歇结束后、第二波放量上涨前买入。但因为此时往往会以大单拉升出现，时间很短，因此投资者决策一定要果断。

5.4.4　三波封板

三波封板，是指股价上涨时以3个较为明显的上涨阶段组成，但在前两个波段上涨结束后，股价会出现短暂的中途间歇，目的是边拉升边消化获利盘，以充分完成股价上涨过程中的获利盘，但在第三波上涨出现时，往往属于涨停波。若此前两波上涨的幅度较小时，则第三波上涨的幅度较大，时间较短，会出现快速涨停。因此，投资者应在第二波上涨结束并出现调整的放量上涨时，果断买入。

实战案例

2016年3月21日，新亚制程（002388）在上涨趋势的调整行情结束后，当日平开后出现小幅上涨，其后一直在高位横盘震荡，直到午后13点50分开始上涨，但上涨到一定幅度后即出现调整，调整后第二次发动上涨，接着在上涨到一定程度后继续调整，而此时股价已接近涨停价。投资者应在第二波上涨调整结束后出现第二次向上冲击时买入，因为此次的上次股价将直接冲击涨停板。如图5-14所示。

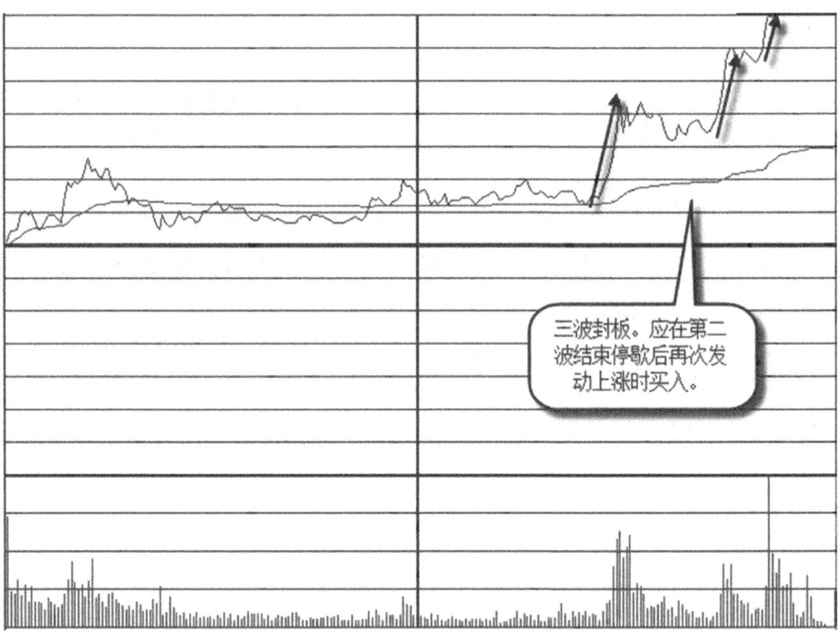

图5-14　新亚制程-2016年3月21日分时图

实战要点

◎ 三波封板出现时，如果期间的调整时间过长，成交量必然会出现明显缩量，虽然此时上涨的坡度极小，但成交量却是稳步增加的。

◎ 三波封板出现时，最佳的买点是第二波上涨结束后出现明显的放量快速上行时。

◎ 三波封板出现时，如果上涨波之间的调整时间过长，上下震荡过大，则极易再次出现调整或引发变盘，此时应进一步观察。

5.4.5 阶梯式封板

阶梯式封板，是指股价在上涨过程中，分时图上的上涨是以阶梯式的方式，不断涨涨停停地向上运行。从图形上看，阶梯式封板有着极有规律的上涨形式，且步伐很稳健。这说明，股价一直在稳步中实现向上运行，因此，投资者一旦发现某只股票的价格在分时图上是以阶梯式的方式上涨的，应及时跟进买入。因为这种情况的出现，往往预示着股价会在收盘前实现封板，其后也会持续上涨。

实战案例

2016年4月6日，红宇新材（300345）日线上在短期向上的趋势中，突然出现了小幅高开，其后开始上涨，但上涨到一定程度后即出现横盘震荡，随后再次出现上涨，然后再次横盘震荡整理，如此反复。终于在午后第二次横盘震荡整理结束后，一举封于涨停板。因此，对于这种形态的股票，投资者应在股价接近涨停价时横盘整理结束后，果断买入，因为这往往会成为最后一次的阶梯式整理，接下来股价封于涨停的概率极大。如图5-15所示。

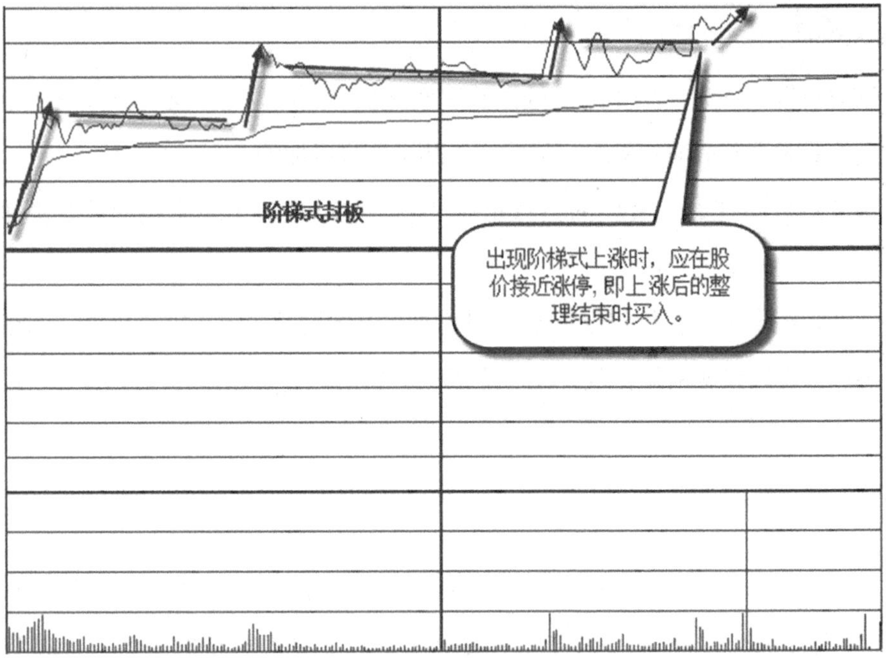

图5-15　红宇新材-2016年4月6日分时图

实战要点

◎ 阶梯式封板往往出现在上涨初期，是股价告别低位区启涨的象征。因为此时盘中压力较大，所以放量会较明显。

◎ 阶梯式封板出现时，分时图上往往会呈步步抬高股价的方式，如果期间台阶整理的时间较短，往往其后股价涨停的时间也会很短；如果台阶式整理的时间较长，则封板的时间往往较慢，甚至会到尾盘。

◎ 阶梯式封板出现时，投资者应在确定股价是以不断抬高的方式上涨后，在股价接近涨停价出现调整结束时，果断买入。因为一旦错过最后一级台阶，股价则会直接上涨封板。

◎ 阶梯式封板出现时，投资者不可过早买入，因为不到最后一刻，很难判断最终是否会封板，尤其是那种每上一个新台阶即出现较长时间整理的阶梯式上涨形态。

5.4.6 慢牛封板

慢牛封板，是指股价在分时图上，开盘后一直处于向上运行的态势，但这种上涨的角度是极小的，一般都小于30度，像是一头老牛在慢慢爬坡，成交量也是不温不火，但是股价最终会以涨停板收盘。出现这种形态，表明主力是在徐徐推升股价，显示出了主力资金的控盘能力，因此是捕捉涨停牛股的形态之一。

实战案例

2016年3月14日，ST宜纸（600793）在日线上处于上涨初期，在分时图上突然出现了高开后的缓慢上升，且上涨的坡度极小。到了上午临近收盘前的11点多时，股价却出现了涨停，并封死在涨停板上。甚至是股价封涨停的时候，股价的上涨速度也呈现出不温不火、不急不躁，像一头慢慢爬坡的老牛，似乎不经意间，老牛已爬至了山顶。因此，投资者应在发现股价在高开后出现慢牛爬坡式的上涨后，及时买入，并持股待涨。如图5-16所示。

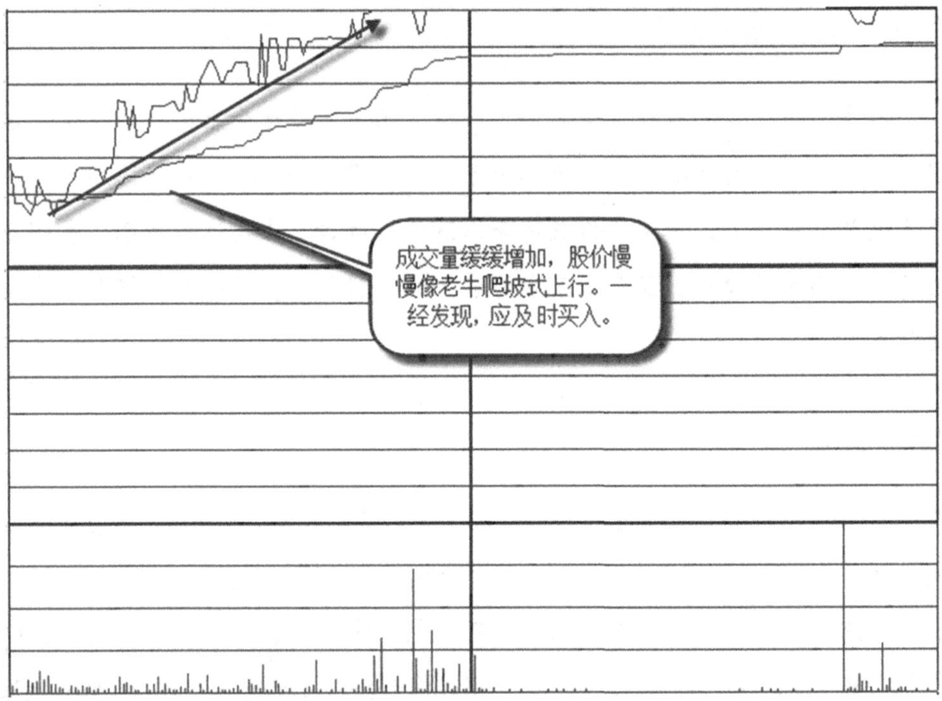

图5-16　ST宜纸-2016年3月14日分时图

实战要点

◎ 慢牛封板出现时，无论是低开还是高开，股价爬升的速度都是较缓慢的，股价线上升的角度也极缓，但始终呈向上运行，向下的波动极小。

◎ 慢牛封板出现时，往往是股价日线离开底部低位区的初期，因为此时的主力资金虽然已经实现控盘，但又担心盘中卖压较大，所以才一边向上拉一边化解抛压。

◎ 慢牛封板出现时，有时上行的坡度小到直到尾盘时才会恍然发觉，此时往往股价已接近涨停，但只要是日线上处于上涨初期，则应果断买入。

◎ 慢牛封板出现时，投资者一旦买入后，不应次日或第二日冲高后即卖出，而应以波段思维持股，直到股价结束一波上涨行情后再卖出。

5.4.7 杠上开花

杠上开花，是指在分时图上，当股价快速上涨并封于涨停板后，又出现了打开涨停板的情况，但打开涨停板后，股价又未出现深幅调整，始终位于均价线上方。这是一种强势调整，其后往往会继续封死在涨停盘。这种打开涨停又封涨停的方式，往往是主力资金在高位清洗筹码时惯用的手法。因此，也是一种捕捉短线涨停牛股的好时机。

实战案例

2016年6月15日，海源机械（002529）在上涨趋势中，股价一度在上午10点25分触碰到了涨停价，但未能封死涨停，其后出现小幅回落，以横盘窄幅震荡为主，并始终保持在均价线之上的强势整理。在午后开盘不久，股价突然出现放量上行，并快速封死涨停。其后的尾盘，股价再度打开涨停板，但很快再次封于涨停。股价的杠上开花，是主力资金在清洗意志不坚定的浮筹有意所致，同时也显示后市该股会出现继续的调整。因此，投资者短线上，应在涨停板打开后整理结束、股价出现放量快速上行时果断买入。买入后，应持有至股价上涨乏力时卖出。如图5-17所示。

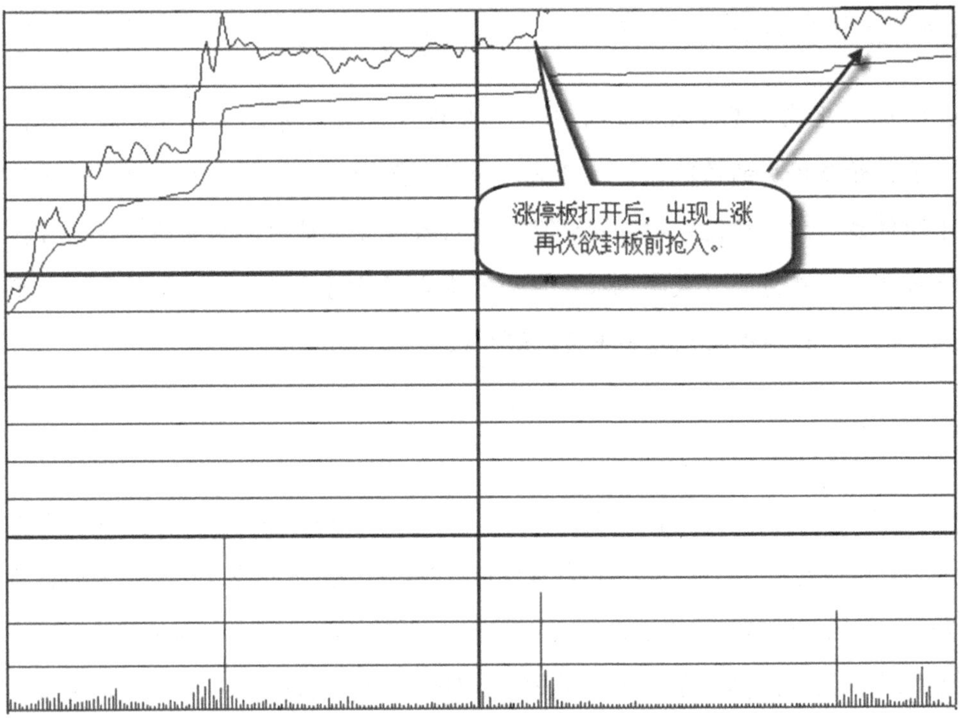

图5-17 海源机械-2016年6月15日分时图

实战要点

◎ 杠上开花在高位区出现时，往往是主力资金出货的表现，此时涨停打开后会爆出较大成交量，即使是其后再次封板，也是在尾盘放大量的勉强拉升。此时，不可介入。

◎ 杠上开花若是出现在低位区的上涨初期时，多数是主力资金上涨时洗盘所致，此时往往在开板期间不会爆出大量，且股价下调的幅度也不大，是买入的良机。

◎ 杠上开花若是出现在上涨途中时，同样是主力洗盘时的征兆，但此时也往往意味着盘中卖压较大，预示着后市将会在再次上涨后出现短期调整。因此，投资者在买入后，一旦在接下来的几个交易日中，发现股价上行乏力时，应短线果断卖出。

第6章 技术指标：从技术指标提示伏击涨停

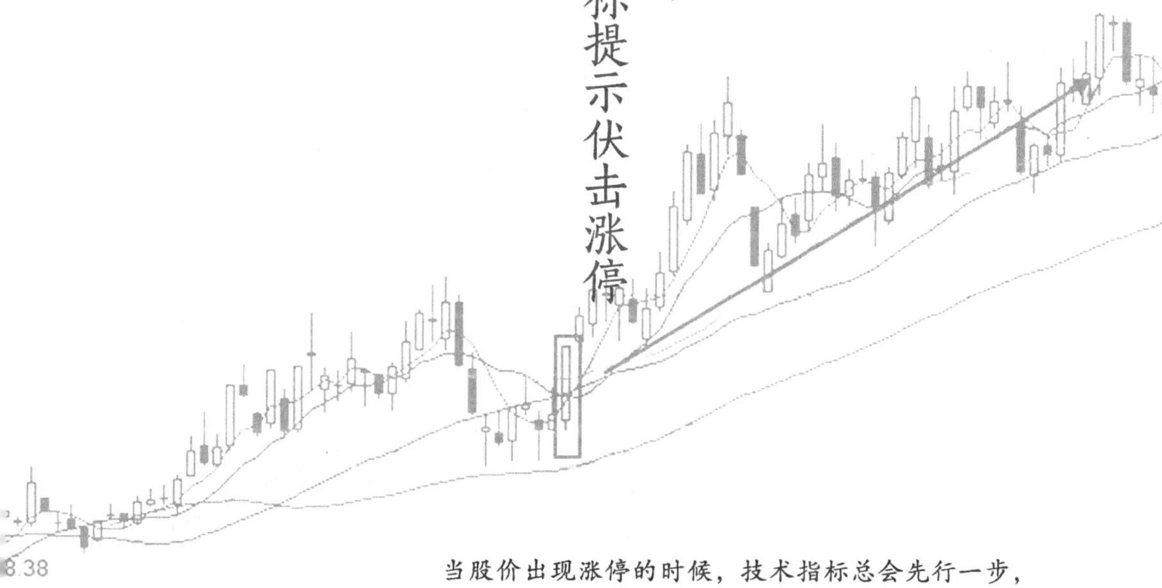

当股价出现涨停的时候，技术指标总会先行一步，发出股价即将出现涨停的信号。比如MACD、KDJ、BOLL、ASI等，不同技术指标的涨停，往往又有着不同的形态。然而，投资者不仅要了解不同技术指标的不同涨停信号及形态，还要学会如何通过CCI与BOLL等指标来判断股价的强弱，才能真正捕捉到涨停牛股。

6.1 技术指标形态判断涨停基础

6.1.1 顺势指标CCI看强弱

CCI指标，是一种专门衡量股价是否超出常态分布范围的指标，属于超买超卖类指标的一种。与其他超买超卖型指标相比，CCI指标又有着自己比较独特之处。例如，KDJ等超买超卖型指标大多有0～100的上下界限，所以，这些指标对待一般常态行情的研判比较适用，而对于那些短期内暴涨暴跌的股价格走势，就可能出现指标钝化的现象。CCI指标却是波动于正无穷大到负无穷大之间，因此不会出现指标钝化现象，更有利于投资者准确地研判行情趋势，特别是那些短期内暴涨暴跌的非常态行情。顺势指标CCI对于股价的强势判断十分准确。

具体的研判方法如下。

（1）当CCI指标从下向上突破+100线，进入非常态区间时，表明股价脱离常态而进入异常波动阶段，中短线应及时买入。如果有比较大的成交量配合，股价出现涨停，往往买入的信号更为可靠。

（2）当CCI指标从上向下突破-100线，进入另一个非常态区间时，表明股价的盘整阶段已经结束，将进入一个比较长的寻底过程，此时投资者应当持币观望，即使是偶然出现反弹甚至涨停，也属于下跌中的反弹，同样需要观望。

（3）当CCI指标从上向下突破+100线，重新进入常态区间时，表明股价的上涨阶段可能结束，将进入一个比较长时间的盘整阶段。此时投资者应以逢高卖出股票为主，而不可盲目买入。

（4）当CCI指标从下向上突破-100线，重新进入常态区间时，表明股价的探底阶段可能已经结束，又将进入一个盘整阶段。此时若出现上涨甚至涨停，投资者可根据实际情况逢低少量买入。

（5）当CCI指标在-100线~+100线的常态区间运行时，投资者可以运用KDJ、CCI等其他超买超卖类指标综合研判行情。

实战案例

在2012年2月2日至2月23日期间，廊坊发展（600149）的CCI指标由下向上进入-100~+100的常态区间，说明股价已探底后进入盘整状态，在此期间出现的涨停，投资者可适当参与，但要做到快进快出。

在2015年4月5日至12日期间，CCI指标在+100~+200期间运行，说明股票此时一直处于严重超买状态。因此，此时出现的涨停，投资者应谨慎买入，因股价即将出现回调。

其后，股价出现回调，但到了7月28日至8月4日期间，CCI从-100以内开始向上运行，说明股价已结束上涨趋势的调整，重新回归上涨，此时出现的涨停投资者应大胆买入。如图6-1所示。

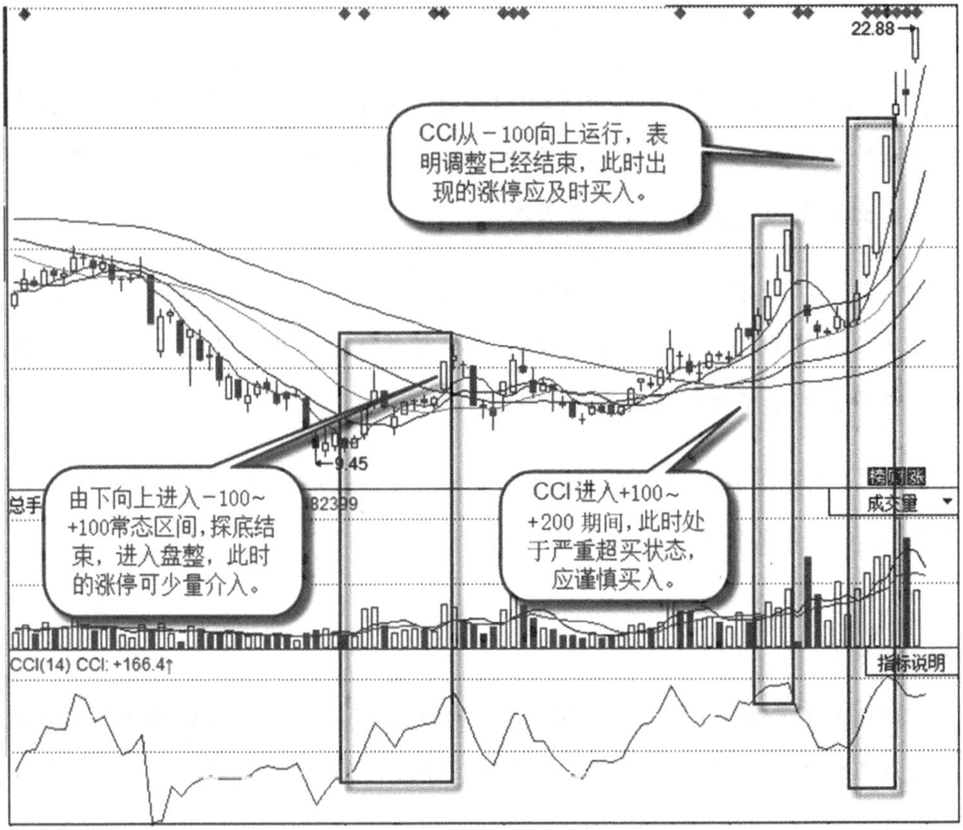

图6-1　廊坊发展-日线图

实战要点

◎ 当CCI＞+100时，表明股价已经进入非常态区间，即超买区间，此时应多加关注股价的异动现象，尤其是CCI＞+200出现涨停时，应谨慎买入。

◎ 当CCI＜－100时，表明股价已经进入另一个非常态区间，即超卖区间，此时往往会出现趋势反转向上，因此出现放量涨停时可果断介入抢反弹。

◎ 当CCI介于+100～－100之间时，表明股价处于窄幅振荡整理的区域，即常态区间，投资者应以观望为主。此时出现的涨停，应观察后确认趋势将改为向上运行时再操作。

◎ 投资者利用CCI指标变化捕捉涨停时，应结合其他K线指标综合判断，而不应单独运用一种指标判断行情。

◎ CCI指标所判断的行情，大多为一种强弱，至于股票是否会出现涨停，还需其他指标提示。

6.1.2　BOLL指标判断趋势

BOLL指标又叫布林线指标，是研判市场运动趋势的一种中长期技术分析工具。一般而言，市场的运动总是围绕某一价值中枢（如均线、成本线等）在一定的范围内变动，布林线指标正是此基础上，引进了“价格通道”的概念，其认为市场价格通道的宽窄随着股价波动幅度的大小而变化。

当股价波动很小，处于盘整时，价格通道就会变窄，这可能预示着股价的波动处于暂时的平静期，此时出现的股价涨停往往不能长久，因此不可盲目跟从；当股价波动超出狭窄的价格通道的上轨时，预示着股价异常激烈的向上波动即将开始，此时的涨停，投资者应积极参与；当股价波动超出狭窄的价格通道的下轨时，同样也预示着市场异常激烈的向下波动将开始，此时出现的涨停，往往是下跌过程中的反弹，往往不可信。

因此，投资者在捕捉涨停牛股时，主要是通过布林线来看股价运行的趋势，从而判断是否可以操作，而不是去判断短期的买点与卖点。

实战案例

2016年4月26日，ST宜纸（600793）股价突破出现了涨停，此时观察布林线会发现，布林线中轨一直处于向上运行，而且林线开口是逐渐向上放大的，说明趋势依然是向上的，此时股价在向下调整到中轨后出现突破中轨涨停，表明调整已经结束，后市仍将恢复上涨，因此，投资者应积极买入。

到了5月16日、20日，股价同样出现了涨停，尽管此时布林线开口仍然是在放大的，但布林线中轨的运行方式却是向下运行的，说明行情已转为向下运行，而此时出现的涨停是在布林线中轨与下轨之间的涨停，是深跌后的弱势反弹，而即使是其后的5月31日，股价依然出现了同样向上突破布林线中轨的涨停，但此时布林线开口却是逐渐向下紧缩的状态，这说明仍然是反弹行情，因此，同样不可参与，如图6-2所示。

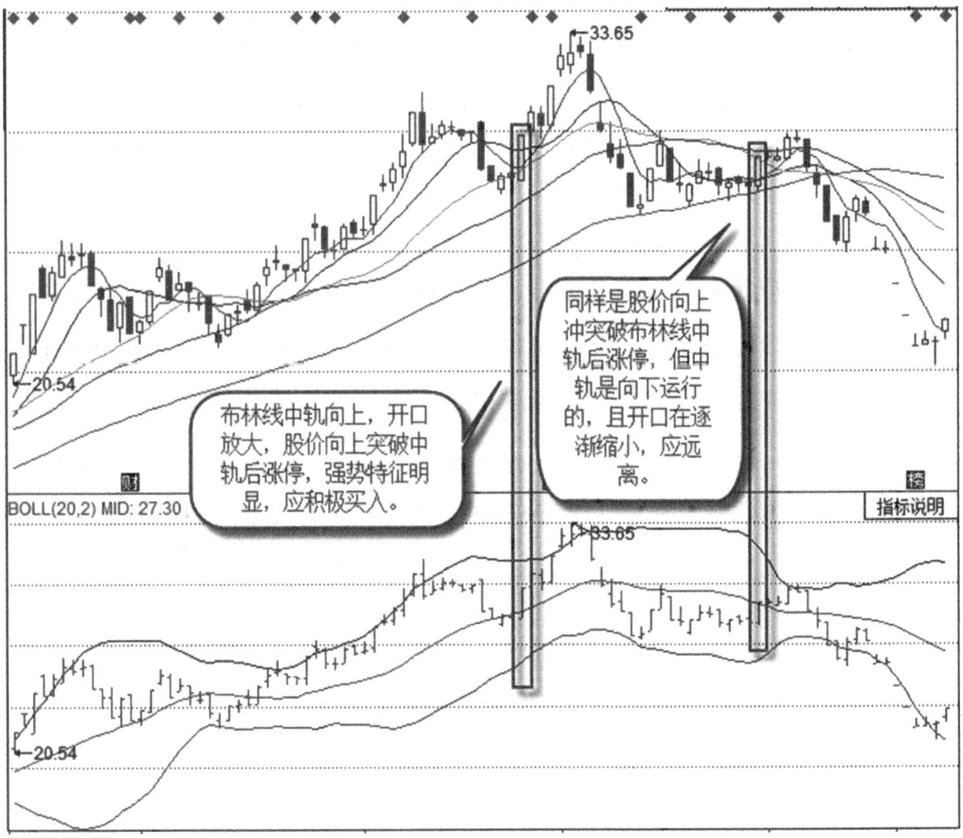

图6-2 ST宜纸-日线图

实战要点

◎ 当股价K线带量向上突破布林线的上轨，并且TRIX指标也已经发出底位金叉时，说明股价即将进入一个中长期上升通道之中，此时若是出现放量涨停，应积极买入做多。

◎ 当布林线轨道在很长一段时间的底位窄幅水平运动后，一旦股价K线带量向上突破布林线的上轨，同时原本狭窄的布林线通道突然开口向上，说明股价即将脱离原来的水平运行通道，进入新的上升通道之中，此时的放量涨停，同样应积极买入。

◎ 当股价K线向下突破布林线的中轨，并且TRIX指标已经发出高位死叉时，说明股价即将进入一个中长期下降通道之中，此时若是出现带量涨停，往往是一种虚假的涨停，投资者应尽早清仓离场，而不能买入。

◎ 当布林线轨道很长一段时间的高位窄幅水平运动后，一旦股价K线向下突破布林线的下轨，同时原本狭窄的布林线通道突然开口向下时，说明股价即将脱离原来的水平运行通道，进入新的下降通道之中，此时出现的涨停，往往多为反弹，不可信。

◎ 通常，布林线中轨运行的方向向下时，股价往往是下跌趋势或震荡下跌趋势，此时出现的涨停往往可信度不高；若布林线中轨是向上运行的，股价向上突破布林线中轨出现的涨停，投资者可积极参与；但如果布林线中轨向上，股价在向上突破上轨时出现涨停，此时股价往往在高位区，此时参与涨停时应谨慎，快进快出。

6.2 MACD狙击涨停

6.2.1 二次翻红抓涨停

二次翻红，是指股价在运行过程中，MACD红柱在逐渐变小即将消失的过程中并未消失，也未出现绿柱，反而继续出现了逐渐放大的红柱，形成MACD红柱的第二次放大变红。这种情况的出现，往往出现在上涨趋势中的调整行情中，说明股价已结束了短期调整，即将恢复上涨，因此，极易引发股价的涨停和接连强势上涨。因此，MACD二次翻红出现后，是短线捕捉涨停牛股的信号。

实战案例

2016年6月14日，拓普集团（601689）在上涨趋势的调整中，MACD红柱逐渐缩小，但到了6月15日时，原本应当出现的绿柱并没有出现而是继续出现了MACD红柱，且红柱呈逐渐放大的趋势，形成了MACD二次翻红。这说明，调整已经结束，股价已经恢复上涨，当日及接下来，出现涨停或强势上涨的概率较大。因此，投资者应果断在MACD红柱二次翻时，趁红柱长度超过明日长度时买入。如图6-3所示。

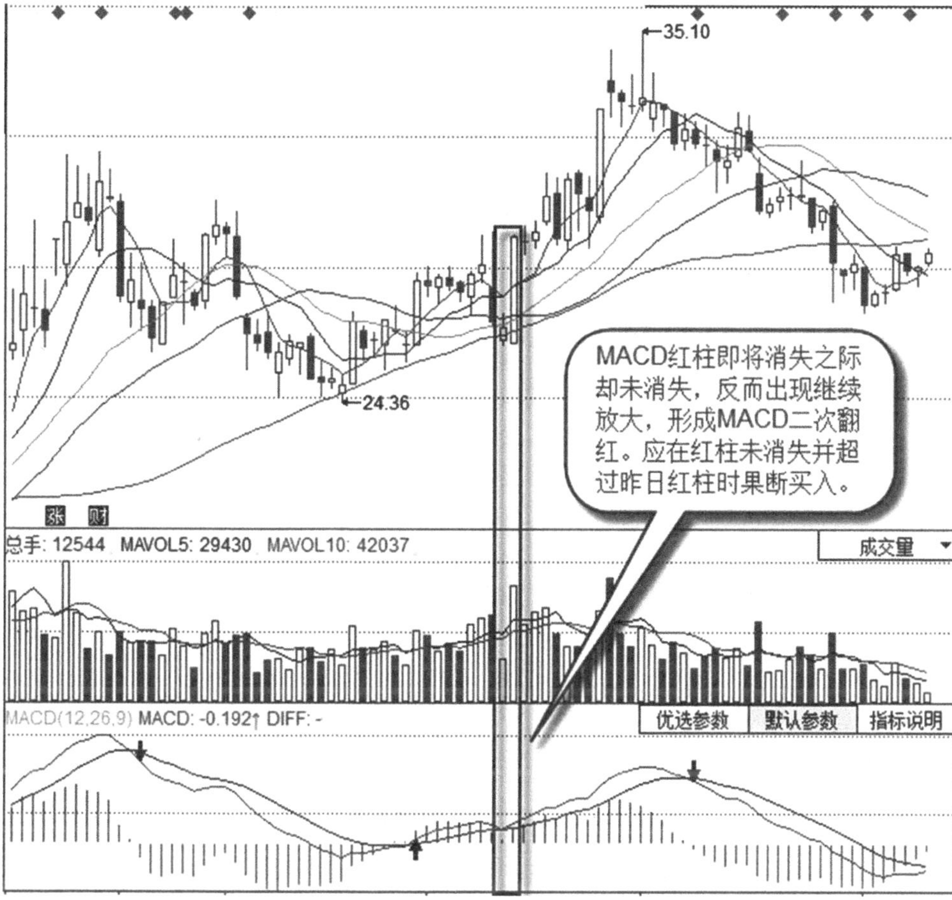

图6-3　拓普集团-日线图

实战要点

◎ MACD二次翻红形态中，往往是在DEA线向上运行的状态下，DIFF线出现向下，但未与DEA线出现死叉，即将开始出现转头向上运行，因此是股价在上涨趋势中小幅调整结束时的表现。

◎ MACD二次翻红出现后，股价往往进入加速上涨期，因此极易出现涨停，或接连上涨，所以买入后应坚持持股，直至短期上涨遇阻后再卖出。

◎ MACD二次翻红出现时，股价通常会在当日冲击涨停，因此激进的投资者应在二次翻红出现后，MACD红柱超过昨日红柱的长度时买入，此时K线上往往呈现放量上涨形态。

6.2.2 “天鹅展翅”抓涨停

“天鹅展翅”，是指当DIFF在0轴以下与DEA线出现金叉后，随后没有上穿0轴就出现了回调，向DEA线靠拢，并且MACD红柱开始缩短，但DIFF线却没有死叉DEA就再次反转向上，同时配合MACD红柱加长，便形成了“天鹅展翅”的形态。

“天鹅展翅”预示着天鹅即将展翅高飞，因此，这种形态是一种股价即将上涨的形态，且极易出现快速上涨甚至涨停，是一种底部捕捉涨停牛股的形态。

实战案例

2016年2月3日，中科三环（000970）的技术指标中，MACD于低位出现金叉后，DIFF线与DEA线即开始向上运行。随后，DIFF线出现了略向下运行，但在即将与DEA接触时，即转头向上运行，并在其后一举向上突破了0轴，形成了“天鹅展翅”。这说明股价已探明底部，即将出现反转向上；而在此期间，股价离开底部低位区时，短线极易引发涨停或接连上涨，所以投资者应在DIFF线向上突破0轴时买入。如图6-4所示。

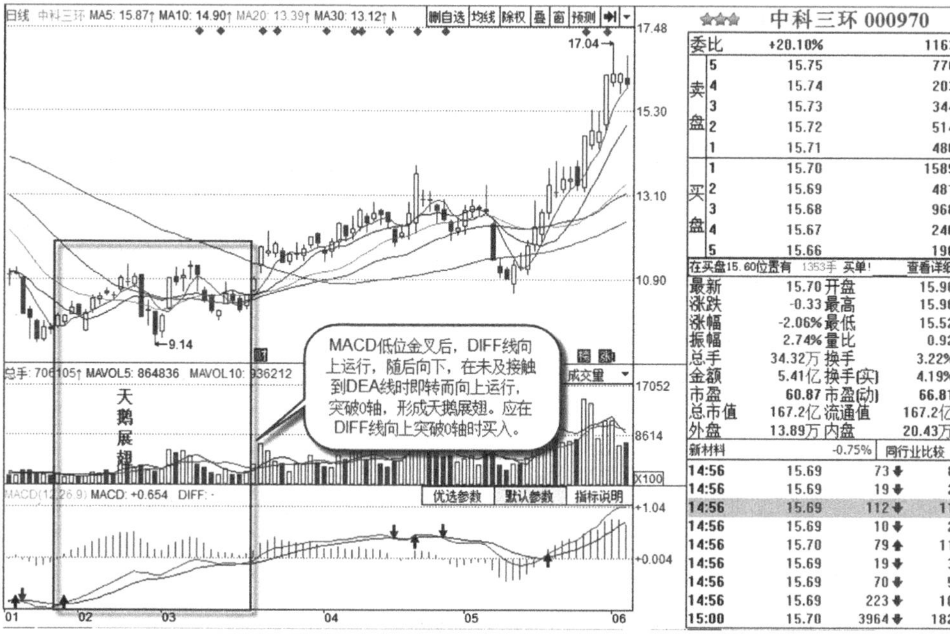

图6-4　中科三环-日线图

实战要点

◎ “天鹅展翅”形态是一种阶段性底部形态，是股价在下跌探底之后呈现的底部形态，而当股价脱离底部区域时，极易出现涨停或接连上涨，所以是一种短线捕捉涨停牛股的形态。

◎ 在“天鹅展翅”形态形成的过程中，当MACD金叉之后，DIFF线在回落时与DEA线出现了交叉，则形成弱势死叉，那么宣告形态失败，股价将继续震荡下跌，即使此时出现涨停，投资者也应短线回避。

◎ “天鹅展翅”形态出现后，最佳的买点为确认形态时，即DIFF出现向上突破0轴时。

6.2.3 “小鸭出水”抓涨停

“小鸭出水”形态，是指股票在运行过程中，当DIFF线在0轴以下出现与DEA线的低位金叉以后，并没有上穿0轴，或是仅仅上穿了一点即再次回到了0轴之下，然后向下死叉DEA，几天以后再次上穿DEA线出现金叉。这种形态是一种股票走出底部区域时的形态，因此投资者发现后应当在股价企稳反弹时及时买入，并持股待涨。

实战案例

2016年2月3日，启明信息（002232）的指标中，MACD在发出低金叉信号后，一路上行，但DIFF线未及向上突破0轴即开始向下回落，与DEA线发生死叉，随后又接边出现金叉、死叉、金叉，形成“小鸭出水”形态。这说明，股价在上涨前进行了突破前的整理。因此，投资者应在“小鸭出水”形态成立后，当DIFF线向上突破0轴时果断买入。因为，此时股价已发动上涨，极易引发涨停或接连上涨。如图6-5所示。

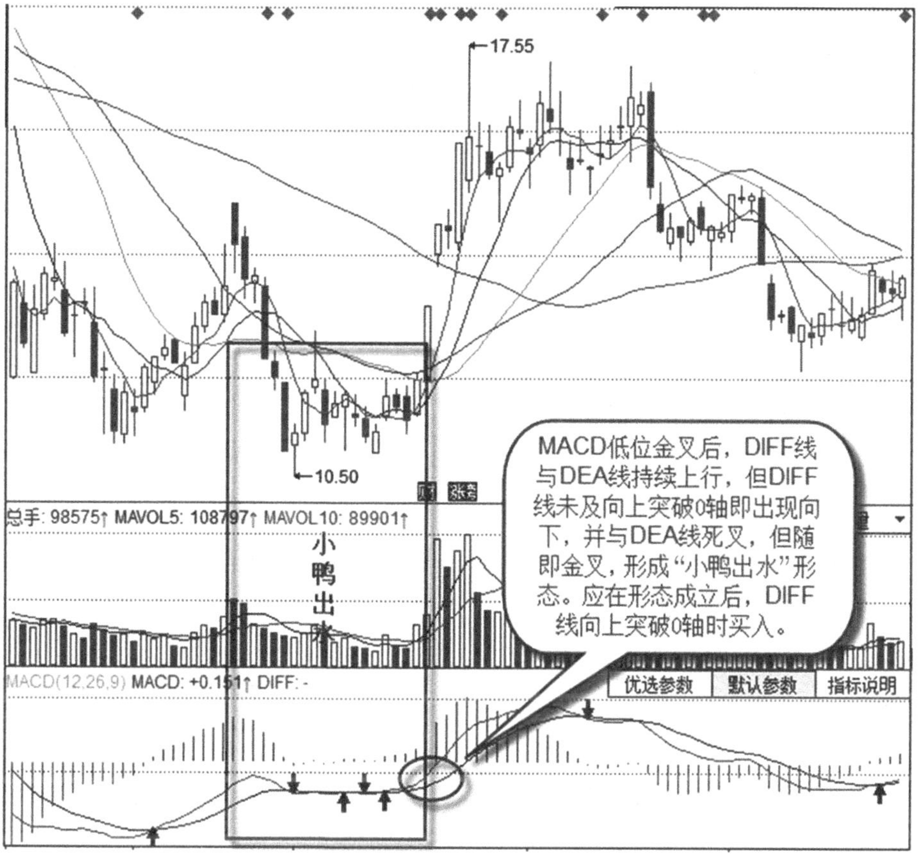

图6-5　启明信息-日线图

实战要点

◎ “小鸭出水”形态是股价在下跌探底之后，抛盘穷尽之时呈现的底部形态，也就是股价见底反弹时发出的信号，因股价见底后，往往会在低位区震荡后出现抬升上涨，股价极易引发涨停，甚至接连上涨，所以是投资者捕捉短线涨停牛股的时机。

◎ 如果在DIFF线与DEA金叉后未能突破0轴，则表明形态宣告失败，股价可能会出现再次下跌震荡，此时投资者应当暂时回避。

◎ “小鸭出水”形态往往出现在个股经过下跌后创出新低时的阶段性底部区

域，也是结束下跌调整开始转势的征兆，如果是在相对高位时出现的形态，极有可能是股票二次启动时的表现，此时可结合其他技术指标综合判断。

◎ “小鸭出水”形态是股票走出底部区域时的形态，投资者发现后应当在DIFF线向突破0轴时及时买入，并持股待涨。

6.2.4 “漫步青云”抓涨停

“漫步青云”形态，是指DIFF线在0轴以上死叉DEA线后，出现下穿0轴，然后在0轴或0轴以上金叉DEA线。“漫步青云”形态的形成是股价在探底回升途中做盘整所造成的，也有的股票会是筑底时所形成的形态，因此属于一种整理后上涨的形态，此时股价极易出现涨停或接连上涨，投资者应积极介入。

实战案例

2016年6月15日，永太科技（002326）的指标中，DIFF在0轴之上出现死叉，随后DIFF线向下运行至0轴以下，但略有震荡后即出现上穿0轴，并与DEA线发生金叉，形成“漫步青云”形态。这说明，上涨趋势中的调整行情已经结束，因此，投资者应在DIFF线与DEA线发生金叉时买入。因上涨趋势中的调整行情一旦结束，股价往往在恢复上涨后出现涨停或接连上涨。如图6-6所示。

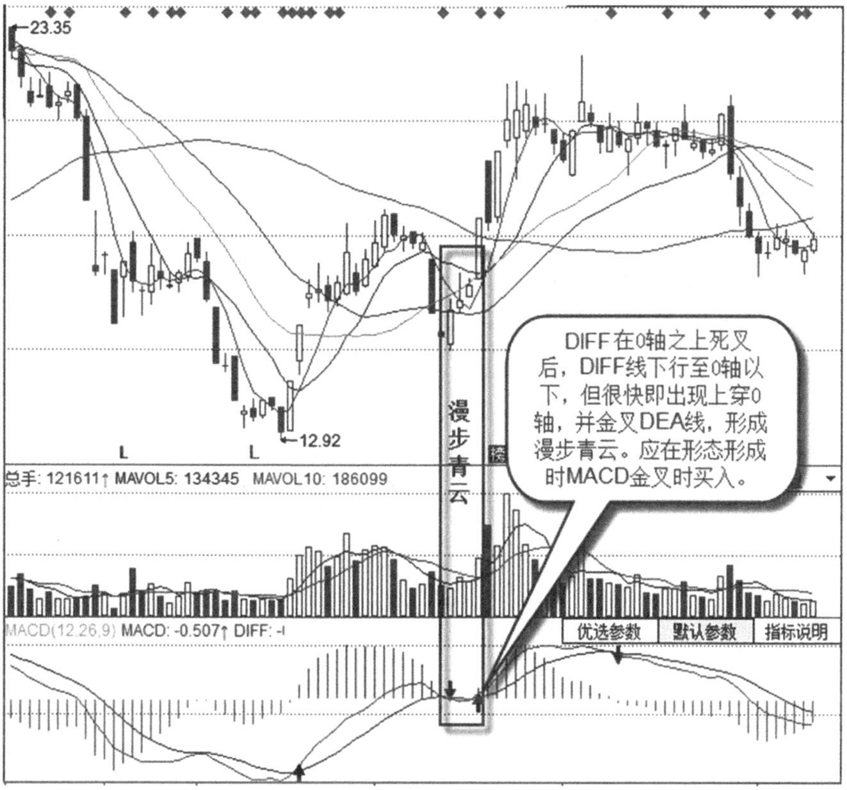

图6-6　永太科技-日线图

实战要点

◎ “漫步青云”形态大多出现在股价上涨途中，是一种结束调整的信号，因此可视为一种强势买入信号，此时股价极易出现涨停或接连上涨。

◎ 如果在“漫步青云”形态形成的过程中，当死叉出现后再次出现的金叉是出现在了0轴以下，那么此时不能确认为“漫步青云”形态，因为0轴以下的金叉属于弱势金叉。

◎ 如果“漫步青云”形态出现在上涨途中时，投资者不可对后市期望太高，一旦指标发出高位风险，应当果断离场，以免被套在高位。

6.2.5 “海底捞月”抓涨停

“海底捞月”形态，是指MACD在0轴以下，DIFF与DEA接连出现至少两次低位金叉，这种情态的出现，表明该股筑底已经完成，股价此后开始走出底部，因此投资者一经发现该形态，应当果断择机介入，因为底部完成构筑后，其后股价往往会出现快速上涨，涨停的概率较大。

实战案例

2016年5月3日与23日，广誉远（600771）的技术指标中，MACD出现了两次低位金叉，并且在两次金叉期间，DIFF线与DEA线一直处于平行的小幅震荡中，形成了“海底捞月”形态。这说明，股价在低位区震荡时，主力资金已完成了低位吸筹。因此，投资者应在“海底捞月”形态形成后，逢低介入，因为个股一旦完成筑底后，会很快发动上涨，并且经常以涨停或接连上涨的方式出现。如图6-7所示。

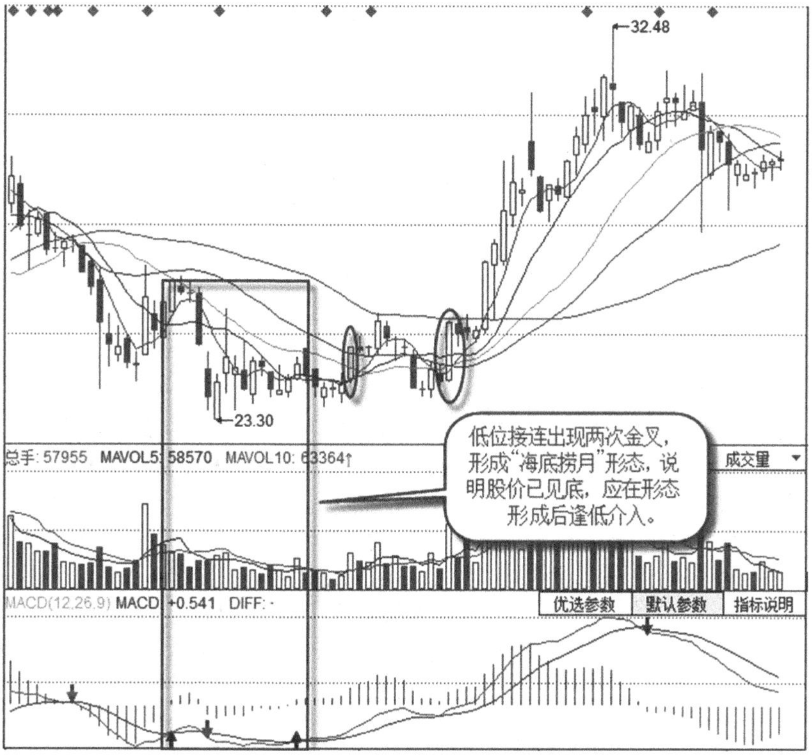

图6-7　广誉远-日线图

实战要点

◎ “海底捞月”形态是一种典型的MACD底部形态，也是主力在建仓完毕后的一种信号，一旦出现，后市往往会很快发动上涨，且涨幅十分可观。因此，投资者一经发现即应当果断买入，并持股待涨。

◎ “海底捞月”形态在形成的过程中，DIFF线与DEA线大多呈近距离的水平运行状态，两条线粘合得越近，为盘中卖盘极少所致。

◎ “海底捞月”形态通常出现在个股底部震荡后的再次破位下行后出现的低位区，也是投资者抄底的良机，此时往往成交量极少，最佳买点是最后一次出现金叉后的放量上涨时。

6.3 KDJ狙击涨停

6.3.1 金叉共振抓涨停

KDJ金叉共振，是指在股价运行过程中，当不同周期的K线图上，在同一时间出现了K线与J线在0轴以下，几乎同时向上与D线出现自下而上的交叉时，即就会形成KDJ金叉共振。尽管所观察行情的K线图周期不同，但同时出现金叉说明股价跌势已经中止，即将出现上涨，这是股价转为强烈的特征，此时极易引发股价的涨停或是接连上涨，所以是一种短线捕捉涨停牛股的技术形态。

实战案例

2016年5月26日，在好想你（002582）的60分钟图上，下午14点整时，出现了在0轴以下K线与J线自下而上的与D线的交叉，形成KDJ低位金叉。如图6-8所示。

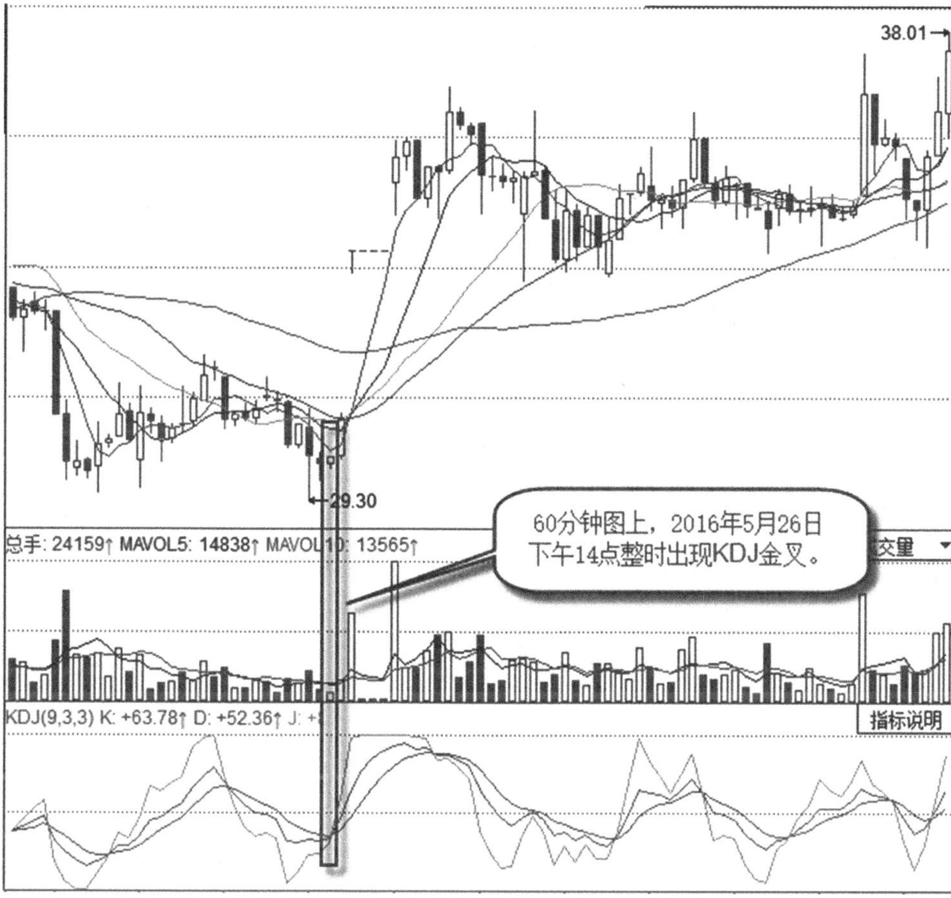

图6-8　好想你-60分钟图

观察好想你的日线图就会发现，在2016年5月26日，同样在0轴以下出现了K线与J线自下而上的与D线的交叉，形成了KDJ低位金叉。如图6-9所示。

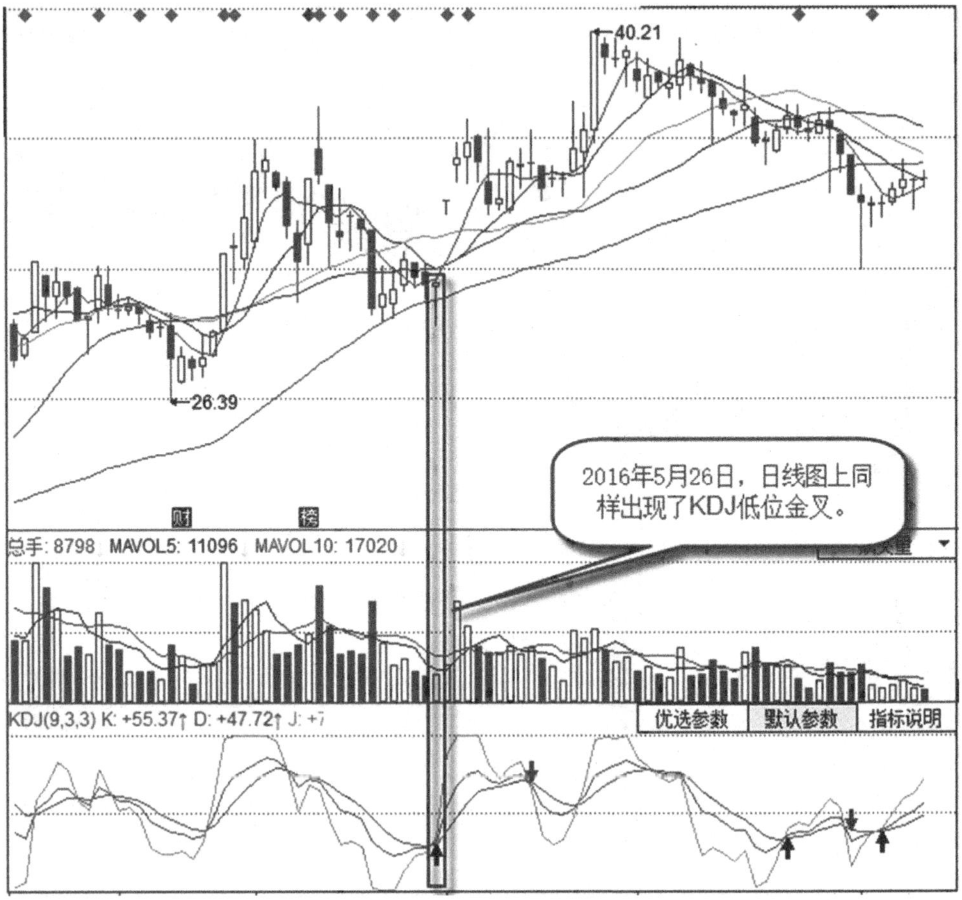

图6-9 日线图

形成KDJ金叉共振时，日线上正处于上涨趋势中的调整行情，这说明股价已结束了下跌调整，即将出现突破性上涨，且此时极易引发涨停或出现接连上涨，因此，投资者应在KDJ金叉共振出现时，及时买入。

实战要点

◎ 投资者在使用KDJ金叉来判断行情时，应当明白，不是所有的KDJ三线自下而上的交叉均可视为金叉，有效的金叉往往是出现在0轴以下的低位区，但如果是在0轴附近发生时，行情大多以盘整为主，在严重超卖区的20以下发生金叉时，准确率更高。

◎ KDJ金叉共振，往往是有一张长周期的K线图上发生，如日线、月线，并加上一张短周期图上的KDJ金叉较为准，因为若是均出现在短周期图上，往往其后的反转行情时间过短。

◎ KDJ金叉共振出现时，若是KDJ三线的趋势与股价形成背离的话，则往往这种金叉共振无效，不能视为强势的买入信号。

6.3.2 死叉未死抓涨停

KDJ死叉未死，是指当股票在运行过程中，技术KDJ中的K线与J线在高位出现由上向下运行的过程中，当即将与D线发生向下交叉的死叉时，未出现与D线的向下交叉，即出现再次向上运行。这种形态的出现，往往是股价在上涨趋势中的调整接近尾声时的征兆，说明股价即将再次回归上涨行情，因此极易出现涨停或接连快速上涨，所以是一种捕捉涨停牛股的信号。

实战案例

在2016年5月初的上涨趋势中，中国医药（600056）的股价突然在5月56日与9日下跌，KDJ指标也开始在高位出现K线与J线的向下运行，并在即将出现由上向下的与D线的死叉却尚未与D线交叉时，K线与J线即改变了继续向下运行的方向，转头开始向上运行，形成KDJ死叉未死，说明短线调整已经结束，股价即将恢复上涨趋势，而此时极易出现快速上涨或是涨停，所以，投资者应在KDJ死叉未死出现时，及时买入股票。如图6-10所示。

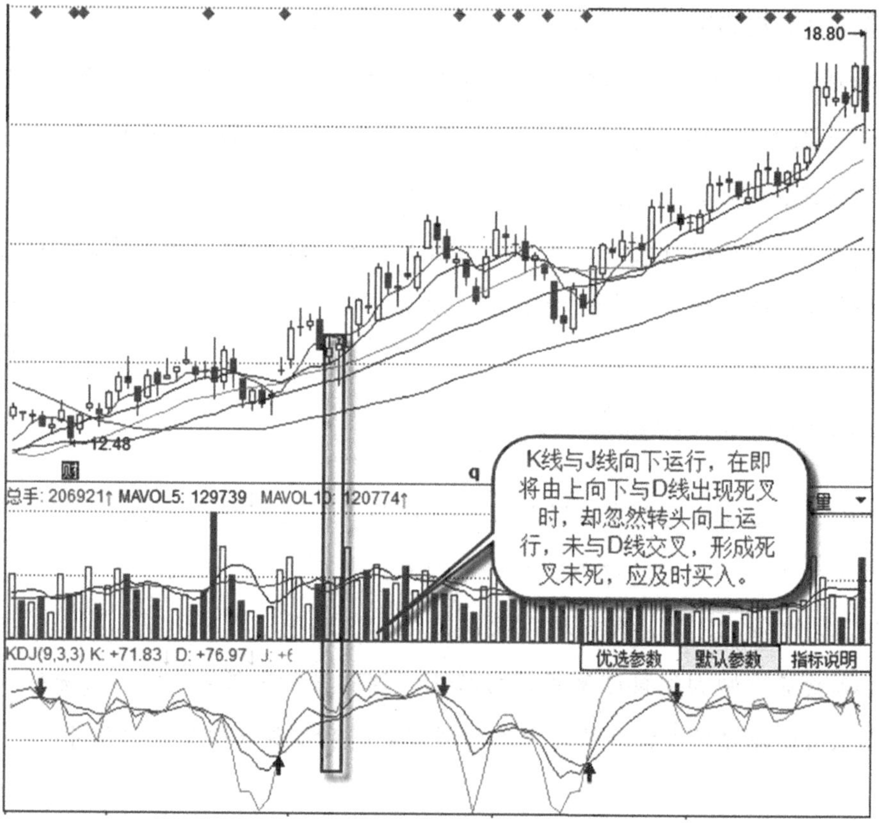

图6-10　中国医药-日线图

实战要点

◎ KDJ死叉未死出现时，K线上往往处于上涨趋势中的调整过程，但KDJ死叉未死的出现，往往是调整结束时的信号，因此是短线捕捉涨停牛股的信号。

◎ KDJ死叉未死出现后，即使是股价不出现涨停，短线依然会出现接连上涨，因此仍然是强势股，所以买入后应在股价再次出现回落时卖出，而不应过早卖出。

◎ KDJ死叉未死出现时，应确保K线与J线不与D线发生自上向下的交叉，即使是短期交叉后再次向上交叉也不允许，否则不能以KDJ死叉未死形态来对待。

6.3.3 D值小于20的金叉抓涨停

D值小于20的金叉，是指当KDJ三线在低位运行的时候，K线与J线自下而上出现与D线的金叉，且此时D线数值在20以下。这种情况的出现，往往是股价在下跌趋势中捕捉超跌反弹时所用，所以当股价经过长期震荡下跌后，突然出现D值20以下的低位金叉时，投资者可快速买入，因一波强势反弹即将到来。

实战案例

经历2016年4月到5月的震荡下跌后，广联达（002410）于5月30日突然出现了再次下跌，股价一度接近前期低点，但技术指标中，KDJ三条线中，K线与J线出现了向上与D线的交叉，且D值此时处于17.72，小于20，形成D值小于20的低位金叉。这说明，股价跌幅已大，一波反弹即将来临。因此，投资者应果断在D值小于20的低位金叉出现时，及时买入股票。如图6-11所示。

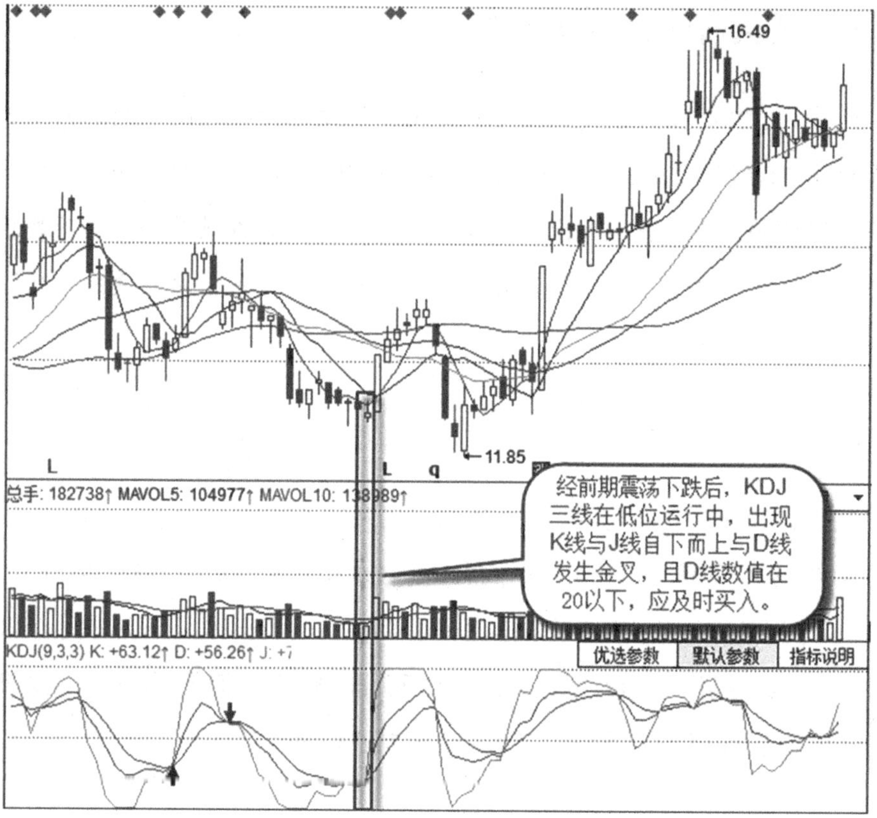

图6-11　广联达-日线图

实战要点

◎ D值小于20的低位金叉的出现，并不能说明股价已控明底部，而是说明股价短期下跌已大，即将出现反弹，因此，投资者应以超跌反弹的心理参与行情。

◎ 当D值小于20的低位金叉出现时，投资者不应过于长时间持股，即使是盘中出现涨停，但一旦发现股价出现反弹无力时，应果断卖出。

◎ 当D值出现小于20的低位金叉时，其后的反弹往往会出现短暂的强势涨停，或是接连的上涨，但往往整体幅度不会太大，所以应快进快出，不可恋战。

6.4 BOLL狙击涨停

6.4.1 放量突破布林线中轨

突破布林线中轨，是指股价在中轨以下运行时，出现了不断向上运行，突然出现向上突破中轨。此时往往说明，股价开始转强，因此，只要是放量向上突破布林线中轨，通常股价会出现涨停，但是，因布林线中轨的运行方向对后市股价的运行方式影响较大，加上布林带开口与缩口的不同也会影响到未来股价的运行方向，因此，决定了投资者在放量突破布林线中轨而买入后，持股的时间。

实战案例

在2016年5月中旬，天目药业（600671）的股价开始回落到布林线中轨以下运行，但慢慢股价出现了上行，至5月13日时，股价突然出现了向上突破布林线中轨的情况，且成交量有效放大，因此，投资者应及时买入。但此时，因布林线中轨是平行略向上运行，且布林带开口是逐渐放大的，说明未来行情可期，因此，投资者在买入后，可期待股价一直上行到布林线上轨后卖出。

但在随后的2016年7月6日，股价放量向上突破布林线中轨。但因此时布林线中轨是略向下运行的，且布林带上、下轨呈逐步收缩的状态。因此，投资者在股价突破布林线中轨买入后，一旦在次日发现股价有冲高后回落的走势时，应果断卖出股票。如图6-12所示。

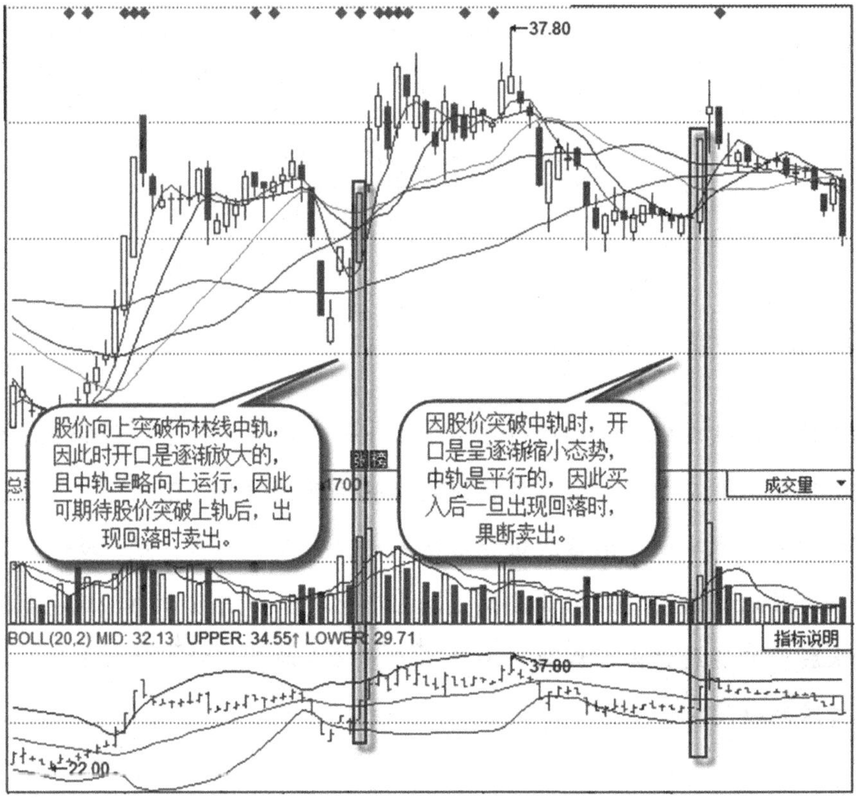

图6-12　天目药业-日线图

实战要点

◎ 投资者在根据布林线中轨操作股票时，只有股价放量向上突破布林线中轨时，才易引发涨停，因此，若是突破布林线中轨时不放量，表明上行力度不大，此时应回避。

◎ 投资者在根据股价放量向上突破布林线中轨抓涨停时，应观察布林线中轨的运行方向，因为若是中轨方向略向下时，往往其后的上涨幅度较小，且时间较短。

◎ 投资者在根据股价放量向上突破布林线中轨抓涨停时，同样需要观察布林带的开口或缩口的情况，即若是布林线中轨向上，上轨与下轨呈逐渐放大时，后市上涨幅度及力度可期；若是布林线中轨平行或略向下时，上轨与下轨呈逐渐收缩的状态时，往往意味着其后上涨的时间很短，幅度很小。

6.4.2 布林线开口抓涨停

投资者在根据布林线指标选股的时候，不能只观察上轨、中轨与下轨的变化，而应注意布林线开口的情况。比如当布林线开口逐渐放大的时候，说明股价即将振幅加大，尤其是股价站上中轨后甚至是开始沿着上轨上沿上行的时候，更是强势的特征；然而，当布林线开口开始逐渐缩小的时候，往往说明股价即将出现调整，且震荡幅度将减小。因此，投资者可根据布林线开口的情况，捕捉涨停股。因为，当一只股票出现强势上涨时，布林线开口总会出现不断放大，且股价此时往往已经成功站上中轨，甚至是上轨，而中轨呈平行或向上运行。所以，这些特征一经出现，往往说明股价即将出现快速拉升或接连涨停。

实战案例

在2016年5月18日至6月20日期间，红宇新材（300345）的股价出现了低位震荡，布林带也出现了行至低位且收窄，在6月17日时，股价向上突破布林线中轨，而此时布林线中轨是呈水平略向上运行的，这说明股价即将转强。到了6月20日时，股价出现了调整，但并未跌破布林线中轨，属于上涨过程中的间歇。此时，如果再观察一下K线即会发现，股价在17日突破布林线中轨时出现了放量大涨，收出一根中阳，而在20日股价在布林线中轨以上出现强势震荡时，K线上是缩量的，并收出一根十字星。这就说明，行情为上涨间歇的休整，且缩量预示着难以跌下去，且此时布林线开口出现逐渐放大，说明后市即将出现快速上涨。因此，投资者应此时果断买入。如图6-13所示。

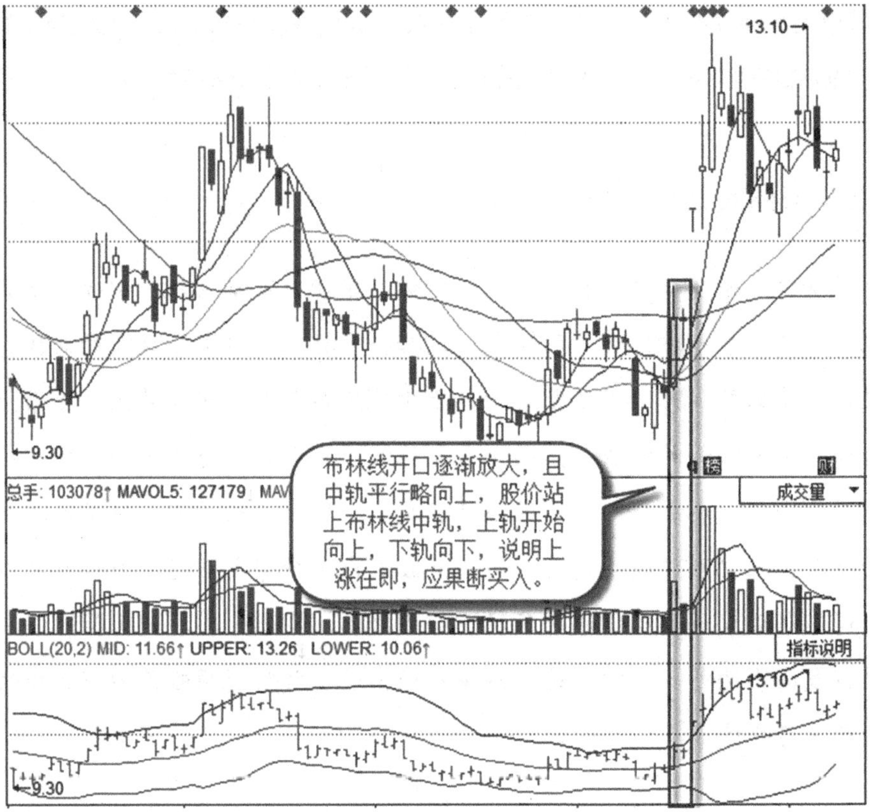

图6-13　红宇新材-日线图

实战要点

◎ 只有布林线中轨平行或略向上运行，股价已成功站上中轨或上轨后，且布林线开口出现放大迹象时，才是股价结束调整即将快速上涨的征兆。

◎ 投资者在利用布林线开口抓涨停牛股时，如果中轨是向下运行的，或是平行略向下的，则往往说明行情仍会震荡下跌，此时即使开口呈放大状态，也应回避。

◎ 高送转实施除权后，布林线会突然出现开口快速放大，此时的放大无任何参与意义，投资者应将行情恢复到除权前或除权后再观察。

6.5 ASI抓涨停

6.5.1 将死不死抓涨停

ASI为振动升降指标，是以开盘价、最高价、最低价、收盘价与前一交易日的各种价格相比较作为计算因子，用以研判市场的方向性。ASI将死不死，是指当股价在向上运行的过程中，突然ASI指标出现了向下去行，此时股价调整，但当ASI线在即将与下方向上运行的ASIT线接触出现死叉时，却未再继续向下运行，而是转头出现了向上与ASIT线同时向上运行。这往往说明，股价的短期调整即将结束，即将重回上涨趋势。而这种形态出现后，股价也往往会出现涨停，或接连上行。因此，是短线捕捉涨停牛股的好时机。

实战案例

在上涨趋势中，石大胜华（603026）于2016年5月6日出现了明显的向下调整，而此时的ASI线也出现了向下运行，但ASIT线却依然向上运行。当ASI线即将接触到ASIT线发生死叉时，却突然出现了转头向上，与ASIT线并行向上运行，形成了ASI将死不死形态。这说明股价的调整即将结束，将重回上涨趋势。因此，投资者应在ASI将死不死出现时，果断买入股票，并持股待涨，直到升势结束时为止。如图6-14所示。

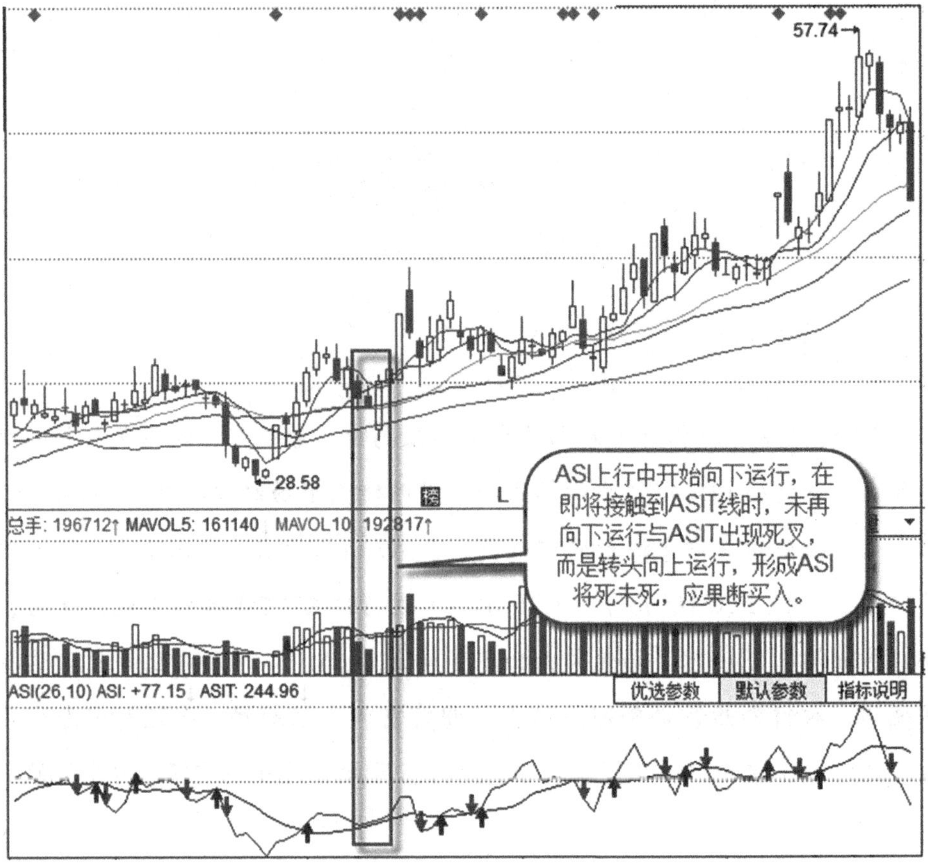

图6-14　石大胜华-日线图

实战要点

◎ ASI将死不死大多出现在上涨趋势中的调整行情中，是一种轻度调整，因此在确认形态时，一定要观察ASI线不能与ASIT线接触，即使是死叉后ASI线即刻向上，也不能以将死未死形态对待。

◎ ASI将死不死出现时，ASIT线应是明显向上运行的，如果此时ASIT线是向下运行的，即使出现ASI将死不死，也无任何参与意义。

◎ 任何指标都有其缺陷，因此在使用ASI指标抓涨停牛股时，投资者应结合其他指标综合判断，结果会更为准确。

6.5.2 “二龙缠绕”抓涨停

“二龙缠绕”，是指当股价在运行过程中，ASI指标中的ASI线与ASIT线经过运行相互纠缠在了一起，像是两条龙或绳子绞在了一起，而此时ASIT线渐渐走平略向上运行。这种形态的出现，说明股价经历了反复震荡，因此，当ASI线出现明显向上拐头运行时，说明震荡行情即将结束，股价即将出现上涨，所以是盘中捕捉涨停牛股的好时机。

实战案例

2016年1月中旬至6月中旬，超华科技（002288）的股价出现了下跌后的震荡，此时的ASI指标中，ASI线与ASIT线也从高位下跌后，突然聚集在了低位区，并出现了相互缠绕，且反复震荡后，ASIT线已渐渐走平并略向上，形成了ASI“二龙缠绕”。因此，投资者应在结束“二龙缠绕”，即ASI出现明显拐头向上运行时果断买入，因为其后股价出现涨停或强势拉升的概率极大。如图6-15所示。

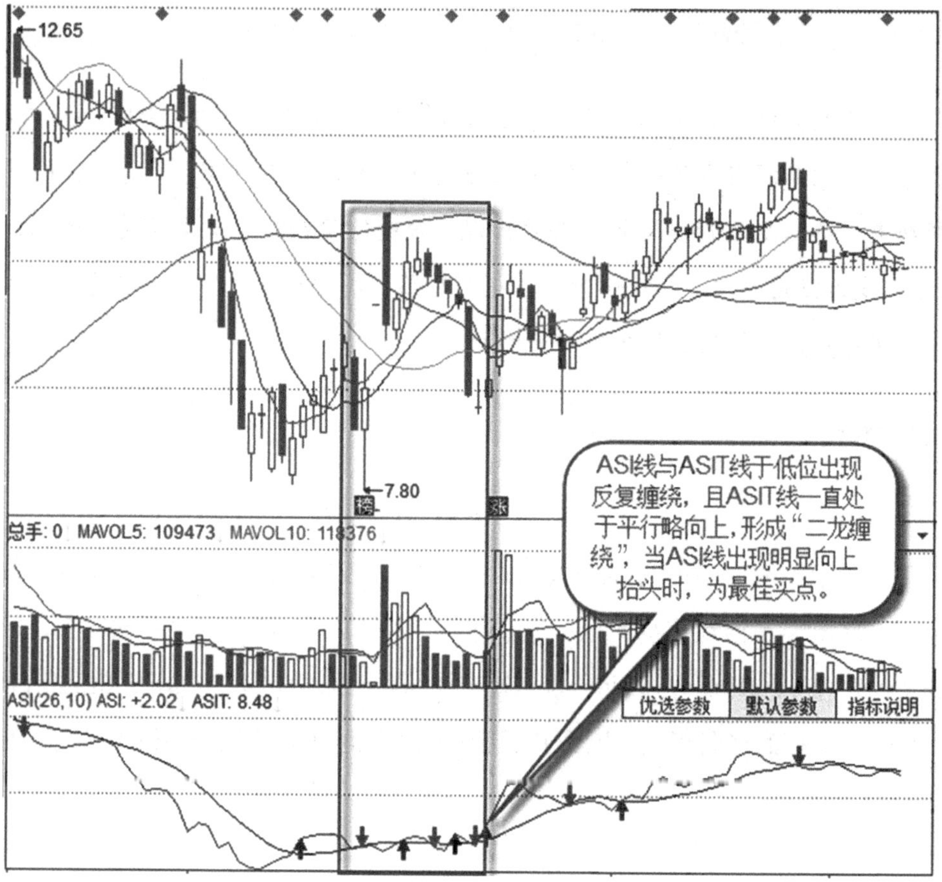

图6-15　超华科技-日线图

实战要点

◎ “二龙缠绕”如果是出现在了高位区时，往往是股价高位震荡后进入快速拉升期的表现，因此，此时应快进快出。

◎ “二龙缠绕”如果是出现在大跌后的低位区时，往往结束后，股价在上涨后仍会出现反复震荡，因此，此时短线操作者不可过于恋战。

◎ “二龙缠绕”出现时，必须确认ASIT线出现明显的向上运行的态势，否则不应盲目买入。

第7章 量价关系：从量价变化伏击涨停

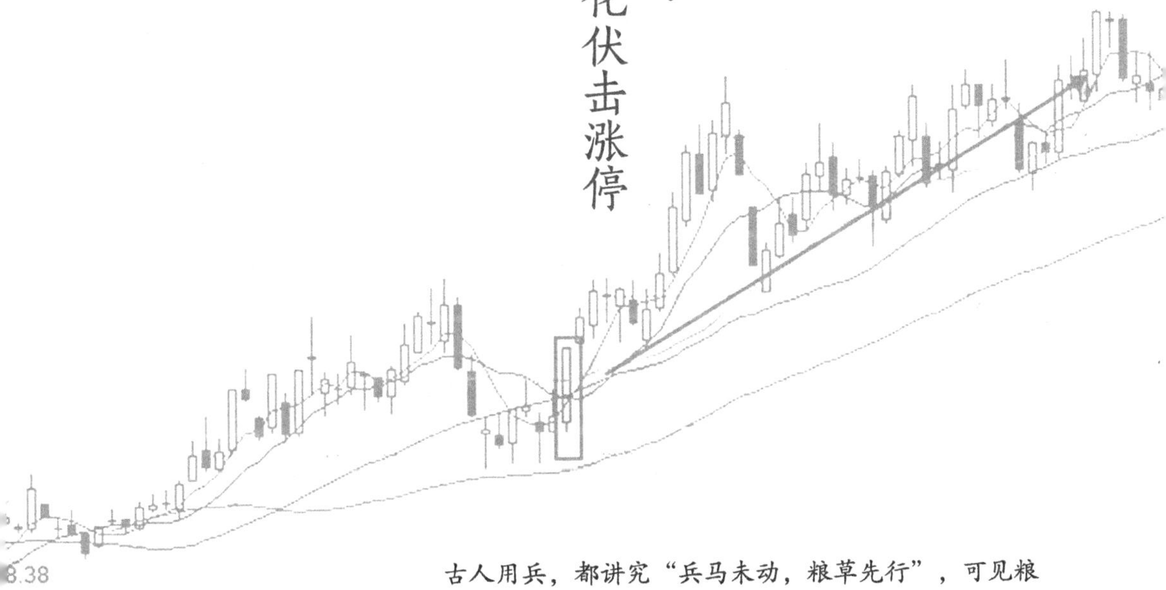

古人用兵，都讲究“兵马未动，粮草先行”，可见粮草在战争中的重要。股市亦然，当股票价格出现异常波动时，成交量同样会呈现出不同的形态。了解涨停时与涨停前的量价关系形态，就像古人用兵时先安顿好了粮草一样，将士们才能毫无后顾之忧地去拼杀于战场，并最终获得胜利。

7.1 量价关系抓涨停

7.1.1 量增价升

量增价升，是股价运行过程中一种明显的健康行为，因为价格在上涨的过程中，得到了成交量的支持。但是，如果投资者根据量增价升来捕捉涨停牛股，就必须是成交量在明显放大的情况下股价出现快速上升。

实战案例

2016年6月27日，木林森（002745）在经历了上涨趋势中的深幅调整行情后，突然出现了明显的量增价升，股价一举向上突破了60日均线，并依然在增量上行，一举突破了前期高点，形成明显的量增价升。这说明，股价即将展开一轮新的快速上涨，其后极易引发涨停或接连快速上涨，因此，投资者可在明显放量上涨突破60日均线并继续放量上行突破前期高点时果断买入。如图7-1所示。

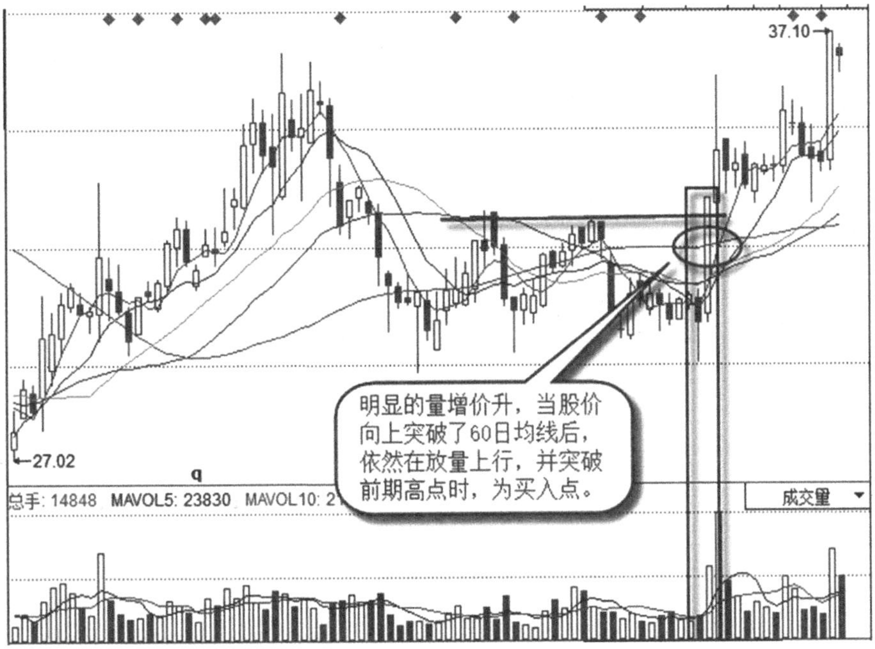

图7-1　木林森-日线图

实战要点

◎ 量增价升出现涨停时，往往需要有成交量格外放大的迹象，但又不能放量过大，否则极易引发次日的回调。

◎ 量增价升出现涨停时，通常是在股价经过底部低位震荡整理后的启涨时期，此时前期底部区需要有明显的底部痕迹，且价格上升时需有明显的成交量放大。此时多为主力资金抬高股价进行洗盘的时间，因此买入后一旦发现出现回调迹象时应果断卖出。

◎ 量增价升出现涨停时，同样容易出现在高位区，此时股价进入快速上涨期时，但因主力资金筹码较集中，因此成交量此时是无需过于放大的。

◎ 量增价升出现涨停时，如果股价累积涨幅或是短期涨幅过大，此时的量增价升往往是一种危险信号，因此是主力资金为维持股价在高位区震荡出货，因此投资者应果断离场。

7.1.2 量升价减

量升价减，是指成交量在不断增加，股票价格却在不断下跌。这是一种不正常的量价关系，如果是出现在股价经过大幅上涨后的高位区时，往往是主力资金大举出货的信号；然而如果是出现在低位区时，往往是主力资金一面打压股价，一面大举吸食筹码的信号。因此，投资者在短线捕捉涨停牛股时，应选择那些在低位区出现量升价减的股票，一旦发现这种量价情况出现中止且突然出现放量上涨时，应果断买入，因为此时往往说明主力资金已经建仓完毕，开始拉升。

实战案例

201年5月10日，当用友网络（600588）的成交量缩减后，股价步入了低位区。虽然成交量在缩减后出现了不断放大，可股价却出现了低位震荡小幅下跌，形成量升价减。这说明，此时的主力资金在一面打压股价，一面低位吸筹。因此，投资者应在5月31日，股价突然出现明显的放量上涨时，果断买入。因为此时股价已经启动，极易出现涨停及连续拉升。如图7-2所示。

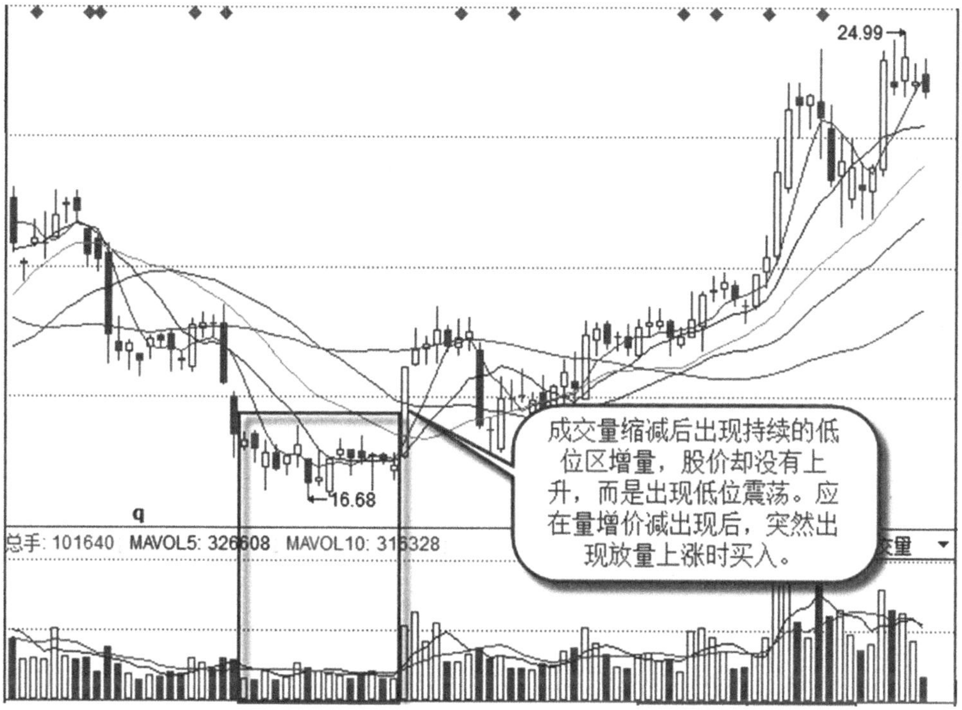

图7-2 用友网络-日线图

实战要点

◎ 量升价减出现时，有时在成交量不断增加的同时，价格会出现滞涨，或是小幅下跌，或是震荡，这些情况均可视为量升价减。

◎ 量升价减如果是出现在高位区，往往是主力资金维持价格高位出货的信号，此时往往会出现明显的放量滞涨现象，盘口信息中，换手率较高，外盘远远小于内盘，此时的涨停应远离。

◎ 量升价减出现在低位区或是上涨中途时，往往可信度更高，但买入时，应在量升价减行为出现后，股价突然出现明显的放量上涨时。

7.1.3 放量滞涨

放量滞涨，是指股价在上涨过程中，在成交量出现放大的情况下，价格却出现了滞涨。这往往说明，主力资金此时在大举低位吸筹，一面利用筹码打压股价，一面低位实现吸筹码。这是低位主力洗盘的征兆，所以，投资者应在缩量滞涨结束、股价继续恢复放量上涨时买入。由于此时主力资金在缩量后发现跌无可止，所以会继续开始拉升，其后股价往往会出现强劲上涨或是接连涨停。

实战案例

在上涨行情中，2016年6月6日、7日、8日这3个交易日中，海顺新材（300501）出现了明显的成交量不断放大、股价却震荡滞涨的情况，形成放量滞涨。这说明盘中遇到了短期的获得回吐，股价很快会出现调整。因此，投资者应在其后成交量缩减后再次出现明显的放量上涨时买入，此时股价调整已经结束，将继续恢复上涨行情。如图7-3所示。

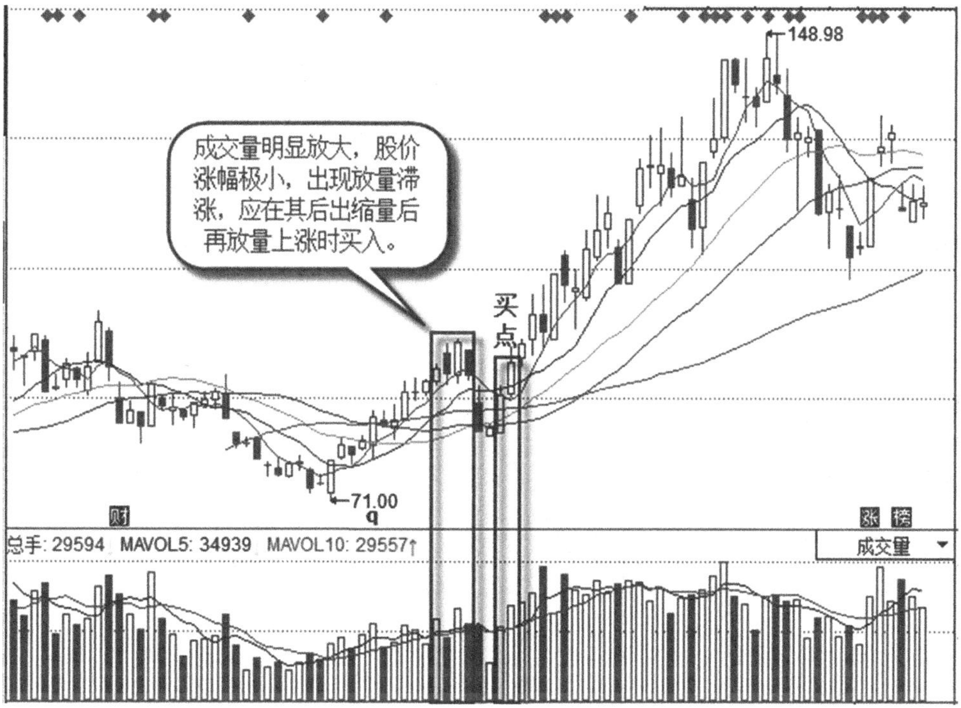

图7-3 海顺新材-日线图

实战要点

◎ 放量滞涨大多出现在上涨初期，或是上涨行情中的调整行情，因此是短期捕捉涨停牛股的良机。

◎ 放量滞涨出现后，投资者应在发现明显缩量下跌且股价开始放量上涨时，果断买入。

◎ 放量滞涨如果是出现在高位区时，投资者应结合其他指标综合判断，而不应盲目买入，因为这往往是主力资金借机出货的象征。

7.1.4 量缩价跌

量缩价跌，是指股价在运行过程中，出现了成交量不断缩减、价格却在不断下跌的情况。这种情况出现时，只有出现在上涨趋势中的调整行情时，才是捕捉涨停牛股的良机。因为在上涨行情中，当量缩价跌明显出现时，说明短期获利筹码在不断减少，此时价格下跌不是很快，因此，投资者可在随后出现放量上涨时买入，因为此时极易出现接连上涨或涨停。

实战案例

在2016年6月8日、13日、14日3个交易日中，苏州设计（300500）的成交量出现了逐级缩减，股价也出现了下跌，但跌幅并不大。观察日线就会发现，此时股价正处在底部开始的上涨初期，因此，投资者应在量缩价减出现后，观察股价出现持续放量上涨后再买入。如图7-4所示。

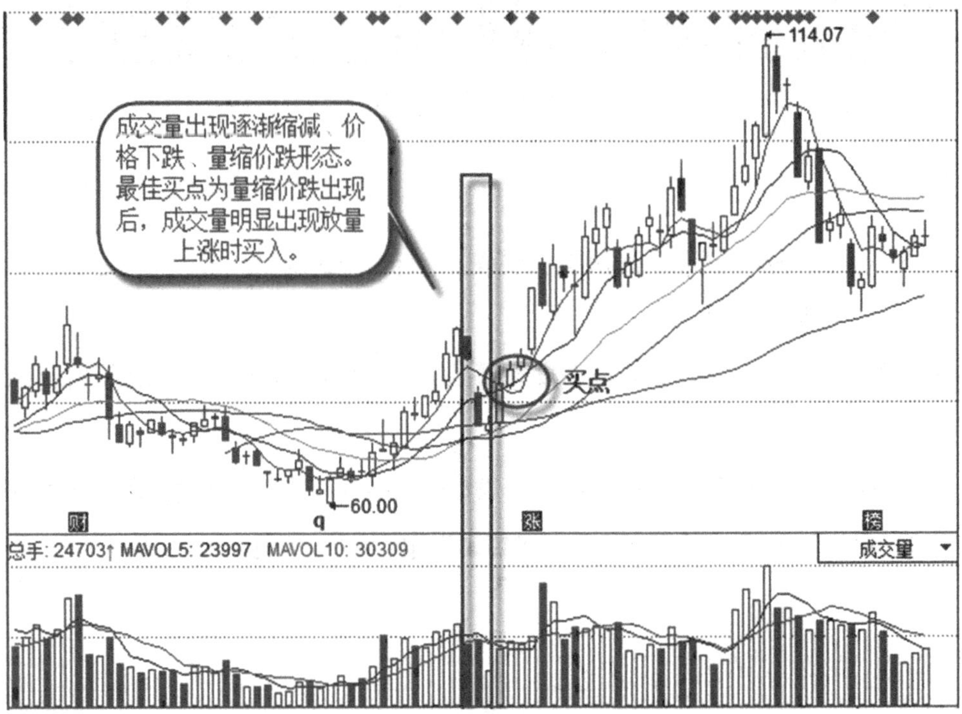

图7-4　苏州设计-日线图

实战要点

◎ 量缩价跌如果出现在震荡行情中，此时的成交量往往高于地量水平，因此量价关系表现并不十分明显，所以应结合其他技术指标来综合判断行情。

◎ 股价在下跌趋势中，同样会出现量缩价跌，但此时往往是一种阴跌，投资者不可贸然买入。

◎ 只有出现在上涨趋势的调整行情中时，量缩价跌才是股价短线调整的特征，但若是在股价的上涨初期时，应在量缩价跌出现后，成交量持续出现放量再操作，因为若是成交量此时无法持续放量，往往意味着震荡行情仍未结束。

7.1.5 量平价跌

在短线捕捉涨停牛股时，如果在通过量价关系观察时，出现量平价跌，即成交量基本持平，价格却在下跌的情况，只有出现在上涨趋势中的这种量平价跌，才会成为捕捉涨停牛股的征兆。因为此时的量平价跌，往往说明短线调整已经开始，投资者应果断买入。

实战案例

2016年5月6日至19日，高澜股份（300499）的成交量始终保持在一个基本相近的水平，但股价却出现了持续下跌，形成量平下跌形态。如果观察之前的趋势，就会发现，股价处于上涨趋势中，因此，这种量平价跌的出现，说明盘中短期获利回吐有一定压力，所以，投资者应在成交量出现明显放量、股价上涨时买入。因此，只有成交量放大、超过量平时的基准，价格才能止跌突破。如图7-5所示。

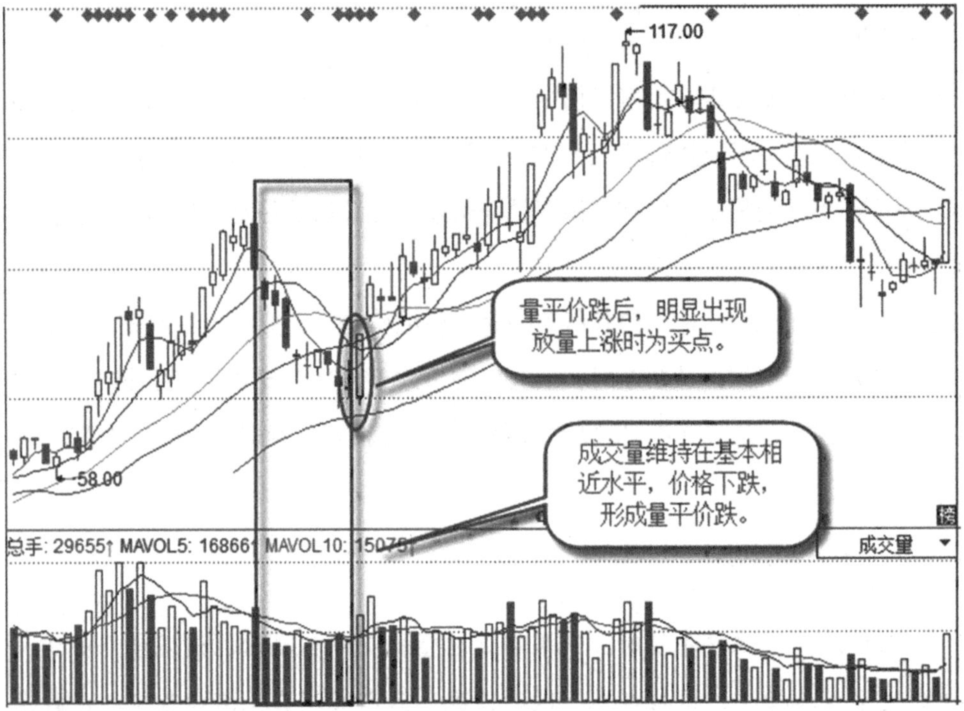

图7-5　高澜股份-日线图

实战要点

◎ 并不是所有的量平价跌情况都是捕捉涨停牛股的征兆，只有出现在上涨趋势的调整情况中的量平价增，结束后才会出现强势上涨或是接连上涨。

◎ 量平价跌如果是出现在震荡行情中，往往成交量维持在地量水平，难以根据成交量的细微变化准确地判断行情，所以应结合其他技术特征来判断。

◎ 量平价跌如果是出现在下跌趋势中时，往往是下跌中继的一种平台整理形态，整理结束后股价仍然会回归下跌趋势，因此不可参与。

◎ 只有出现量平价跌后，成交量出现持续放大超过量平价增时的成交量，才能实现向上突破。

7.2 极端量抓涨停

7.2.1 天量

天量是形容数量特别巨大。在判断是否是天量时，应相对来看，即当成交量突然爆出远远超过之前的成交量时，即可确认为天量。一般来说，天量（阳量）是向上突破的象征，俗话说，“天量见天价”，但事实上，当股价在主升浪行情的初期和中期，如果突然爆出天量的话，其后股价创新高的概率反而非常大。因此，天量如果出现在主升浪行情的初期和中期的时候，是短线捕捉涨停牛股的好时机，但必须综合其他指标具体研判。

实战案例

2016年7月1日，煌上煌（002695）一直处于明显的上涨趋势，且成交量平稳，但突然在7月1日时爆出了巨大的成交量，当日成交量达到了272543手，与之前的25000手左右的日成交量相比，超过了10倍，换手率在当日也突然高达24.04%，形成了天量，突然启动快速上涨的迹象明显。如图7-6所示。

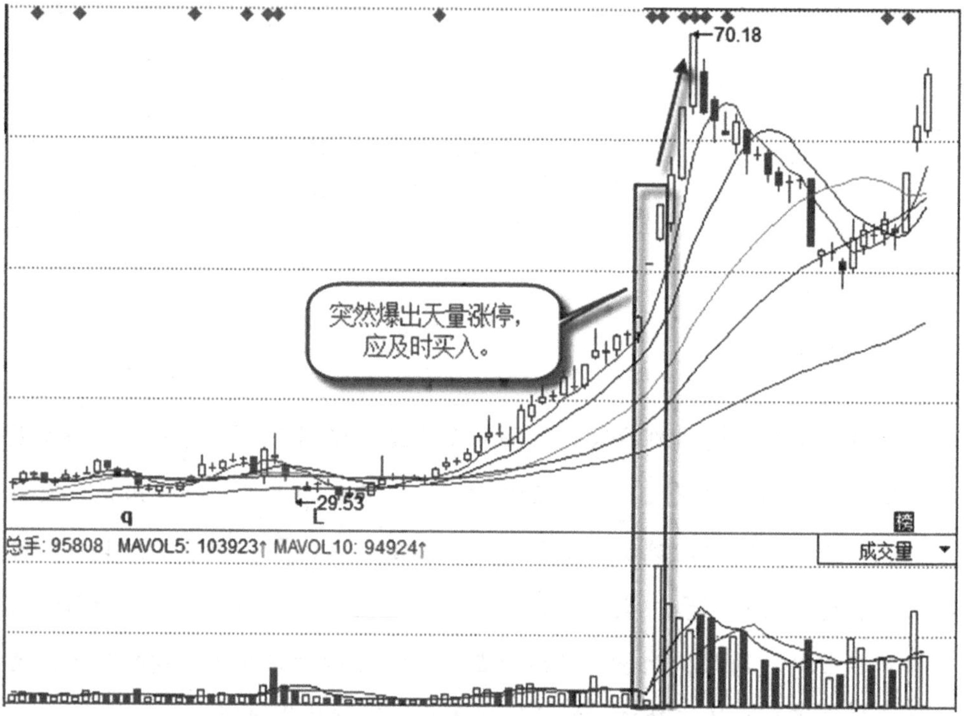

图7-6 煌上煌-日线图

观察煌上煌的周经图就会发现，此时的突爆天量涨停，是对2015年12月底时的高点与2015年7月初下跌长阴的一种突破。这说明，股价一旦出现放量突破，股价将正式进入主升浪行情，后市会快速持续上涨。因此，投资者应在2016年7月1日出现天量涨停封板前或是次日低开时果断买入，并持股待涨，一直到股价结束短期快速上涨时卖出。如图7-7所示。

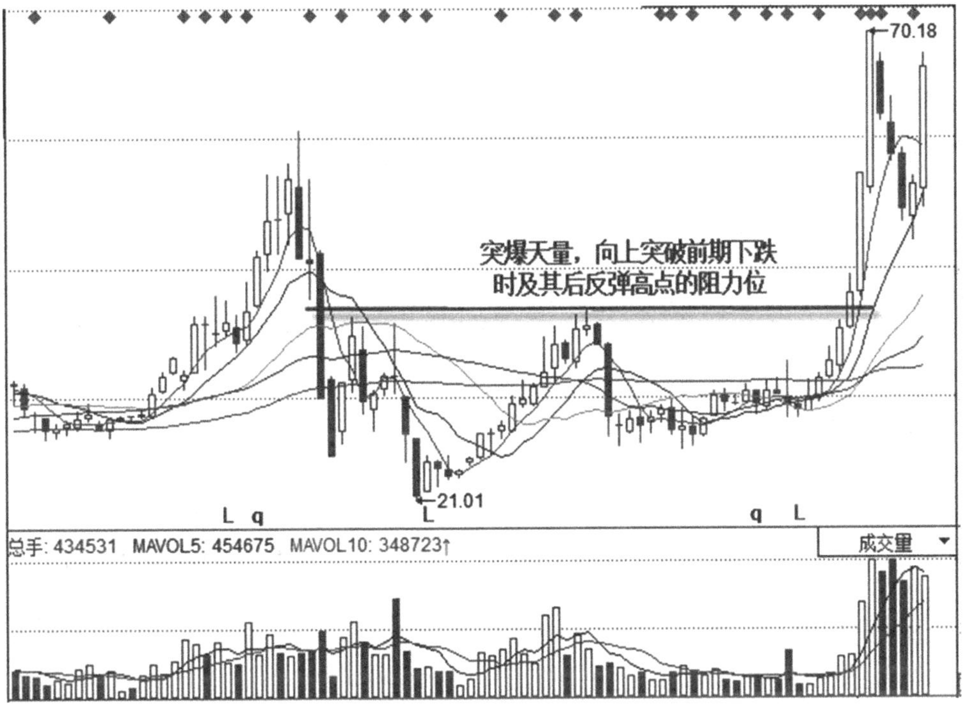

图7-7 煌上煌-周线图

实战要点

◎ 上涨行情中的突爆天量，只有呈阳量时，才是加速上涨的信号，若是为巨量长阴时，往往是快速下跌的信号。

◎ 突爆天量如果是出现在长期横盘后的上涨行情中时，不能孤立地以成交量来判断行情，而当综合其他技术指标来具体判断。

◎ 只有在股价进入主升浪行情的初期与中期时出现的突爆天量，才是短线强势的买入信号，若是突爆天量出现在股价经过了快速拉升之后，往往是股价上涨动力不足时的主力资金大举快速出货的表现，此时应回避。

◎ 突爆天量出现后，最佳买点为股价向上突破前期下跌时及其后反弹时的高点阻力位后。

7.2.2 地量

地量是相对于股价处于高位的天量而言的。通常来说，衡量中级下跌行情是否见底的标准是：底部成交量要缩至顶部最高成交量的20%以内，但这是对大盘的成交量而言。对于个股来说，当股价见底时，成交量往往会缩减至顶部最高成交量的10%以内。但作为短线捕捉涨停牛股的投资者来说，只有发现股价在地量水平下长期运行，突然出现了明显的放量，或是逐渐放量上涨时，才是股价即将启动的标志。

实战案例

2015年8月至9月中旬，龙津药业（002750）股价处于震荡行情，但成交量此时已出现了极度缩减，与前期高点时的最高成交量相比，不足其20%，呈地量水平。这说明，此时的股价已处于低位区震荡，作为中线投资者来说，此阶段可分批逢低建仓，作为短线投资者来说，应继续观察。

至2015年11月初，成交量出现了略有放大，股价却出现了窄幅震荡，此时短线投资者就要引起注意了。11月6日，成交量持续出现了略有放大的阳量，股价却震荡，说明股价启动在即，因此，应果断在此时短线买入，一直持有到涨势结束。如图7-8所示。

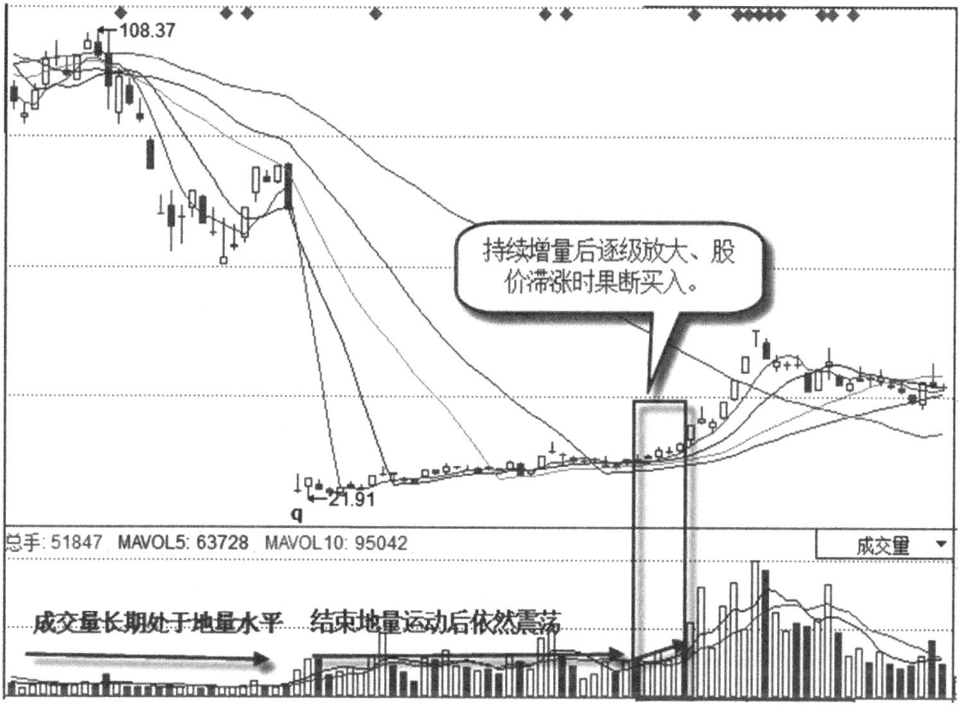

图7-8 龙津药业-日线图

实战要点

◎ 地量运动是卖盘稀少的表现，表明此时盘中买卖极度不活跃，是主力资金利用少量筹码即可以打压股价建仓的好时机，所以是中线投资者逢低介入的抄底良机。

◎ 作为短线抓涨停牛股的投资者来说，地量时期往往是震荡行情，因此不具备短线操作的运作，且此时若抓涨停极易失手，因此应等到成交量结束地量运行开始增量上涨时再买入。

◎ 投资者在判断地量时，应以股价在高位区时的最高量为准，只要低于其20%即可确认为地量，若能达到低于10%时，则应在一旦结束地量运动时突然出现持续放量时，果断买入。

7.3 堆量抓涨停

7.3.1 上升趋势中的堆量

堆量又叫量堆，是指在某一时期，成交量出现了放大的堆积。这种堆量如果是出现在上涨趋势中时，往往会像一座小山一样，在K线图上，此期间的成交量会出现明显的放大迹象，股价会出现滞涨甚至是小幅震荡下跌。堆量的出现，是主力资金大举高位震荡买入的表现，因此其后股价会出现接连上涨，所以是短线抓涨停牛股的最好时机。

实战案例

2016年6月22日至7月13日，浙江世宝（002703）于上涨趋势中出现成交量持续放大，并形成一个小山状的堆量，其后股价出现滞涨，成交量萎缩，之后于7月25日至8月3日期间，再次出现了持续增加的堆量。这说明，主力资金是在股价上涨初期震荡洗盘，同时实现短线快速吸筹。因此，投资者应在8月3日成交量缩小后突然出现持续放大时果断买入，因为此时股价已发动上攻。如图7-9所示。

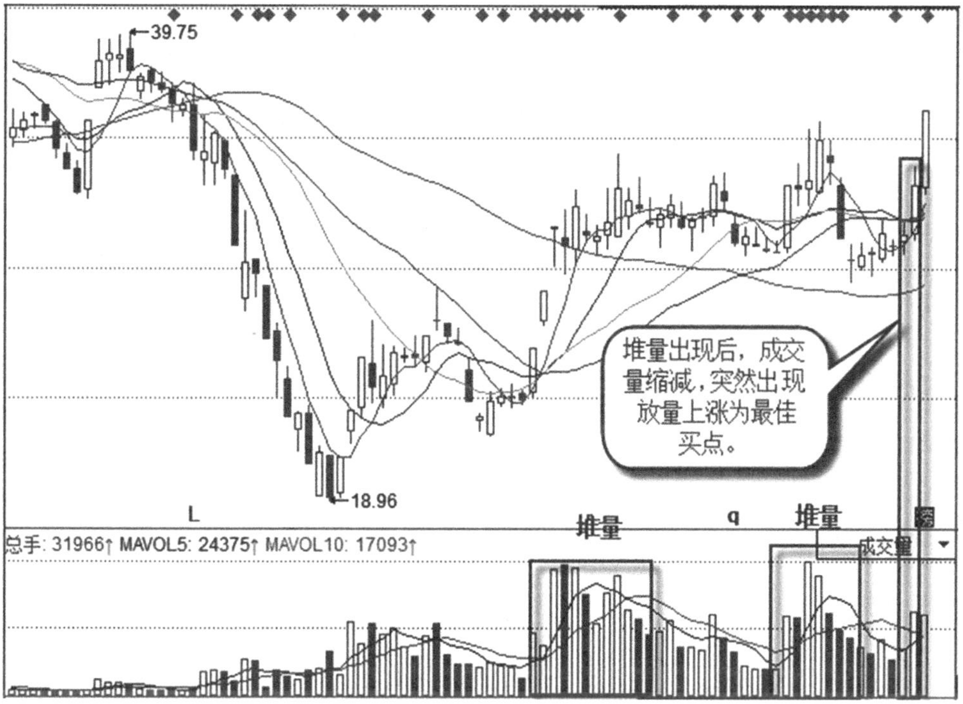

图7-9　浙江世宝-日线图

实战要点

◎ 堆量出现在上涨趋势中，是主力资金继续吸筹或快速吸筹的一种表现，也是投资者短线发现涨停牛股的一种成交量信号。

◎ 堆量出现后，往往会出现短暂的缩量，股价出现小幅下跌，因此其后一旦出现持续放量上涨时，应果断买入。

◎ 量堆出现后，若股价继续出现缩量且不放量，说明盘中压力仍较大，主力资金拉升的筹码仍不足，后市有持续震荡的可能，此时不可贸然介入。

7.3.2 底部堆量

底部堆量，是一只股票在长期低位震荡之后，或是在低位区，成交量突然出现一个类似于小山堆一样的放量形态。这说明，主力资金在快速买入股票。但通常而言，如果是股价长期在低位震荡后出现的底部堆量，只是主力资金介入的信号，并不能确定其后会出现快速上涨，所以只是中线操作中的低位介入时机。若是以短线操盘来说，股价突然在下跌中的低位区出现底部堆量时，才是股价快速发动行情的标志，因此是短线捕捉涨停牛股的好时机。

实战案例

2016年5月底，通富微电（002156）经过前期的震荡下跌后，成交量突然出现了放大，并形成了一个明显的堆量，且堆量中多为阳量，说明主力资金在此时出现了快速大举介入。因此投资者应在底部堆量出现后、成交量突然出现缩量创新低后开始放量止跌上行时果断买入。如图7-10所示。

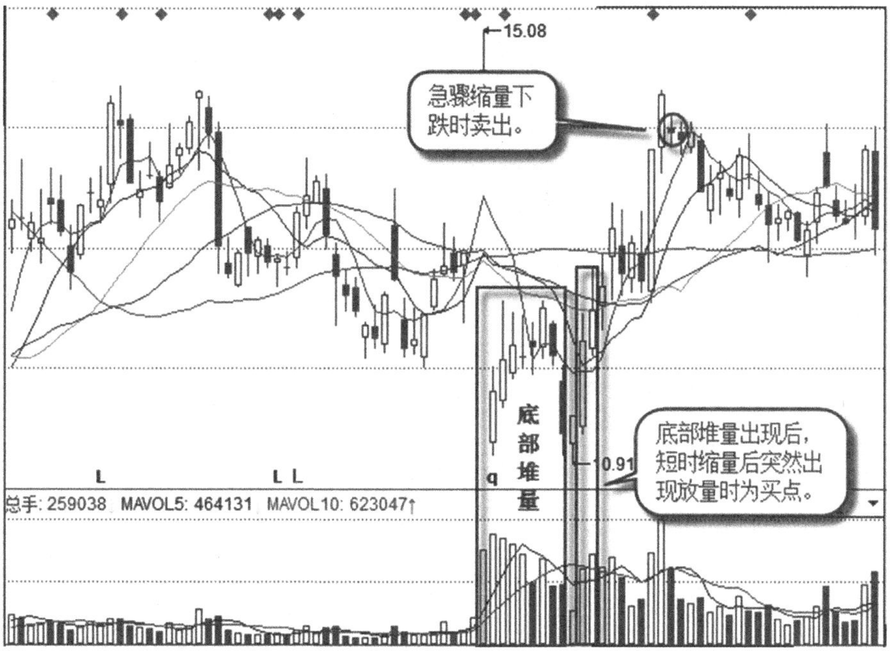

图7-10　通富微电-日线图

实战要点

◎ 底部堆量是主力资金介入的信号，但并非主力资金介入后即会启动上涨行情，因此大多数出现在长期底部低位震荡后的堆量，并非短线买点，但经过长期低位横盘震荡的个股，如果持续出现堆量，往往可能是妖股诞生的征兆。

◎ 底部堆量只有出现在快速下跌过程中，才是短线即将出现快速反弹的信号，投资者应在底部堆量出现后，一旦缩量后止跌、出现放量上涨时买入，其后往往会出现一波快速拉升。但持股不应过长，一旦发现股价上行无力时应果断卖出。

◎ 底部堆量若是不间断地经常出现，而股价又一直是窄幅震荡或滞涨，往往说明股价可能启动在即，应随时观察盘口信息，一旦发现换手率突然增加、成交量放大时，应闪电买入。

第8章 筹码分布：从筹码移动中狙击涨停

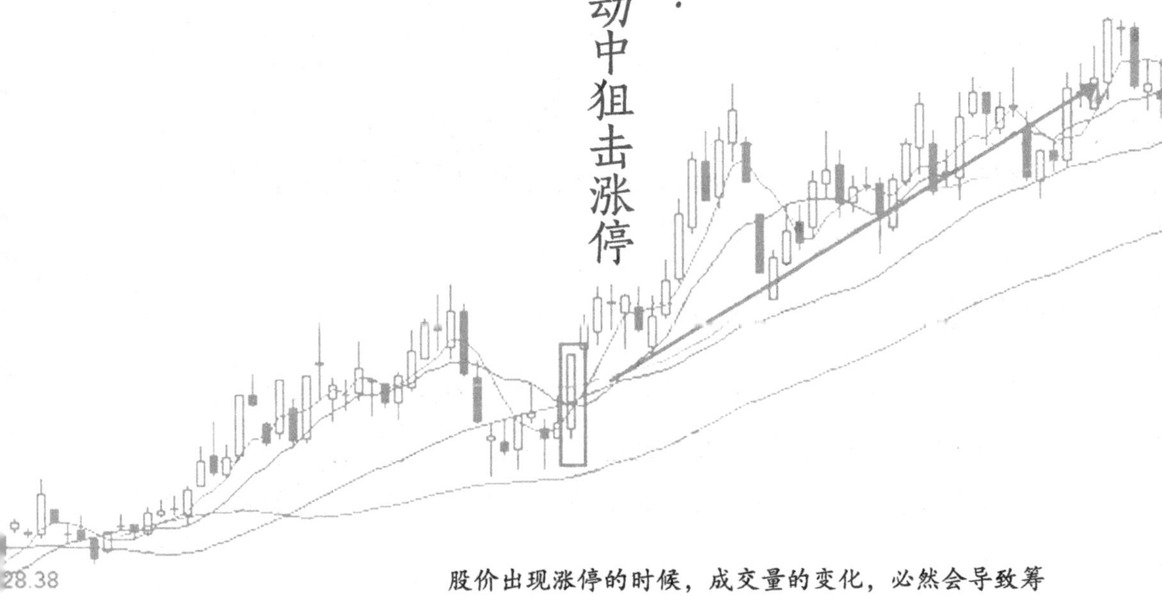

股价出现涨停的时候，成交量的变化，必然会导致筹码不同寻常的移动。因此，不同的筹码移动方式，或是不同的筹码分布图形，都在无声地诉说着股价是否即将出现涨停或接连上涨。因为筹码分布的不同，表明着主力资金的分布情况，而主力资金有什么样的布局，自然会导致什么样的结果。

8.1 筹码分布与涨停密码

8.1.1 筹码密集与涨停

筹码密集是指筹码分布的一种特殊形态，其所反应出来的是，某只股票的大部分流通筹码持有成本较为集中，均集中在某一价位。此时往往表明主力资金已经处于高度控盘的状态，说明股票即将上涨，并且极易引发涨停。

实战案例

榕基软件（002474）经过了2015年5-6月的低位震荡后，筹码在6月中旬时开始密集，在经过了2016年6月的震荡上涨后，筹码依然密集，尤其是在6月22日时，有90%的筹码集中在了11.91～14.94元之间。这说明，主力资金已经完成了低位筹码收集，筹码分布图上，筹码已聚集在低位区，并在6月22日时出现了底部红色筹码向上的不断移动，并且越过了移动平均成本线，表明股价已开始上涨，因是低位经过震荡后出现的筹码密集上涨，所以极易引发涨停，因此投资者应在股价向上越过平均成本线（12.81元）时果断买入。如图8-1所示。

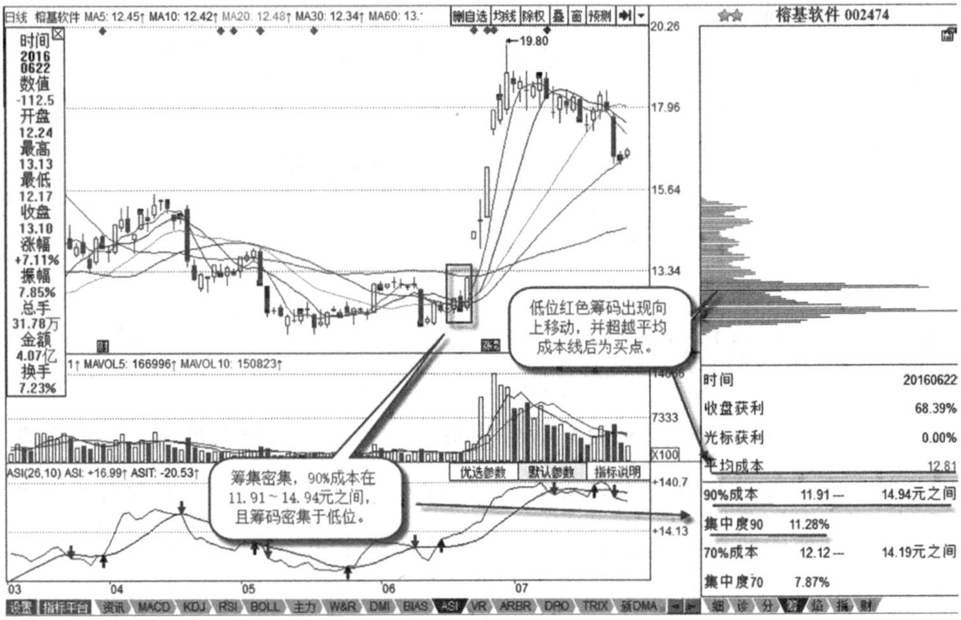

图8-1　榕基软件-2016年6月22日筹码分布图

实战要点

◎ 在判断筹码密集时，投资者可以通过观察筹码分布图上筹码显示的程度确定。通常，筹码密集是指筹码均集中在某一区域。

◎ 投资者在观察到筹码集中在某一区域后，应再关注筹码分布图下方的数据，来具体确定筹码密集的程度。

◎ 投资者在利用筹码密集捕捉涨停牛股时，一定要在红色筹码向上移动并越过平均成本后买入。

◎ 投资者在利用筹码密集买入涨停牛股后，若是在筹码位于低位或中位时买入的，则不应快速卖出，应一直持有到涨势结束时再卖出。

8.1.2 筹码分散与涨停

筹码分散，是指在筹码分布图上，筹码出现了向上、向下的分散状态。这说明高位筹码开始不断卖出，使得股价开始向下运动。这种筹码分布形态，原本是一种远离的形态，但是，当筹码分散到极致后，同样会出现一种超跌反弹，投资者此时可以参与超跌后的反弹。尤其是暴跌后出现的筹码高度分散，其后极易引发涨停式的反弹。

实战案例

经过2015年11月底的震荡盘跌后，2016年1月4日，正泰电器（601877）出现了接连下跌，至1月27日，其价格由1月4日时的近26元跌至了最低15.22元，短时内每股跌了10元。此时，筹码也从高位开始向下分散，并且至此出现了高度分散。然而在1月28日，价格出现了止跌，并在1月29日开始出现放量回升，且在筹码分布图上，下方开始出现了少许红色筹码。因此，投资者应在筹码分布图上下方底部出现少许红色筹码、股价出现明显放量上涨时买入，因为此时股票将在短期跌幅较大的情况下，出现反弹，而前期跌得越多，此时出现强势涨停的概率越大。如图8-2所示。

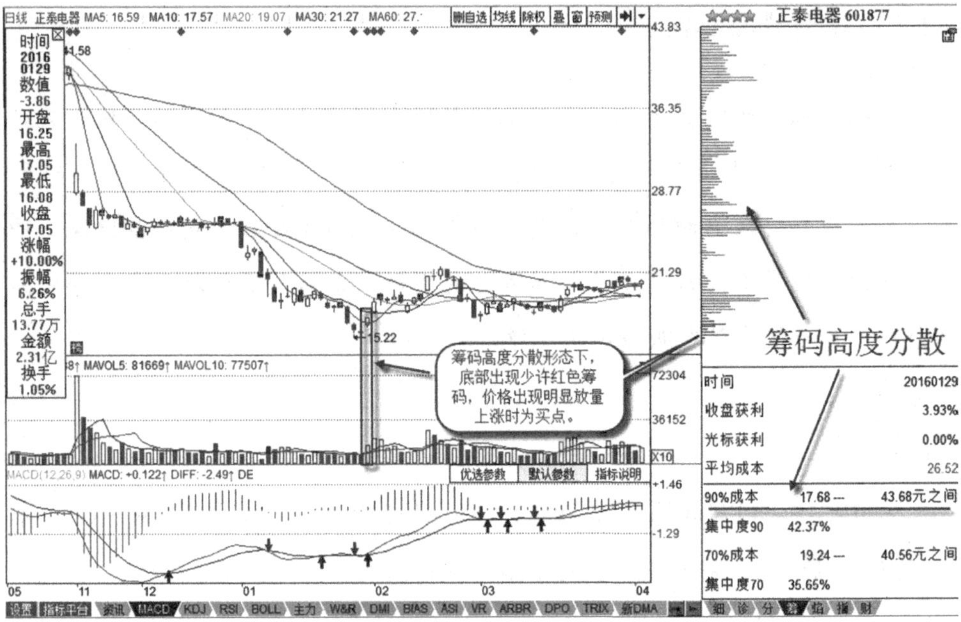

图8-2　正泰电器-2016年1月29日筹码分布图

实战要点

◎ 投资者在判断筹码分散及其程度时，除了从筹码分布图上直观地以筹码的稀松来确定外，还可以根据筹码分布图下方的数据来判断，当发现90%以上的筹码均分布在价格跨度较大的范围内时，说明筹码分散度较高。

◎ 投资者一定要在筹码分散度较高的情况下，根据筹码分散来捕捉涨停，只有发现了股票低位止跌并出现放量反弹时买入，而不能过早买入，即使是暴跌行情中，也会因为过早极易买在下跌途中的半山腰。

◎ 投资者在根据筹码分布抓涨停时，是一种抢反弹行为，不可期望过高，在买入后一旦发现股价上涨乏力则应果断卖出。

8.2 筹码移动形态里的涨停板

8.2.1 “多峰林立，下峰不移”

“多峰林立，下峰不移”，是指筹码在向上运行的过程中，逐渐向上分散为多峰形态，股价在短期出现了一定幅度的下跌调整，但最下面的筹码峰却始终没有移动、消失。这说明，主力资金没有因为股价的下跌而卖出股票，因此应在股价止跌时果断买入，因其后股价会恢复上涨行情，出现快速回升或连续拉升。

实战案例

2016年6月13日，和而泰（002402）在上涨行情中出现了调整，但经过两天的下跌后，筹码分布图上，依然呈多峰状态，并且最下面的红色筹码峰依然存在，并未出现上移或消失，形成“多峰林立，下峰不移”形态。这说明，主力资金并未卖出筹码。因此，投资者应在股价出现止跌、MACD指标中DIFF线突破0轴后开始拐头向上运行时果断买入。因为此时股价已结束了短期调整，即将恢复上涨。如图8-3所示。

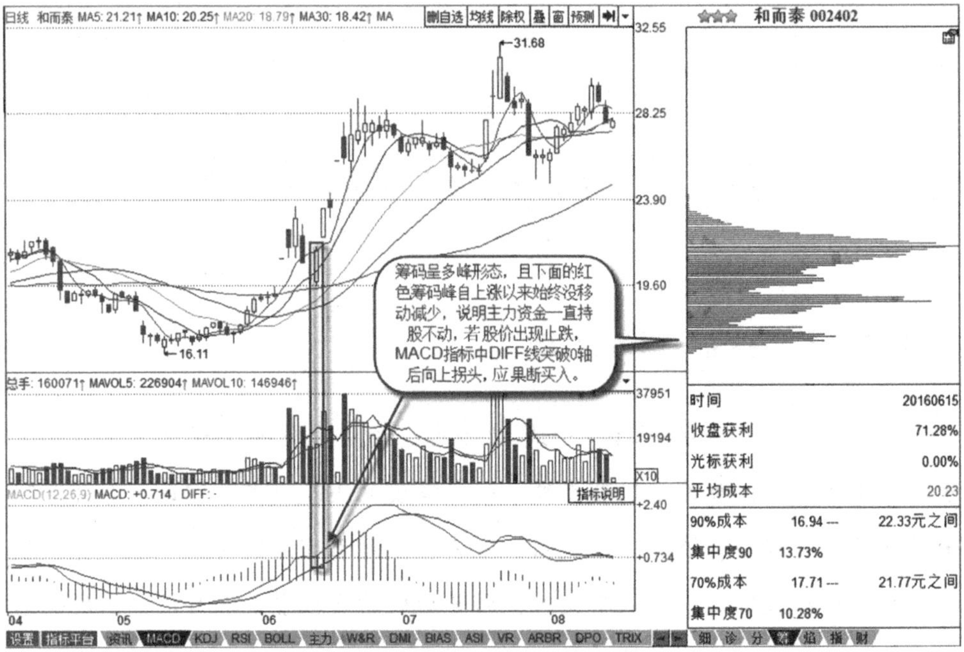

图8-3 和而泰-2016年6月15日分时图

实战要点

◎ “多峰林立，下峰不移”形态出现时，必须是上涨行情中的调整行情，因为下跌行情中，下方的筹码峰往往会极少或是已经转为蓝色。

◎ “多峰林立，下峰不移”形态出现时，筹码分布图上须为多峰形态，即至少要有两个或两个以上的筹码峰存在。

◎ “多峰林立，下峰不移”，应结合其他技术指标，在股价出现明显止跌回升时买入。

8.2.2 双峰滚动上升

双峰滚动上升，是指当股价在上涨趋势中，筹码由单峰变为双峰后，出现了滚动向上运动的情况。这说明，随着股价的不断上涨，市场上大多数投资对股价未来充满了期待，一直有投资者在不断追高买入，这只股票的热度极高。因此，这种形态是一种典型的强势特征，也是短线投资者捕捉涨停牛股的好时机。

实战案例

2016年6月23日，榕基软件（002474）的股价在大幅高开涨停后，筹码分布图上，筹码由最初的单峰变为双峰，至24日时，双峰出现了滚动上升，且筹码依然密集于低位，形成双峰滚动上升形态。这说明，股价在上涨过程中依然遇到了较多的跟风盘，后市将会持续上涨，强势特征明显。观察其他指标就会发现，成交量呈持续放大，股价也持续上，MACD指标中DIFF线与DEA线呈向上运行状态，且DIFF线出现明显的平行中开始拐头向上运行的状态，且MACD也出现了二次翻红形态，多种指标均显示出稳健的上涨形态。因此，投资者应在筹码出现双峰滚动上升时，果断买入，并持股待涨。如图8-4所示。

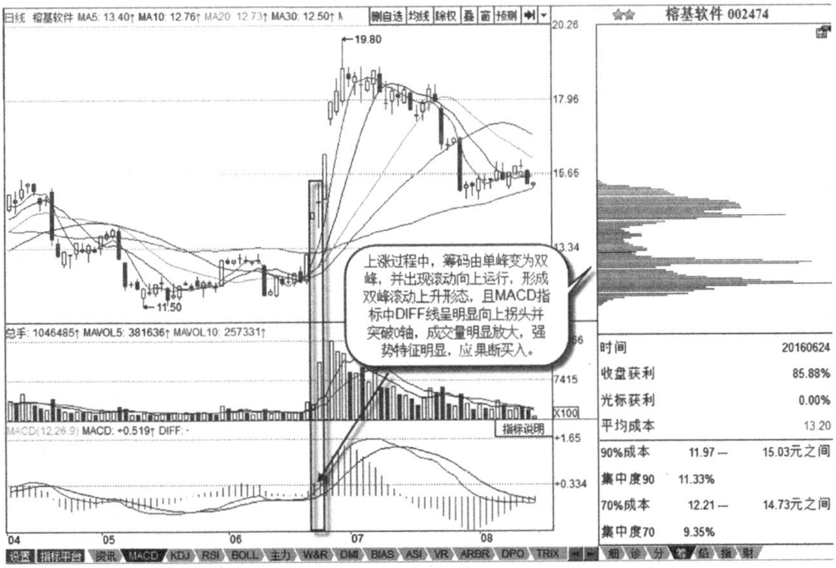

图8-4　榕基软件-2016年6月24日筹码分布图

实战要点

◎ 双峰滚动上升形态出现时，筹码必须是呈密集的形态，若是筹码较分散，则说明股票的跟风盘有分歧，其后出现股价震荡的可能性将加大，投资者应谨慎介入，或介入后以短线持有为主。

◎ 双峰滚动上升形态出现时，应结合其他技术指标的情况综合判断，从而确认操作。

◎ 双峰滚动上升形态出现时，如果筹码位于顶部高位区域，往往筹码呈分散的状态，此时下方筹码若是出现减少甚至是消失的情况时，说明主力正在出逃，应在发现股价上行无力时果断离场。

8.2.3 筹码高位密集

筹码高位密集，是指股价经过上涨后，筹码由底部逐渐向上移动到高位区，但未出现分散，依然集中于高位区，且下方红色筹码依然存在。这说明，主力资金尚未出货，股价只是经历了短期上涨后，需要整固，而整理后，股价依然会回归上涨。因此，是短线捕捉涨停牛股的好时机。

实战案例

爱康科技（002610）在经历了4月22日至27日的接连快速上涨后，筹码由底部移到了高位区，且股价在高位区震荡的过程中，筹码始终密集，没有分散，并且下方红色筹码依然存在，形成筹码高位密集。这说明，股价在经历短期较大涨幅后，主力资金依然没有出逃，此时的震荡只是对短期过快上涨的一种高位整理，整理结束后，股价将重回上涨行情。因此，投资者可逢低买入。对于稳妥型投资者而言，可在技术指标ASI发出金叉时买入。如图8-5所示。

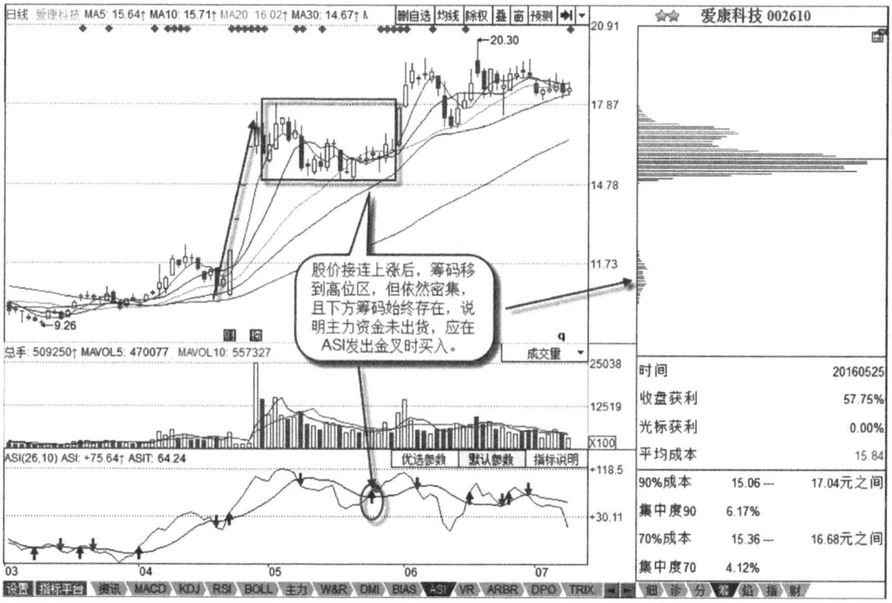

图8-5 爱康科技-2016年5月25日分时图

实战要点

◎ 筹码高位密集出现时，筹码呈密集而集中的形态，且下方筹码必须存在，如无下方筹码存在，则说明主力资金已出逃，或是主力资金在以短线操作。

◎ 筹码高位密集出现时，成交量较之前上涨时呈缩减状态，如量放过大，则极易引发变盘。

◎ 筹码高位密集出现时，稳健型投资者可结合其他技术指标，一旦筹码高位密集中，发现技术指标发出买入信号时，应果断买入。

8.2.4 低位单峰密集

低位单峰密集，是指股价在经历下跌及震荡行情后，筹码渐渐集中在低位区，呈密集形态。这是一种典型的主力吸筹与震仓洗盘后形成的主力资金筹码高度集中的表现，也是个股启动前的象征。因此，投资者一旦发现筹码

分布图上出现低位单峰密集时，应果断买入，而不要计算短线股价是否会波动，因为这种形态一旦形成，后市必然会出现转势上涨。

实战案例

在经历了2015年6月至8月的持续下跌后，超华科技（002288）的股价已下跌2/3以上，此时筹码也渐渐移动至低位区，并经过低位震荡，在2015年10月时形成了单峰低位密集，但是，此时上方依然存在零星的高位套牢筹码，因此应等待。2015年11月6日，在筹码分布图上，上方套牢的零星绿色筹码已经消失，但筹码依然呈低位单峰密集形态，此时激进者可大胆买入。但稳健型投资者可在其后成交量缩量后再次出现明显放量，MACD指标中DIFF线向下欲与DEA线死叉却未死，即出现向上拐头时，果断买入。如图8-6所示。

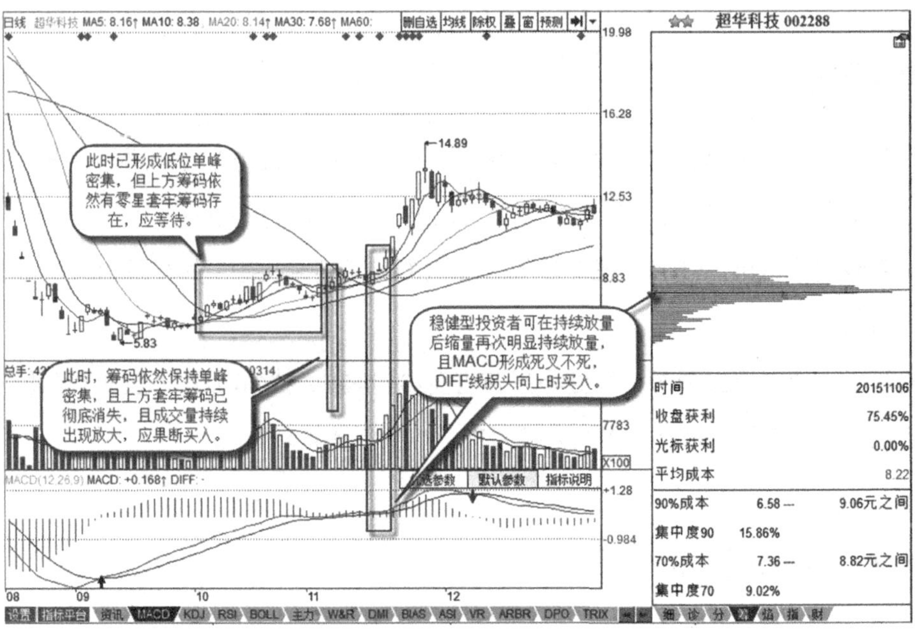

图8-6　超华科技-2015年11月6日分时图

实战要点

◎ 低位单峰密集出现时，往往说明筹码在低位区已高度集中，但具体什么时候发动上涨，仍需综合其他指标变化判断。

◎ 低位单峰密集出现时，如果只从筹码分布的情况来确定买点，应在筹码不断上移的过程中，红色筹码向上吞没平均移动成本线时买入。

◎ 低位单峰密集出现时，如果从筹码图形来看，股价发动上涨时，筹码形态往往是上面筹码变长、下方筹码缩小的状态，即筹码的单峰形态像一个横着的三角形，上方为最长的一端，下方为逐渐收缩且角度最大的一端。

8.3 筹码分布经典涨停形态

8.3.1 满盘获利

满盘获利，是指股价在上涨过程中，筹码分布图上的筹码颜色均变为红色。这说明，随着股价的不断上涨，有望突破前期高点，使得盘中所有的筹码均成为了获利筹码。说明其后的行情依然会持续上涨，因此时盘中已没有了套牢卖出压力，股价会出现快速持续的大幅上涨，所以是短线抓涨停的经典筹码形态。

实战案例

在2016年7月29日开始的上涨行情中，廊坊发展（600149）在8月2日的持续上涨过程中，一举向上突破了4月12日出现的高点，从而筹码分布图上所有的筹码均变为了红色，形成满盘获利形态。这说明，此刻的盘中，所有的筹码均成为了获利筹码，已无上方套牢盘的存在，后市股价继续上涨压力极小，会出现接连快速上涨。因此，投资者应在8月2日股价在向上突破4月12日的最高点16.64元后，股价依然在放量上涨时，应果断买入。如图8-7所示。

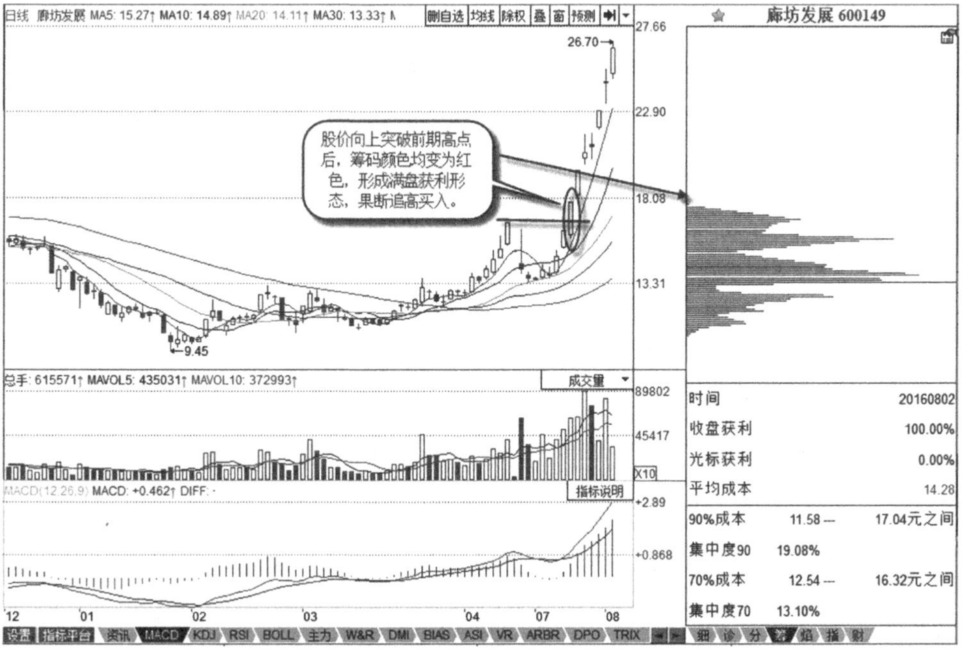

图8-7　廊坊发展-2016年8月2日分时图

实战要点

◎ 满盘获利出现时，筹码分布图上的筹码颜色必须全部变为红色。

◎ 满盘获利出现时，只有筹码在较低的中部位置出现时，才是股价其后大涨的征兆。若是此时股价已位于筹码分布图的顶部区域，此时买入后应以短线操作为主。

◎ 满盘获利出现时，往往是股价在突破盘中历史新高后，因此，有经验的投资者应随时观察股价接近历史新高时的股票，一旦发现满盘获利出现且股价依然在放量上涨时，应果断买入，因突破历史新高的当日，股价即极易以涨停的方式收盘。

◎ 满盘获利出现时，投资者应随时综合观察其他指标的情况，如MACD、KDJ等，一旦发现MACD中的DIFF线已上行至顶部区域时，即此时筹码分布图上，筹码往往已经移到顶部区域，此时应短线操作。

◎ 满盘出获利出现时，从筹码的集中状态中也可观察到股价其后上涨的力度与幅度。当筹码高度集中在中部区域时，往往后市行情可期，此时买入后不可快速卖出，应在涨势结束后卖出；当筹码位于顶部区域，呈现较分散的状态时，往往说明盘中筹码有松动的迹象，此时介入后应逢高卖出。

8.3.2 满盘亏损

满盘亏损，是指股价在下跌过程中，筹码分布图上，所有的筹码均变为了蓝色。这说明，盘中所有的筹码都成了套牢的亏损筹码。原本，满盘亏损是一种股价弱势到极致的特征，但物极必反，当股票出现满盘亏损后，往往会否极泰来，因此成为了短线投资者抢反弹的信号，而弱势中的反弹，往往会表现得更为凶猛，经常以涨停的方式做出一种虚张声势的假象吸引跟风者，所以投资者此时买入时，应以股票见底后提前买入，而当涨停出现后，一旦发现股价出现上涨疲软时，应果断离场。

实战案例

在高送转实施后，飞天诚信（300386）的股价出现了接连下跌，但成交量却出现了大幅缩减，并且在2016年5月11日的分时图上，所有的筹码都变为了蓝色，说明盘中无一获利筹码，同时也意味着反弹在即，可谓一触即发。因此，在满盘亏损出现后的两到三个交易日内，一旦筹码下方出现些许红色筹码，股价止跌出现回升，且技术指标（如MACD）开始在低位走平时，投资者可果断提前买入；但买入后，一旦发现股价反弹无力时，应果断卖出离场。如图8-8所示。

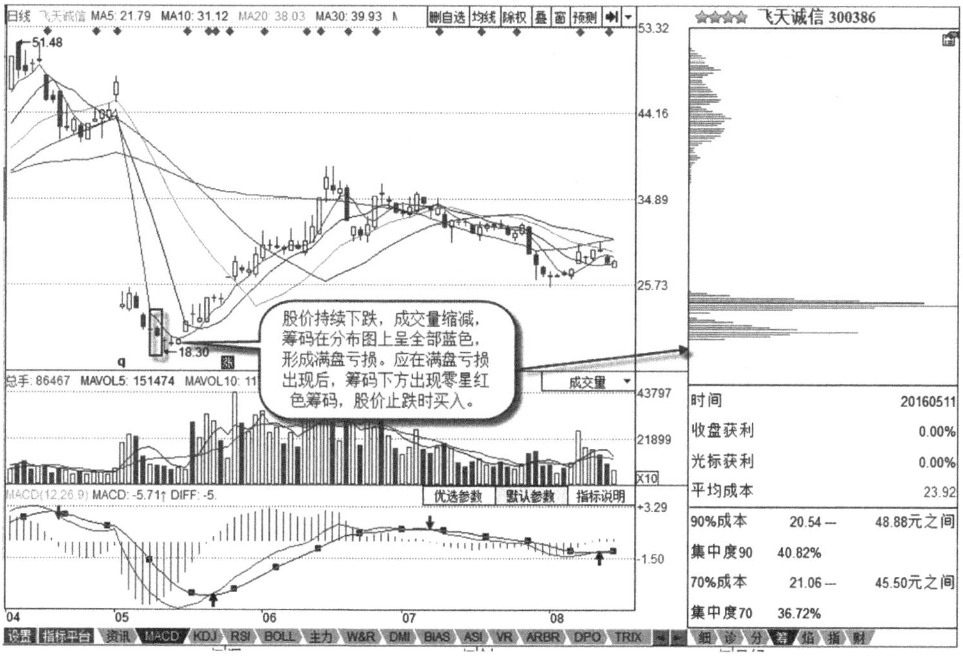

图8-8　飞天诚信-2016年5月11日分时图

实战要点

◎ 满盘亏损出现时，筹码分布图上，所有的筹码必须全部变为蓝色。

◎ 满盘亏损出现后，是一种短线抢反弹的操作思路，因此满盘亏损出现时，前期跌幅越大，或是经历了短期暴跌后，往往其后出现的反弹力度越大，但只能以波段抢反弹来操作。

◎ 若是满盘亏损出现前，股价跌幅不大，通常满盘亏损出现后反弹力度不会大大，因此应快进快出。

◎ 如果前期经历了大幅暴跌，往往满盘亏损出现后，成交量会出现明显的放大，其后股价大幅上涨甚至接连上涨的概率极大。反而，因暴跌时MACD、KDJ等指标往往会出现钝化，不可信。

第9章

K线形态：按图索骥狙击涨停

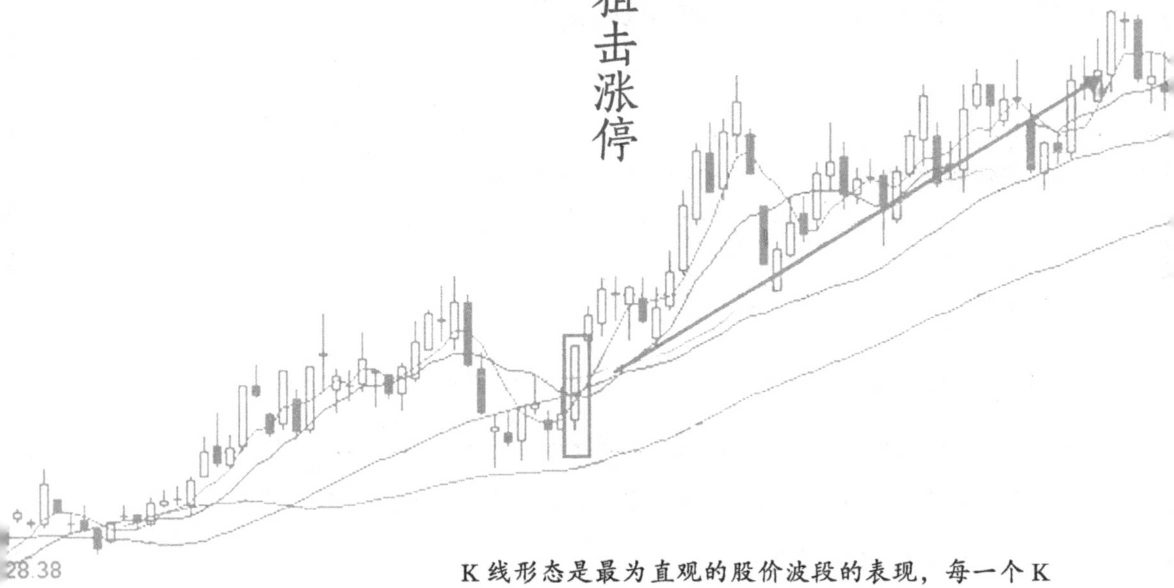

K 线形态是最为直观的股价波段的表现，每一个 K 线图形都在无声地诉说着股价涨与跌的秘密，比如影线、孕线、抱线、十字星、锤子线以及多条 K 线组成的 K 线组合形态。只要这些 K 线形态在某些情况下出现，往往后市就会出现接连上涨或涨停，所以解密涨停，很多时候就是解密 K 线，投资者明白了 K 线里的秘密后，只需按图索骥，即可轻轻松松捕捉到涨停牛股。

9.1 影线抓涨停

9.1.1 涨停长上影线

长上影线，是指在股票交易过程当中，做空者和做多者之间一种力量博弈中出现的一种情况。在开盘的时候，股票或者期指当中低开高走然后又回调到开盘的价格，这是就会出现长长的上影线。涨停长上影线，指的是，股价在上涨趋势中出现涨停后，次日出现了一根跳空高开的K线，并且留下较长的上影，成交量也有所放大，当日允许K线上有下影线，但并未出现回补缺口。这种形态出现时，说明股价正处于加速上涨中，投资者可选择在第三日开盘30分钟内红盘时买入。

实战案例

2016年5月31日，可立克（002782）正处于上涨趋势，当日股价封于涨停，6月1日直接跳空高开，股价虽有回落，但未完全回补缺口，且当日成交量放大，但未过大，形成涨停长上影线，投资者应在6月2日时开盘30分内股价依然翻红时果断买入。

同样，可立克在6月5日收于涨停，次日再次跳空高开，股价依然未完全回补缺口，成交量放大，但未过大，并且与上次涨停长上影线出现时一样，MACD指标中的DIFF线与DEA线依然是向上运行，且未及顶部高位区，说明涨势依然在继续，次日（6月6日）开盘30分钟内，股价依然红盘，同样应果断买入。如图9-1所示。

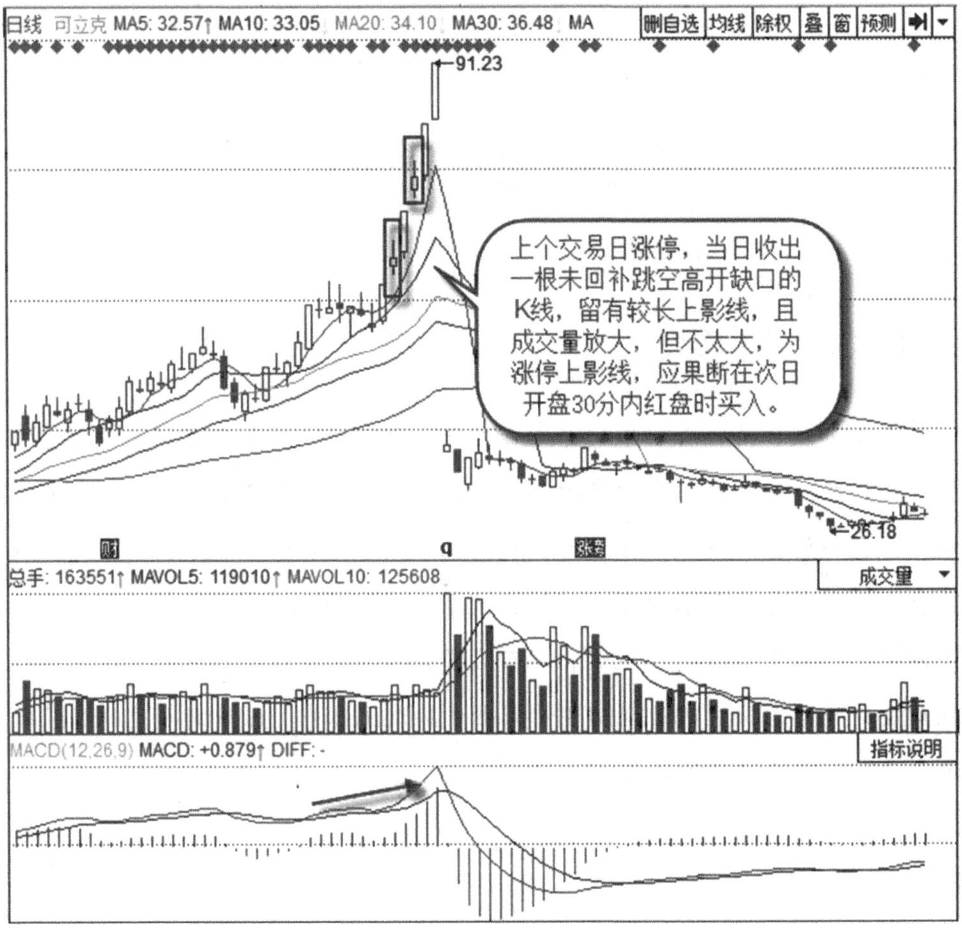

图9-1　可立克-日线图

实战要点

◎ 涨停长上影线出现时，往往第一天是以涨停收盘，次日以跳空高开后出现冲高回落而留下较长上影线，但必须确保未完全回补缺口，因为一旦完全回补缺口，往往说明盘中卖压较大，极易引发再度回落。

◎ 涨停长上影线出现时，有时上影线会过长，但只要不回补缺口即可。

◎ 涨停长上影线出现时，成交量必须较昨日涨停的量大，但不能过大，否则极易出现完全回补缺口，并进一步回落。

◎ 涨停长上影线出现时，应结合其他技术指标综合观察；若此时出现技术背离，即股价上行、指标下行时应谨慎操作。

9.1.2 涨停长下影线

长下影线，是指下影线的长度远远超过K线实体长度的一种K线形态，这种K线大多数表现出阶段性见底特征。涨停长下影线，是指当股价出现一个涨停板后，次日出现了一根带有较长下影线的K线，这说明尽管此时盘中尚有一定卖压，但由于成交量的放大，使得股价很快出现了止跌回升。因此，投资者应在第三日开盘30分内，发现股价依然在放量上涨时，果断买入。

实战案例

2016年4月27日，石大胜华（603026）在上涨趋势中，出现了涨停，28日出现了一路下跌，但午后出现回升，形成了一根有较长下影线、实体较短的K线，形成涨停长下影线。4月29日，股价虽略有低开，但开盘后很快回到前日收盘价之上运行，且在开盘30分内呈一路向上的红盘，此时MACD指标也发出了金叉信号，因此，投资者应在涨停长下影线出现后的4月29日早盘股价越过前日收盘后依然红盘上行时买入。如图9-2所示。

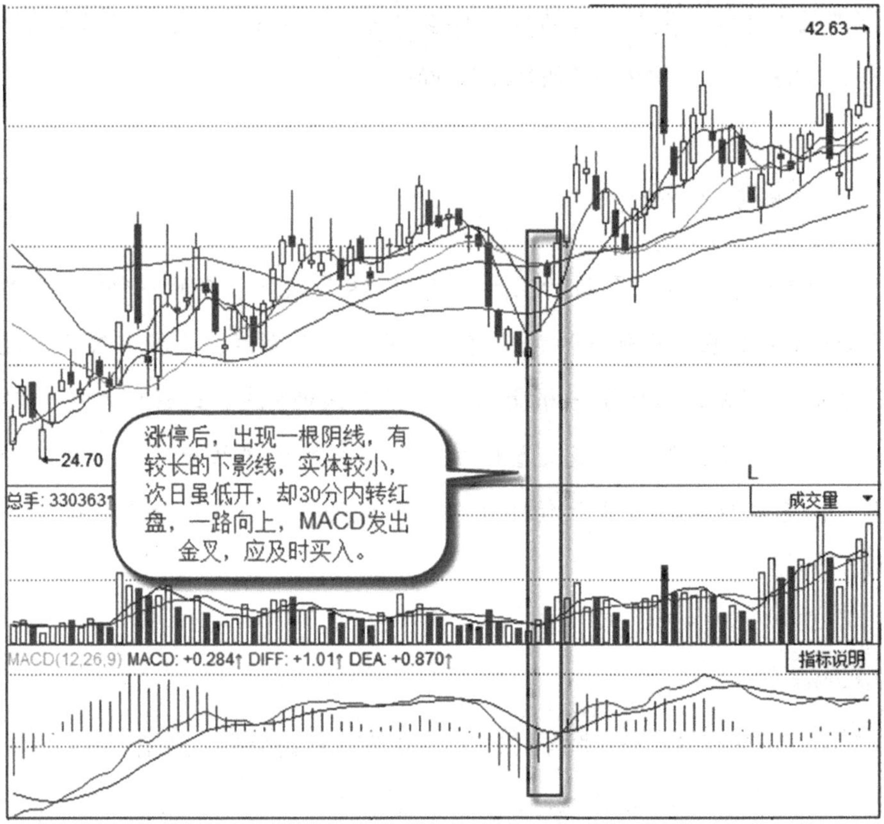

图9-2　石大胜华-日线图

实战要点

◎ 涨停长下影线出现时，出现长下影线当日，股价不能跌破前一日涨停的最低价即出现回升，且K线实体应在涨停阳线至少1/2以上，原则上重心越高越好。

◎ 涨停长下影线出现时，出现长下影线当日，允许放量，但不应放量过大，否则阴量过大，极易引发继续回调；若是有较长下影线的放量阳线时，当日若股价在尾盘高于昨日收盘价时，可果断介入。

◎ 涨停长下影线出现时，同时应结合其他技术指标进行综合判断，若发现技术指标发出买入信号时，同样应及时买入。

9.2 孕线抓涨停

9.2.1 低位孕线

孕线是指第一日出现一根较长实体的K线，次日却出现了一根较短的K线，且第二根K线的实体及上下影线均在第一根K线的实体范围之内。当这种孕线是出现在股价低位区时，往往说明股价已见底，是即将展开反弹的象征。因此，投资者可在形态确认为低位孕线后，于第三个交易日，发现股价呈放量形态、技术指标也呈向上或买入形态时，果断买入。

实战案例

2016年6月，特发信息（000070）在低位出现了震荡，并且在6月15日再次震荡走低后，突然出现了放量上涨，当日收出一根较长的阳线；6月16日却出现了高开高走后的回落，尾盘虽然出现了回升，但却以低收收盘，K线上收出一根有一定上、下影线的小阴线，全天出现了缩量；并且，在6月16日出现的小阴线，其高低点均在6月15日长阳线的高低范围之内，且重心在这根长阳线的1/2之上，形成了低位孕线。这说明，股价在低位已出现企稳的迹象。尤其是在其后的6月17日，是以小幅低开的方式开盘，但很快即在成交量放大的情况下向上突破昨日收盘价，并一直保持向上的态势。因此，投资者应在17日开盘30分内股价红盘之际，依然在向上放量运行时，MACD发出金叉买入信号后，股价一举向上突破6月15日最高价23.95元时，应果断买入。如图9-3所示。

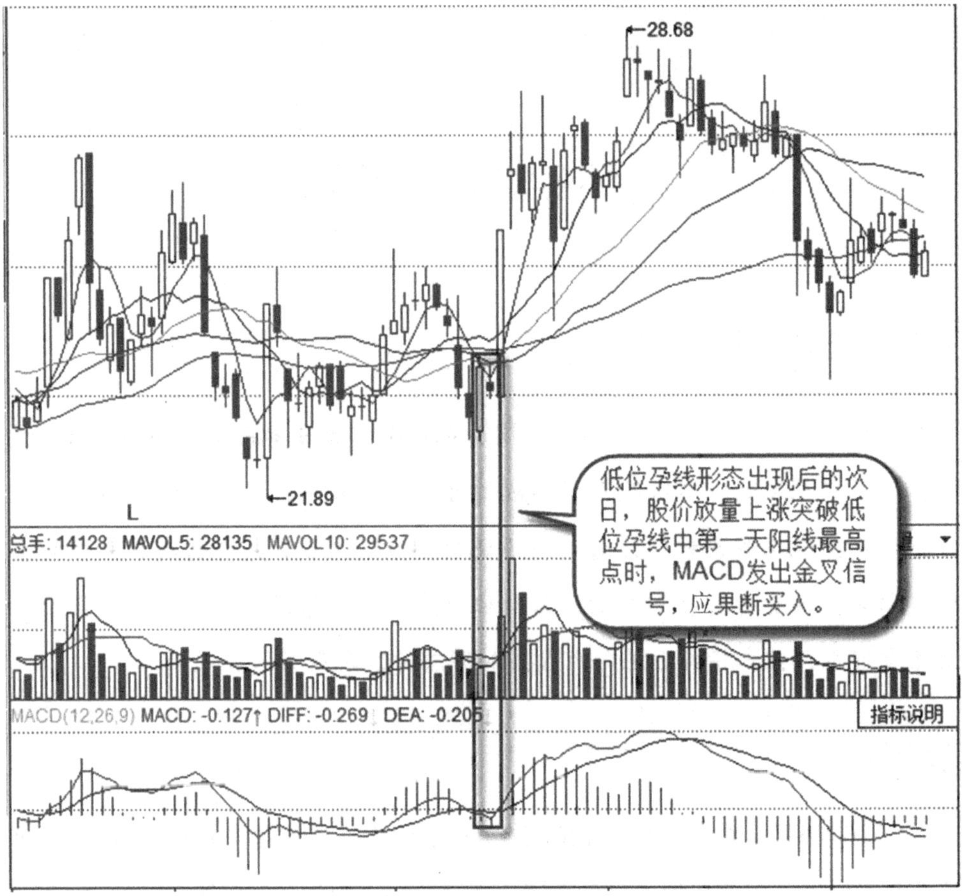

图9-3 特发信息-日线图

实战要点

◎ 低位孕线出现时，有多种形式出现，如阴包阳、阴包阴、阳包阳、阳包阴，应根据具体情况，综合其他指标具体判断。

◎ 低位孕线出现时，往往第二天孕线的K线实体不能过大，且重心越是向上时，后市出现强势反弹的可能越大。

◎ 低位孕线出现时，第二天的K线实体，包括其上、下影线，必须全部在第一根K线的范围之内，否则不能以低位孕线形态对待。

◎ 低位孕线出现时，第二日小K线出现时，往往成交量呈缩减状态，若是发现成交量过大时，其后股价多数还会反复震荡走低。因此，买入时机通常在第三日低位孕线形态成立后、股价依然放量上涨并突破第一天K线的高点时。

9.2.2 十字星孕线

十字星孕线，是指股价在运行过程中，先是出现了一根较长的阳线或阴线，接着出现了一根或红或绿的十字星，并且其高低点均在前一根K线的范围之内。这种形态的出现，只要是十字星出现的当日不爆出较大的成交量，且下影线不过长，往往意味着后市股价出现快速上涨的概率较大，此时为投资者短线捕捉涨停牛股的形态。

实战案例

在2016年5月至6月的上涨趋势中，雅克科技（002409）于6月16日出现了一根放量阳线，在第二个交易日（即6月17日）收出一根缩量阴十字星，且其高低点均在前一根阳线的范围之内，形成十字星孕线。此时，观察MACD指标发现，DIFF线与DEA线正处于低位金叉后的稳步向上运行中。因此，投资者应在第二个交易日，即十字星孕线形成后的6月20日，当股价小幅低开震荡后，出现放量上涨，并一举向上突破6月16日阳线的高点时买入。如图9-4所示。

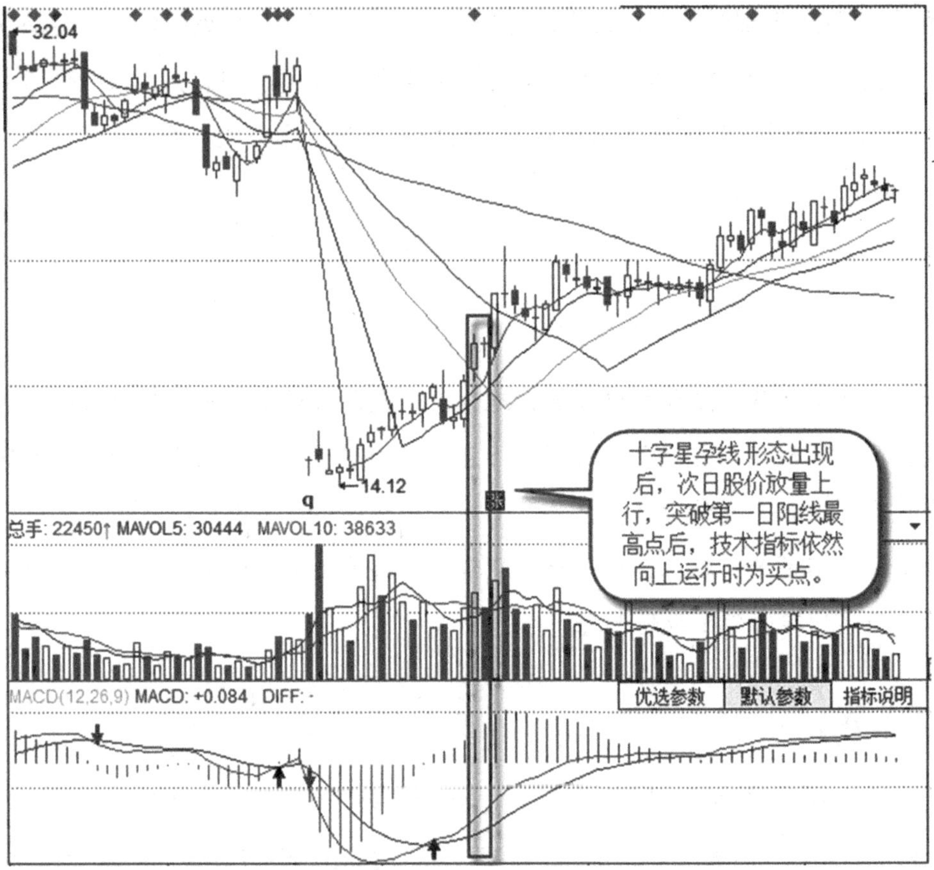

图9-4　雅克科技-日线图

实战要点

◎ 十字星孕线出现时，十字星形成的当日，成交量不能过大，要低于前一天的成交量，否则量能过大会引发其后的变盘或继续调整。

◎ 十字星孕线出现时，应结合其他技术指标具体分析，只有其他技术指标处于上升趋势或是买入信号时，方可在十字星孕线出现后的第三日买入。

◎ 十字星孕线出现后，投资者在形态成立后的次日买入时，应选择在股价放量向上突破十字星孕线出现的第一日的最高点时买入。或早，往往还未形成绝对强势；或晚，股价又极易封于涨停，无法买进。

9.3 抱线抓涨停

9.3.1 涨停抱线

抱线与孕线的形态正好相反，是指第一天出现一根相对较小的K线，第二天却出现了一根远大于头一天的长K线，将头一天的K线包括其上、下影线全部抱在了怀里。涨停抱线，是指第一天出现了一根较小的K线后，第二天出现了一根封于涨停板的阳线。这种形态的出现，往往说明股价处于强势之中，结束了短线的下调，因此是捕捉强势涨停股的信号。

实战案例

2016年6月，必康股份（002411）步入了上涨趋势中的调整行情，并于7月1日出现了一根较长的阴线，但在次一个交易日（7月4日）即出现了低开后一路放量上行最终封于涨停的阳线，将7月1日的阴线完全抱在了怀里，形成了涨停孕线。此时，观察技术指标会发现，MACD同时出现了金叉买入信号。因此，投资者应在涨停抱线出现的次日，开盘后即买入股票。如图9-5所示。

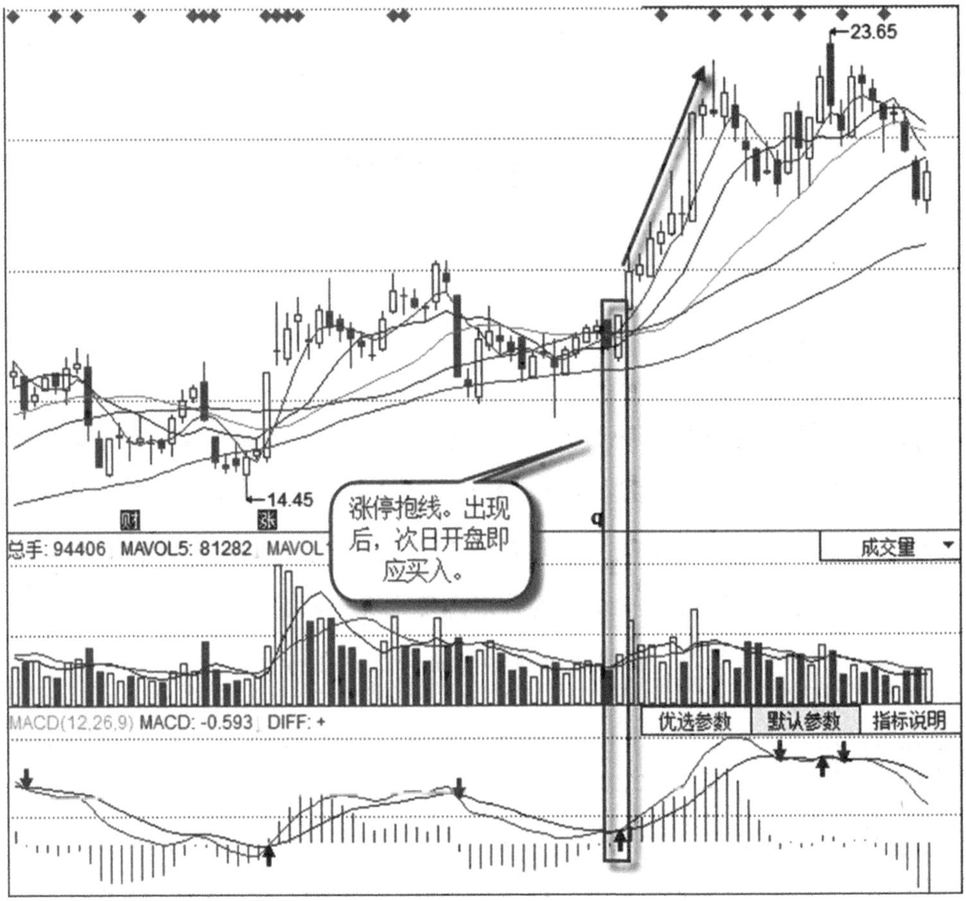

图9-5　必康股份-日线图

实战要点

◎ 涨停抱线出现在上涨趋势的调整行情时，说明股价已强势结束了调整，次日往往会以高开高走的形势出现，所以投资者应在次日开盘后果断买入，或是在次日集合竞价的低价位买入，或是待集合竞价结束后直接以高开的开盘价委托买入。

◎ 涨停抱线如果是出现低位区时，次日的涨停往往会放出明显较大的成交量，以强势扭转股价的下跌趋势，此时可选择在次日涨停板出现的当日，在股价持续放量上涨突破昨日最高点时买入。

◎ 涨停抱线出现时，第二根K线必须完全将前一天的K线实体及其上、下影线完全吞没，否则不能以涨停抱线形态对待。

9.3.2 阳抱阴

阳抱阴，是指在抱线出现时，第一天出现的是一根较小的阴线，第二天出现的是一根覆盖阴线的大阳线。

实战案例

2016年2月，科远股份（002380）在创出26.80元的新低后，即展开了上升行情，但在2月5日时突然出现了一根较长的阴线，显示短期有调整的需求，在下一个交易日，股价直接以大幅低开的形式出现，延续了之前的调整，但低开后股价略有震荡后即展开了放量上行的姿态，并很快越过昨日收盘价，并依然在放量上行，很快越过了昨日最高价，形成了阳抱阴抱线。这说明，股价以放量上行的方式结束了本应出现的调整。因此，投资者应在当日放量阳线出现时，股价向上突破昨日最高价后买入。如图9-6所示。

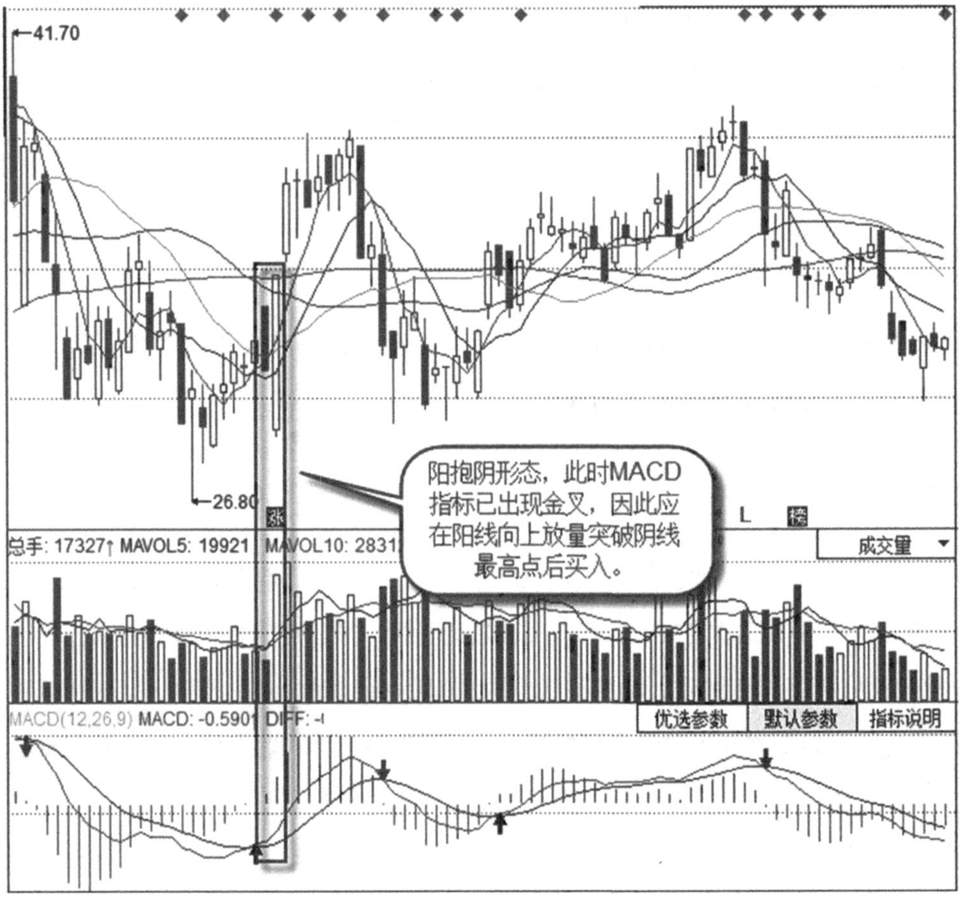

图9-6　科远股份-日线图

实战要点

◎ 阳抱阴出现时，若第一根阴线较长时，第二根阳线往往会出现放量，但若成交量过大，后市即使会出现持续上涨，但时间较短即会结束上涨出现调整，因此应快进快出。

◎ 阳抱阴出现时，阴线出现时最好是缩量的，若是阳线的量呈放大并不太大的情况，说明这种上涨较为健康，其后出现接连强势上涨的概率较大。

◎ 阳抱阴出现时，如果当时的成交量处于近期较高水平时，往往意味着后市出现调整震荡的可能性会大些。

◎ 阳抱阴抱线出现时，应结合其他技术指标综合判断，只有其他指标显示上涨趋势或是买入信号时，方可介入。

9.3.3 阳抱阳

阳抱阳，是指在抱线出现的时候，第一天出现的是一根小阳线，而第二次出现的是一根大阳线，将昨日的小阳线全部抱在了怀里。这种情况的出现，说明短期已确立了上涨趋势，也是股价快速上涨的征兆，因此是投资者短线捕捉涨停牛股的信号。

实战案例

2016年4月，ST宜纸（600793）在上涨趋势中出现了调整，4月24日跌破30日均线后，于4月25日出现了回升，并收于一根小阳线。4月26日，股价再次低开，但出现了一路低开高走。这说明短线调整已结束。由于26日是以涨停收盘的，且KDJ指标此刻发出了金叉信号，因此，股价短期的强势上涨趋势已拉开。投资者应在次日果断买入。如图9-7所示。

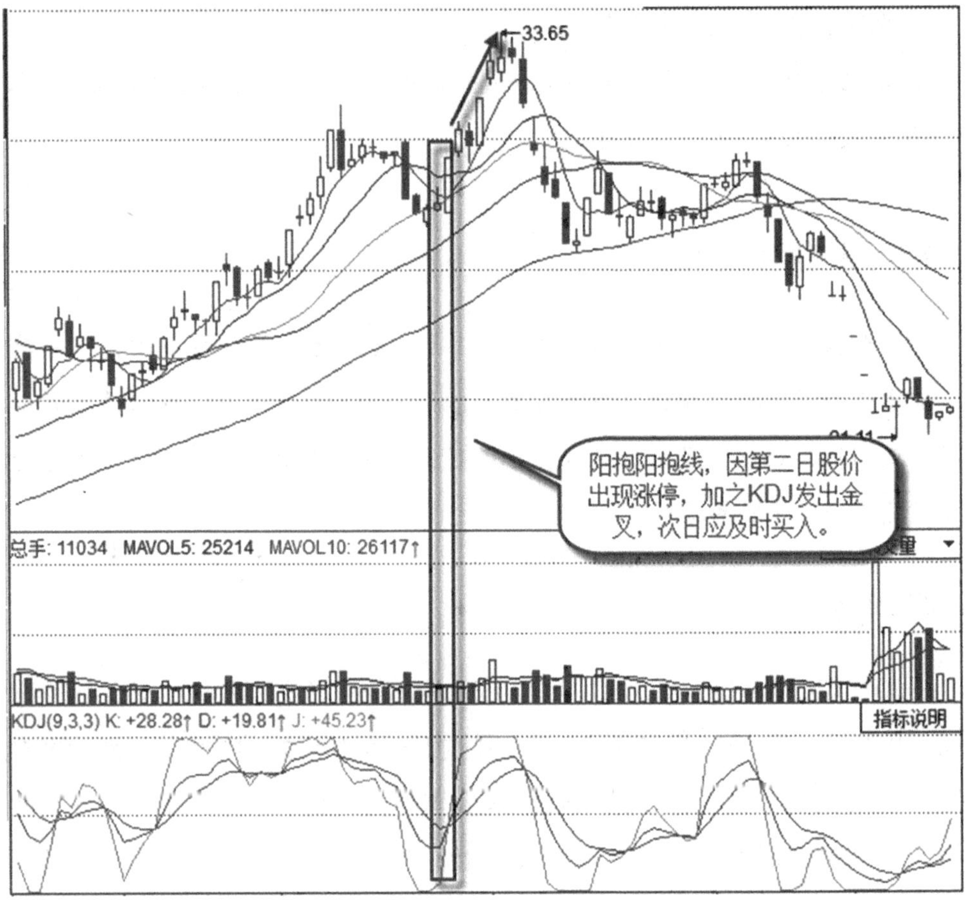

图9-7 ST宜纸-日线图

实战要点

◎ 阳抱阳出现时，如果是出现在上涨行情中时，往往是股价结束短期调整或加速上涨时的征兆，因此应在出现后及时买入，即使其后不出现涨停，也会出现连续上涨的。

◎ 阳抱阳出现时，若此时的行情为震荡行情，且成交量没出现有效放大，往往其后会震荡走低，此时应谨慎介入；若是成交量放大，且并不巨大时，可介入。

◎ 阳抱阳若是出现在低位底部区域时，第二日包容前日的阳线必须较长，且成交量需明显放大，此时可在次日股价出现继续上涨时买入。

◎ 阳抱阳出现时，投资者应结合其他技术指标综合判断，只有其他技术指标也发出买入信号或是呈上行趋势时，方可买入。

9.4 十字星抓涨停

9.4.1 涨停阳十字星

十字星，是指收盘价和开盘价在同一价位或者相近，没有实体或实体极其微小的一种特殊的K线形式。涨停阳十字星，是指股价出现阳线涨停后出现一颗红色的十字星。涨停后十字星的出现，往往意味着投资者盘中对股价的上涨持有了一定的分歧，因此预示着短线股价会进行调整，但红十字星的出现，又说明这种震荡调整中，多方是占据一定优势的，因此其后调整的幅度会很小，所以是投资者捕捉涨停牛股的信号。一旦股价结束了调整行情，上涨力度是较大的。因此，投资者可在涨停阳十字星出现后，股价结束调整放量上涨时果断买入。

实战案例

2016年4月5日，可立克（002782）在上涨初期出现了涨停，次日收于一颗红色的阳十字星，形成涨停十字星，此时观察会发现，十字星的上影线并不长，为一颗普通十字星，且成交量放大情况也较平稳。因此，投资者应在其后股价调整结束后出现放量上涨的4月8日，MACD指标中的DIFF线明显出现拐头向上运行时买入。

5月20日的上涨途中，股价已累积涨幅较大，却再次出现了涨停，次日又出现一颗红色的阳十字星。其后，股价再次出现调整，此时观察就会发现，此阳十字星出现时成交量依然较平稳，为普通十字星。5月31日，出现了放量上涨，

MACD指标中的DIFF线呈向上拐头运行，DEA线也呈向上运行，说明调整结束，股价将进入快速拉升期，此时应果断买入。如图9-8所示。

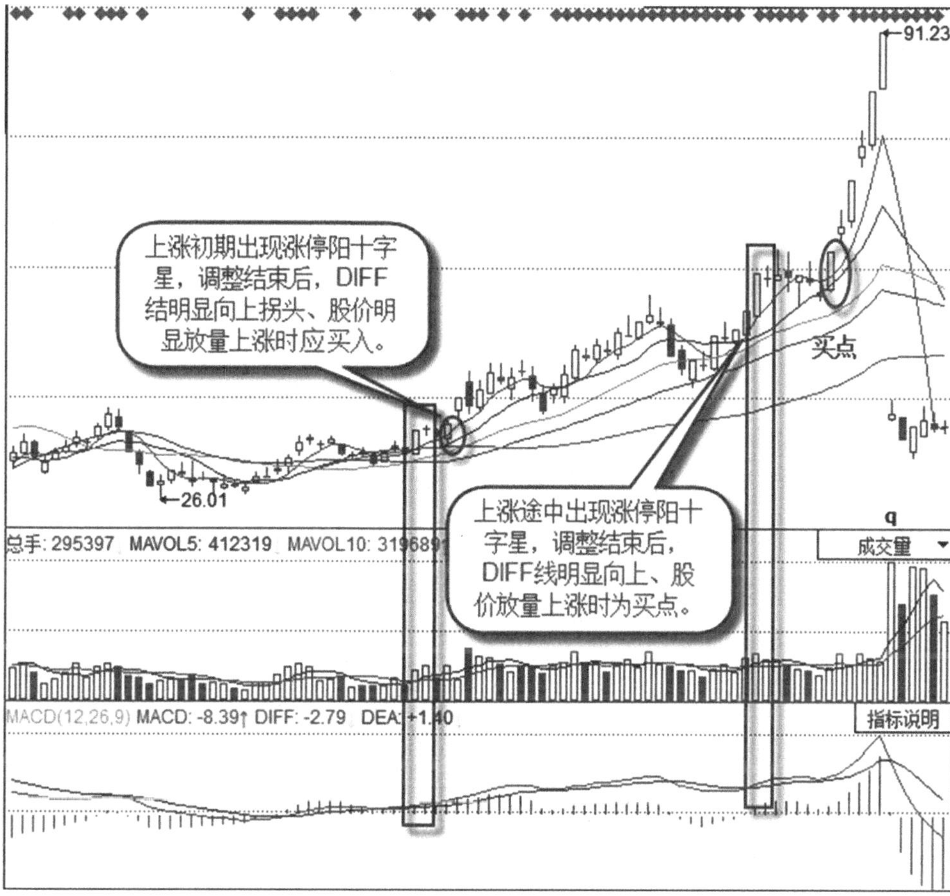

图9-8 可立克-日线图

实战要点

◎ 如果是在高位区出现的涨停阳十字星，必须确保十字星出现时的上影线不能过长，且成交量不能过大，否则为顶部反转时的信号。

◎ 股价在上涨初期出现涨停阳十字星时，往往是主力资金对短期获利盘的清洗，其后回归上涨时，往往会以持续上涨的方式出现，而难以出现短期的快速上涨，即慢牛走势。

◎ 股价在上涨途中出现涨停阳十字星时，往往是进入快速拉升期之前的一次筹码清洗，因此结束后应及时买入，因为其后短期涨幅较快较大，因此应一直持有到涨势结束再卖出。

◎ 涨停阳十字星出现时，十字星必须为普通十字星，而非长十字星，否则盘中极易引发大的调整。

◎ 涨停阳十字星出现时，投资者应结合其他技术指标综合判断，只有发现其后技术指标向上运行、股价放量上涨时，方可买入。

9.4.2 涨停阴十字星

涨停阴十字星，是指股价在出现涨停后，突然在次日出现了一枚绿色的十字星。这种形态在实盘中经常出现，但只有发生在底部反转初涨期或是上涨趋势中时，才具有买入的意义；若是出现在震荡行情中，毫无参考意义。而在初涨期或上涨趋势中出现的涨停阴十字星时，必须满足一个条件，就是十字星出现的当日必须呈明显的缩量。这说明阴十字星的出现只是化解短线的获利盘，其后股价会继续上涨或加速上涨，因此是短线捕捉涨停牛股的信号。

实战案例

2016年4月5日，彩虹精化（002256）的股价告别底部低位区后，出现了涨停，且前期底部形态明显，但在4月6日时出现了一根阴十字星，形成涨停阴十字星。此时，仔细观察即会发现，KDJ三线是呈向上运行的，且十字星出现的当日是明显缩量的，K线呈多头排列初期，表明只是股价告别低位区后化解低位买入的获利筹码。因此，投资者应在涨停阴十字星出现后的4月7日，当股价开盘后围绕前日收盘价震荡整理后出现向上放量突破时买入。如图9-9所示。

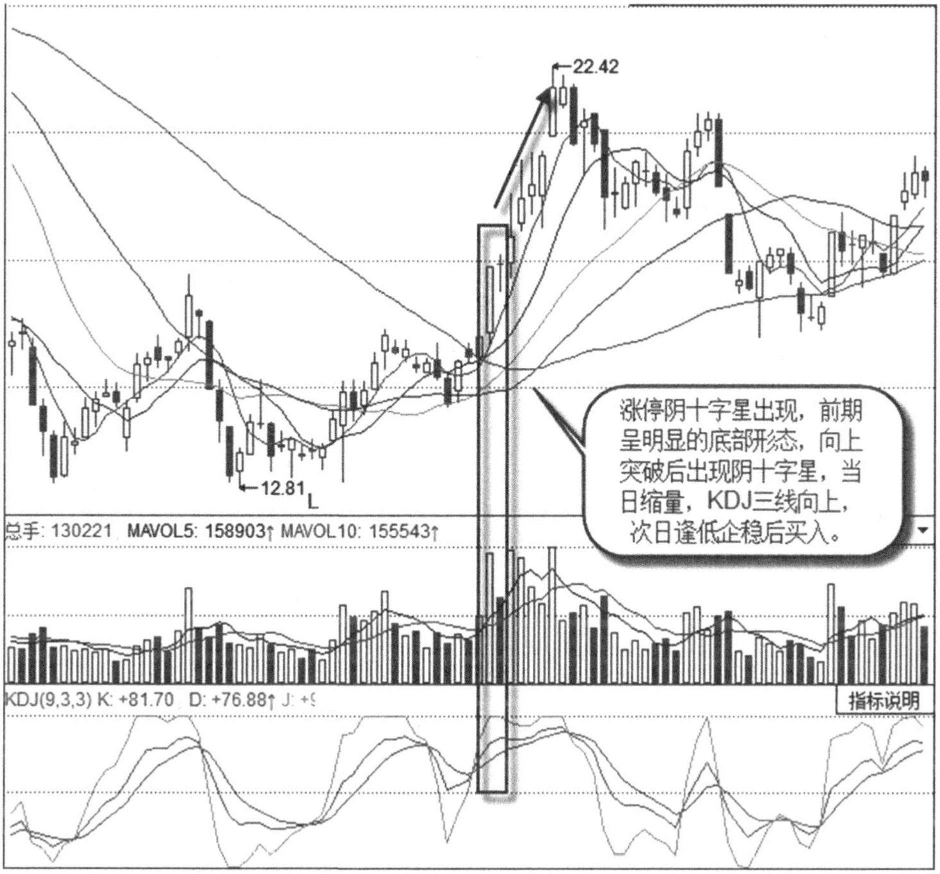

图9-9 彩虹精化-日线图

实战要点

◎ 涨停阴十字星出现时，一要保证十字星出现当日必须是明显缩量的，二要确保十字星的最高价要高于涨停阳线的最高价，因为这样才能确保股价是向上突破时遇到压力而出现的暂缓调整。

◎ 如果涨停阴十字星出现时，即使成交量缩减但与涨停阳线形成了孕线时，即十字星完全在阳线范围之内时，往往说明其后继续调整的可能性极大，应谨慎买入。

◎ 如果涨停阴十字星出现在震荡行情中时，往往是震荡高点的到来，此时的十字星尽管最高价要高于涨停阳线的最高价，但其后出现震荡走低的概率极大。

◎ 涨停阴十字星出现时，投资者不能仅以此形态来确定行情，应综合其他技术指标的提示选择操作。

9.5 锤子线抓涨停

9.5.1 底部锤子线

锤子线，是指K线实体不大，但位于整个K线的上方，上方有较小的上影线，下方有较长的下影线，长度至少达到实体高度的2倍。底部锤子线，是指股价在经过一段下降趋势（哪怕是较小规模的下降趋势）后，突然出现的下影线越长、上影线越短、实体越小的锤子线。这种锤子线的出现，往往意味着趋势已经发生反转，后市看涨的概率较大，尤其是在经过长期下跌后出现的锤子线，股价突然放出巨大的成交量，后市强势反转的意味更强，反转后短期持续上涨的力度更大，因此是投资者短线捕捉涨停牛股时的信号。

实战案例

在经历前期大幅下跌后，同济堂（600090）的股价在2016年1月时跌去了一半，并在1月29日时创出了近期新低9.83元。其后继续震荡，3月1日在股价下跌接近这一新低点时，突然出现止跌回升，并在当日收出一根红色的锤子线，其实体接近于最低价，上影线极短，下影线却很长，这说明股价已于低位企稳。此时，观察其他指标会发现，MACD指标原来均在向上运行，只有DIFF线出现了极缓地向下运行，但此时刚好是即将与DEA线死叉，却又未实现交叉即开始重新拐头向上。因此，投资者应在锤子线出现的次日，当股价放量上涨突破锤子线的最高点时依然在上行时买入。如图9-10所示。

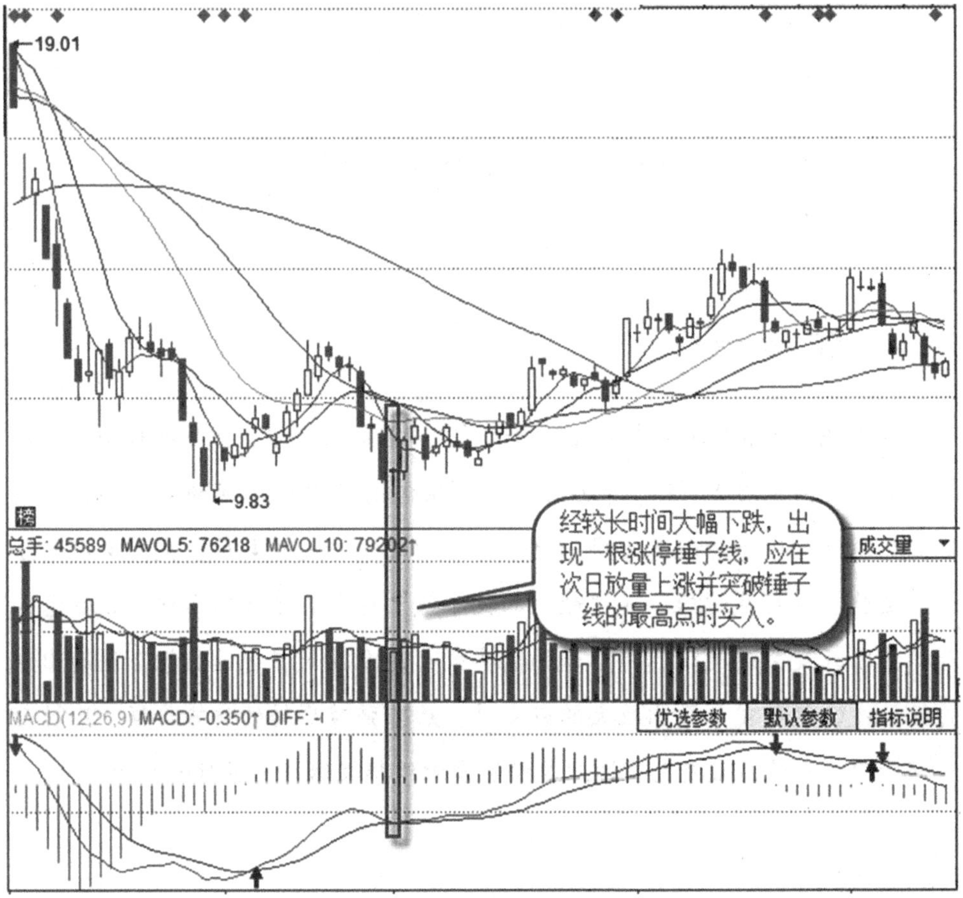

图9-10　同济堂-日线图

实战要点

◎ 锤子线出现在底部低位区时，其颜色往往并不重要，但买入时应选择在锤子线出现的次日，股价放量上涨突破锤子线高点时；次日若没出现突破，则短期继续小幅震荡的可能性居大。

◎ 锤子线出现在底部低位区时，往往是股价短期见底的信号，但若是其后股价出现快速上涨，则成交量必须在次日格外放大，否则应以短期抄底的思路操作。

◎ 锺子线出现在底部低位区时，如果次日出现强势涨停，则往往K线上会呈V形反转的形态。

9.5.2 加速红锤子

加速红锤子，是指股价在上涨过程中，突然在一根阳线大幅上涨后，出现了一根或是两根红色的锤子线。这说明，股价即将开始进入快速上涨了。因此，投资者在明显的上涨过程中出现红锤子线时，应果断买入。

实战案例

2016年6月底，金轮股份（002722）处于上涨趋势中，突然于6月30日出现了一根明显的阳线上涨，其后，在7月1日时出现了一根红色的锤子线，形成了加速锤子线。这说明，股价即将出现快速上涨。观察技术指标就会发现，此时的MACD指标正处于明显的上穿0轴后的向上运行中，强势特征明显。因此，投资者应在7月2日及时买入股票，而在7月7日股价开盘后冲高放量回落时选择卖出。如图9-11所示。

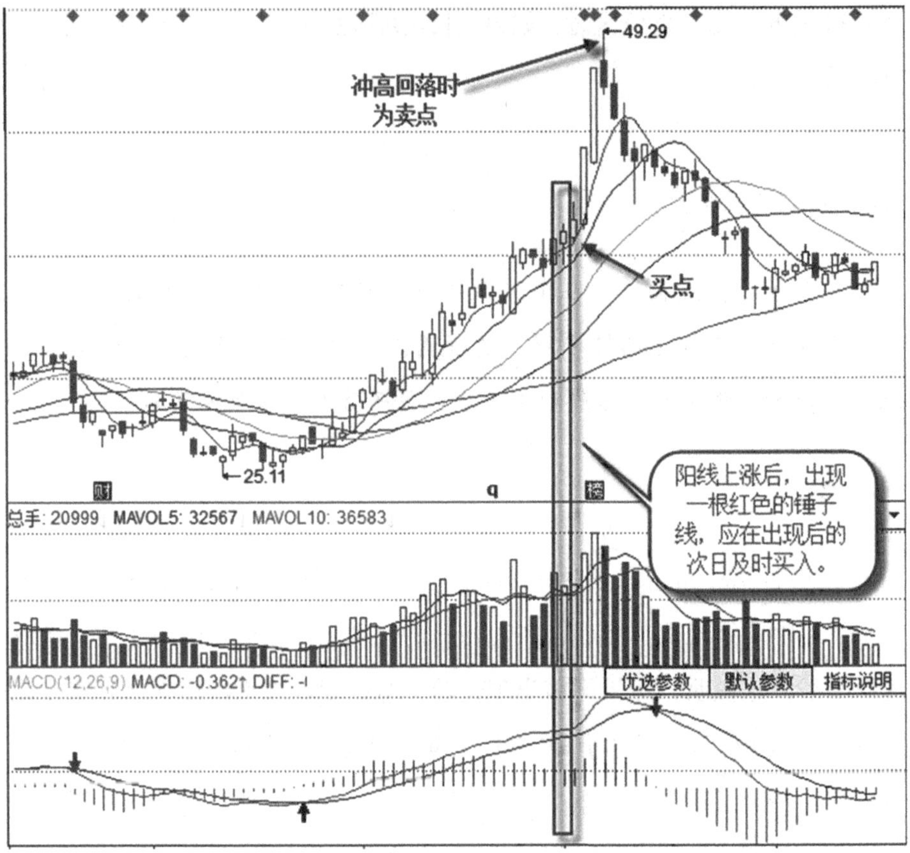

图9-11　金轮股份-日线图

实战要点

◎ 加速锤子线大多出现在明显的上涨趋势中，是股价加速上涨的信号。

◎ 通常，越是强势的股价，加速锤子线出现时，会留下一个向上的跳空缺口，或是在接连阳线上涨后出现上影线较短甚至没有的锤子线，此时快速上涨意味更浓，应及时买入，而不要坐等回落低点出现，此时股价往往难以出现较大回落。

◎ 如果是震荡行情中出现加速锤子线，此时往往上影线较长，成交量放大，是阶段高点到来的征兆，不可贸然买入。

9.6 K线组合抓涨停

9.6.1 红三兵

红三兵，是指股价经过底部震荡整理后，在出现上涨时，是以连续3根阳线的方式出现，并且这3根阳线实体大小相等，每一根的开盘价都在前一根的收盘之上，即K线实体是每一根都在前一根实体之上。这种形态的出现，说明股价已结束底部低位震荡整理，趋势已经反转为向上，因此是投资者短线捕捉涨停牛股的信号。

实战案例

经过前期的下跌和震荡后，百润股份（002643）在2016年4月11日、12日、13日接连3个交易日中，出现了3根实体大小相等的阳线，且每一根的开盘价均在前一根的收盘价之上，K线上每一次的阳线实体均在前一天阳线实体之上，形成了红三兵形态。这说明，股价已结束底部低位震荡整理，趋势开始反转向上。综合其他指标会发现，MACD指标正处于低位金叉后的持续向上运行，且成交量在红三兵出现时，也呈逐级放大趋势。因此，投资者应在红三兵形态确认后的次日，应果断买入，并一直持有到涨势结束时再卖出。如图9-12所示。

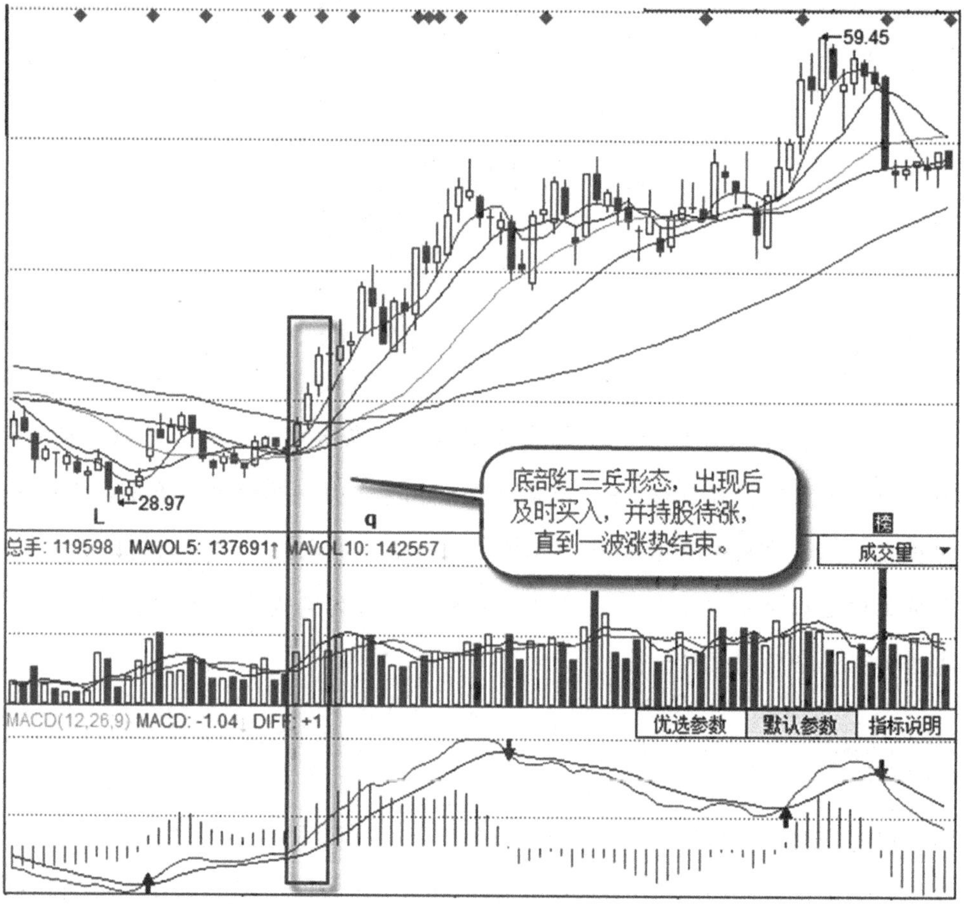

图9-12 百润股份-日线图

实战要点

◎ 红三兵出现时，K线形态上，3根阳线必须大小相近，不能相差太多，且每一根阳线的开盘价均需在前一根阳线的收盘价之上，呈逐级向上运行的态势。

◎ 红三兵出现时，成交量必须明显放大呈阳量，若红三兵形态中的成交量与前期低位震荡时相近，则往往会引发后市的继续震荡，上涨意愿相对较弱。

◎ 红三兵出现时，技术指标必须呈向上运行，或是发出买入信号，否则说明震荡行情依然未结束，应观望后再行操作。

◎ 红三兵出现在底部低位时更为可信，若是出现在高位区，往往K线实体较长，或是带有较长的上影线，因此不能作为买入的参考。

9.6.2 上升三法

上升三法，是指股价在上涨过程中，某一天突然出现一根大阳线，但接下来却出现了3根（理想上为3根阴线，实际最多可5根，或杂以阳线，但趋势应是向下的）依次向下运行的小阳线，但到了第五日，却突然再次出现了一根长阳线，结束了向下运行的趋势。这往往说明，上升三法中的3根小阴线，只是短期的调整，并非真的趋势已转。因此，上升三法一旦出现，即说明股价已结束调整，再次恢复上涨行情，所以是短线捕捉涨停牛股的信号。

实战案例

在震荡向上趋势中，粤宏远A（000573）突然在2016年8月8日出现了放量长最式的涨停，并在其后3个交易中接连出现了3根依次向下运行的小阴线，但到了第五日，即8月12日时，突然再次出现了一根放量涨停的大阳线。这说明，股价已结束了短期调整，再次恢复了上涨行情。综合观察会发现，在上升三法出现时，MACD指标是处于上穿0轴后的上涨态势，而三根小根线出现时，成交量是逐渐缩减的。因此，投资者应在形态确认后及时买入。鉴于粤宏远A此时的具体情况，上升三法形态在最后确认时，也就是8月12日以大阳线确认形态时，股价是持续放量上涨并涨停的，所以投资者应在8月12日股价封涨停前快速买入，待涨势结束时卖出。如图9-13所示。

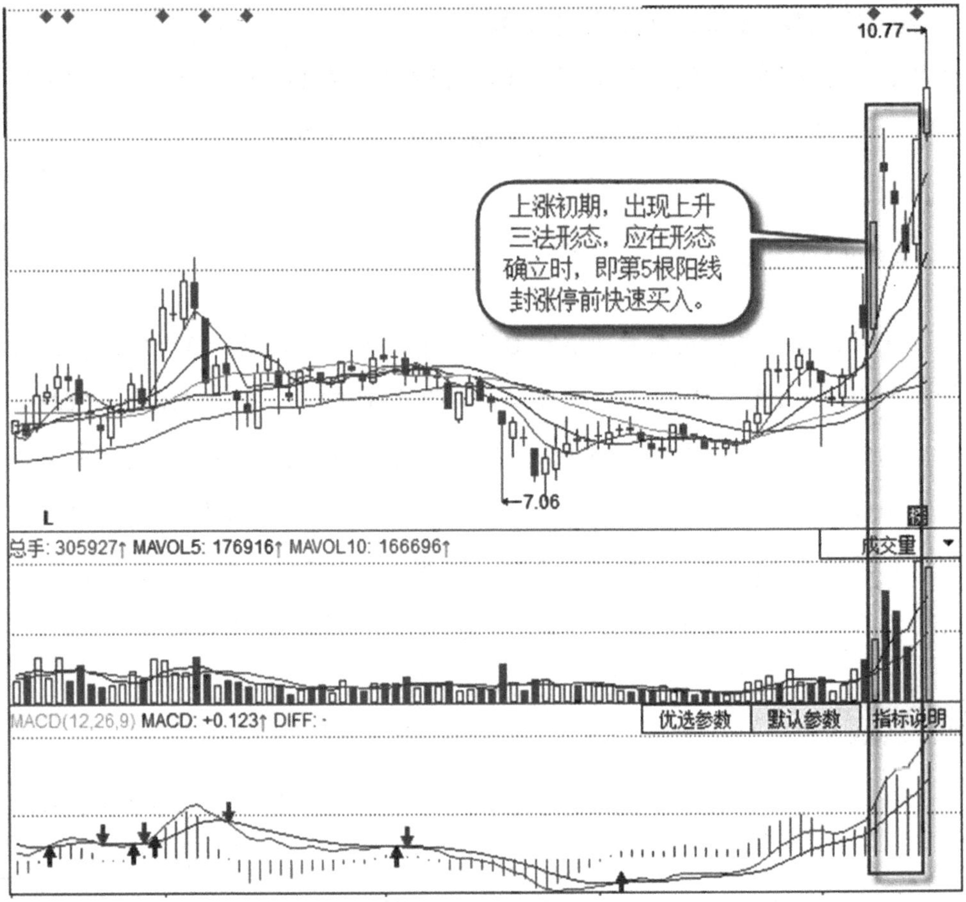

图9-13　粤宏远A-日线图

实战要点

◎ 上升三法出现时，往往是在明显的上涨趋势中。若是在震荡行情中的上涨行情时出现，应综合观察其他指标判定行情，而不能以上升三法对待。

◎ 上升三法出现时，中间的三根小阴线调整，趋势应是向下的，并呈明显的缩量状态。若是其趋势并非向下的，则不能以上升三法来看行情。

◎ 上升三法出现时，投资者不应只以K线形态来确定行情，还应结合其他技术指标综合判断；只有技术指标是向上运行时，方可买入。

9.6.3 “曙光初现”

“曙光初现”，是由两根K线组成，第一根为延续之前下跌趋势的大阴线，第二根为低于大阴线最低价开盘的大阳线，并且收盘必须在第一根大阴线实体的1/2以上。这种形态往往出现在下跌行情的末端，就像是一丝曙光刚刚露出天际，因此叫“曙光初现”。这种形态的出现，预示着黑暗已经过去，是底部反转的征兆，因此是投资者短线捕捉涨停牛股时的信号。

实战案例

在经历2016年1月中旬的下跌后，富祥股份（300497）于1月28日出现了一根长阴线，持续了之前的下跌趋势；在29日时，趋势以低开的方式出现，并震荡中创出新低57.51元，其后开始放量上涨，到了午后开盘，突然出现大幅上涨，股价很快接近涨停。此时观察即会发现，KDJ指标发出了0轴靠近的金叉买入信号，而股价又放量接近了涨停，所以应在涨停前及时快速买入。如图9-14所示。

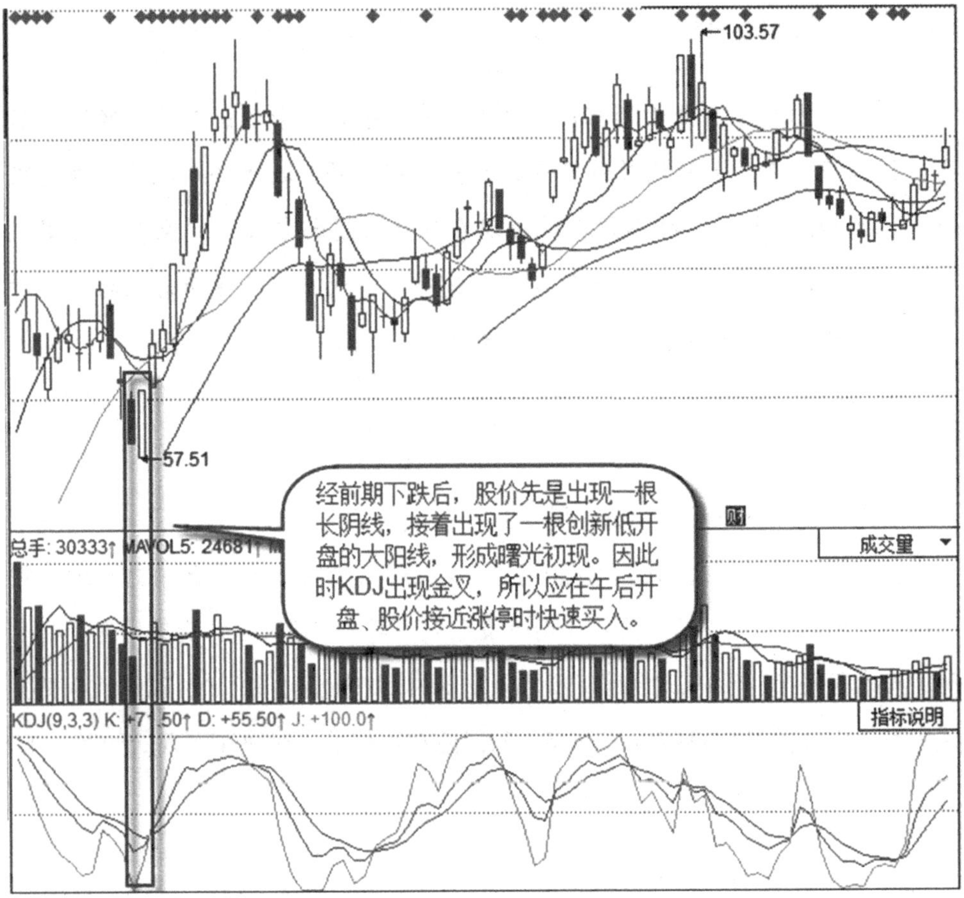

图9-14　富祥股份-日线图

实战要点

◎ “曙光初现”出现时，第二根阳必须以低开的形式出现；若是未以低于第一根阴线的最低价开盘时，不能以曙光实现形态来对待。

◎ 在“曙光初现”出现时，第二根阳线收盘后，实体必须嵌入第一根阴线实体的1/2以上，原则是嵌入的比例越高，则后市反转的意味更浓，反转时上涨的强度越大。

◎ 在长期下跌后的底部低位区出现的“曙光初现”，往往出现后股价难以立刻展开有力度的上涨，因此投资者应在曙光初现出现后，股价出现放量上涨时再买入。

9.6.4 “旭日东升”

“旭日东升”，是指当股价在下跌趋势中出现连续暴跌时，通常会低开低走，甚至连续收阴，而随着空方力量的逐渐耗尽，多方在次日会立即还以颜色，令股价突然大幅跳空高开，延续上升势头直至终盘，令股价收出一根长阳线，并一举将上一个交易日的阴线全部覆盖。“旭日东升”的出现，就像是一轮太阳刚刚从水平面露了出来，此时的光芒还并不大，但却预示着其后股价会出现大幅的反转向上，因此是投资者短线捕捉涨停牛股的信号。

实战案例

在2016年5月的下跌趋势中，南大光电（300346）的股价在接连下跌的过程中，于5月18日出现了快速下跌，收于一根较长的阴线。但在次日（5月19日），股价突然出现了大幅高开高走，并维持这种上涨趋势至收盘，收出了一根长阳线，并将昨日的失地一举收回，形成了“旭日东升”形态。这说明，短期下跌趋势已经反转。此时，观察其他技术指标即会发现，5月19日的成交量出现了明显的放量，且MACD指标也出现了0轴附近的金叉。因此，应在次日股价继续高开时果断买入，并一直持有到涨势结束。如图9-15所示。

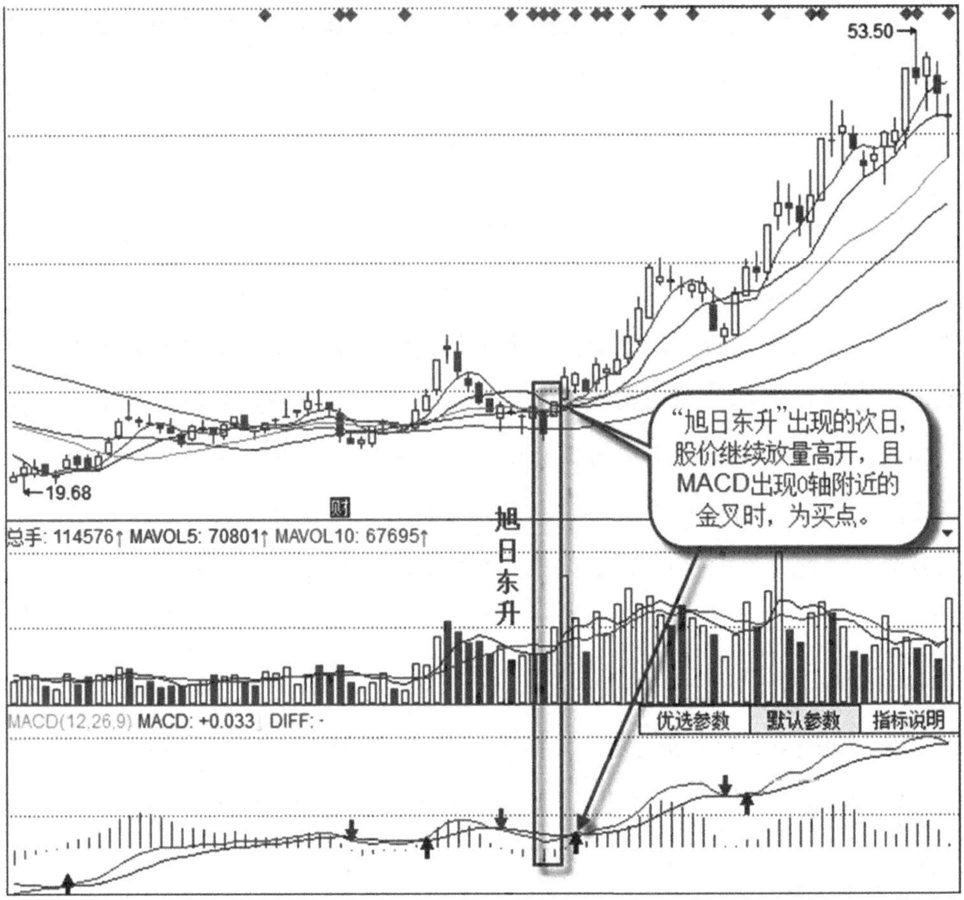

图9-15　南大光电-日线图

实战要点

◎ "旭日东升"出现时，原则上是阴线后出现的阳线，向上吞没阴线后涨升的越高，后市反转的意味会越强。

◎ 在"旭日东升"形态中，阳线出现时，大多为长阳线，且成交量呈明显的放大迹象，此时后市快速出现反转的概率大，否则不能确保旭日东升出现后股价会即刻发动反攻，但可以确定低点。因此，中线投资者可在形态出现后买入。

◎ “旭日东升”出现时，投资者应结合其他技术指标综合判断，只有发现其他技术指标也已转强甚至上行时，方可买入。

9.6.5 “早晨之星”

“早晨之星”是由3根K线组成的一种见底形态，是指股价在下跌过程中，第一天先是出现一根较长的大阴线；次日出现跳空低开，但跌幅并不大，形成星；第三日却出现了一根拔地而起的大阳线，将第一天的大阴线大部分失地收复。这种形态的出现，是股价见底回升时的征兆，因此是短线捕捉涨停牛股的信号。

实战案例

在震荡下跌行情中，欣龙控股（000955）于2015年9月14日收出了一根较长阴线，次日直接跳空低开收出一颗十字星，第三日突然跳空高开，并持续走高，最终股价封于涨停，阳线实体超过了9月14日阴线实体的一半以上，形成了早晨之星形态。此时，综合观察就会发现，成交量出现了略有放大，MACD指标中DIFF线与DEA线此时处于向上运行态势，且接连出现金叉后死叉又快速金叉，接连的两次低位金叉，表明技术指标已出现底部反转，但考虑到早晨之星出现时，第三日（9月16日）出现的高开高走长阳时，成交量未能出现明显的放大迹象，说明短线仍有小幅震荡的需求。因此，投资者可在“早晨之星”出现后，激进者逢低介入，稳健者可在明显放量上涨时买入。如图9-16所示。

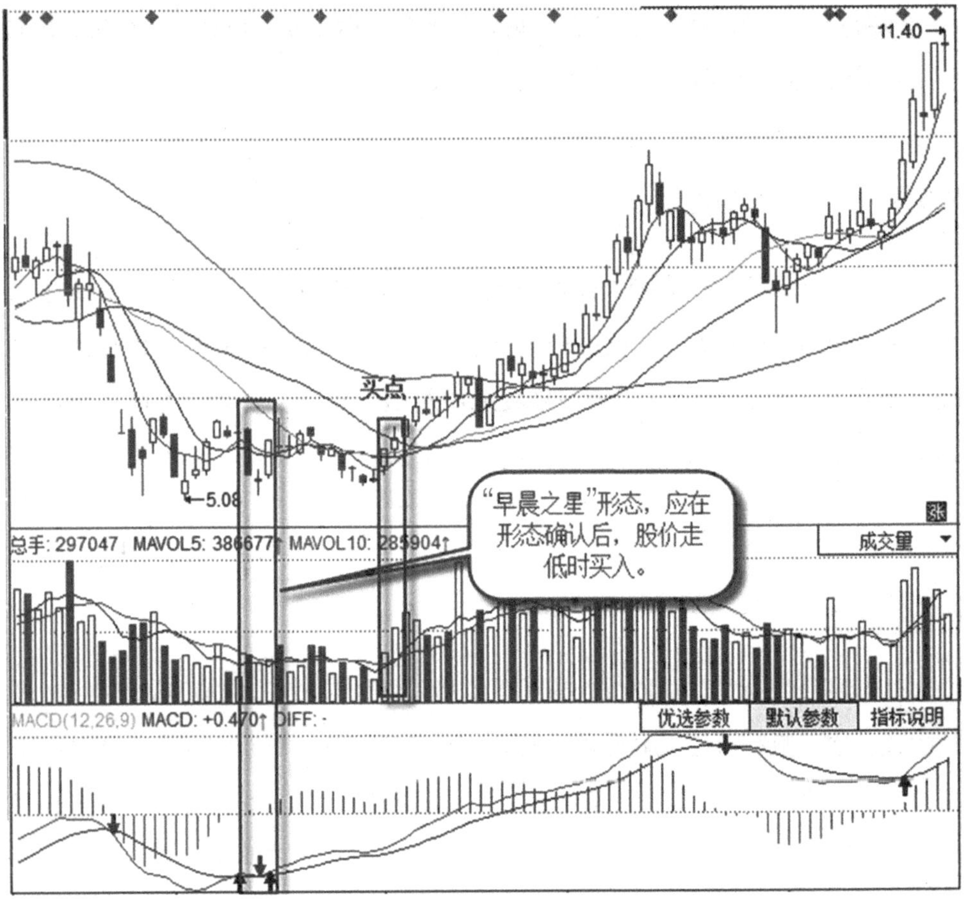

图9-16　欣龙控股-日线图

实战要点

◎ "早晨之星"出现时，必须在第一天出现长阴后，次日以跳空低开出现，但跌幅不能太大，第三日以跳空高开出现，并收于一根放量长阴，吞没第一天长阴的大部分。

◎ "早晨之星"出现时，若在第三天长阳出现时有明显的放量行为，则其后出现快速启动的概率要大。但即使是第三天未出现明显的放量长阳，只要成交量在放大，后市必定会出现反转，因此投资者应在早晨之星出现后，激进者逢低介入，稳健者逢放量上涨时买入。

◎ “早晨之星”出现时，技术指标必须呈低位企稳后出现上行的状态，或是发出买入信号，否则不应介入。

9.6.6 “仙人指路”

“仙人指路”，是指股价在上涨过程中，以小阴小阳的方式上涨，且K线上多留下一定长度的上影线，成交量却出现稳步放量。这种形态的出现，往往说明主力资金在稳步换手，低位承接，所以一旦结束这种小阴小阳式的上涨后，股价将出现快速上涨。所以，投资者一旦发现个股在不断以小阴小阳的方式上涨时，应及时买入股票，因为一旦其拉开上涨攻势，将会出现接连快速上涨。

实战案例

在2016年2月中旬开始的上涨行情中，*ST钱江（000913）一直是以45度左右的斜率在缓步向上推进股价，且成交量呈明显的不断放大趋势，K线上却出现了接连带有一定上影线的小阳线，形成了“仙人指路”形态。此时，综合技术指标观察会发现，MACD指标也在接连低位金叉后出现了明显的稳步向上运行，且DIFF线已明显向上翘头。这说明，此时主力资金在大举暗中收集筹码，所以造成了放量滞涨，后市一旦拉开上涨之势，股价必然会出现接连上涨。因此，投资者应在“仙人指路”形态成立后，及时买入股票。如图9-17所示。

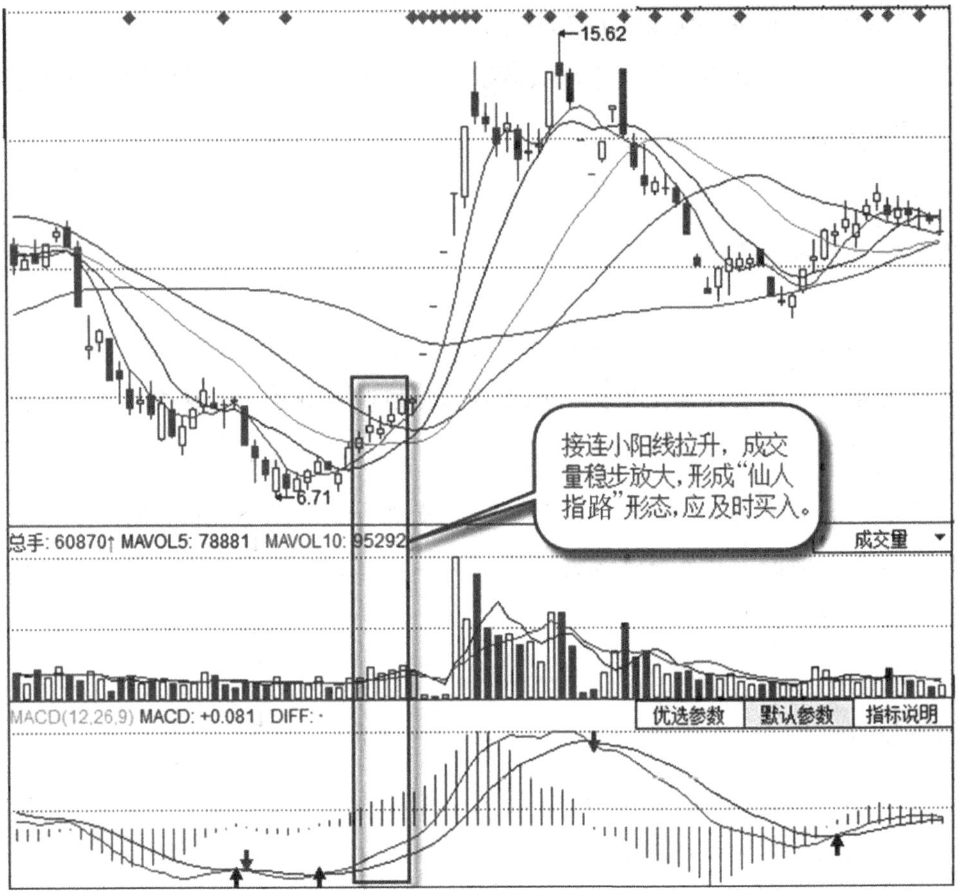

图9-17　*ST钱江-日线图

实战要点

◎ "仙人指路"出现时，往往上涨的斜率不低于45度，且此时的位置是前期重要的压力位。

◎ 出现"仙人指路"前，市场的获利程度往往不会超过15%，并且有一定时间的横向震荡。

◎ "仙人指路"出现时，成交量一定要出现连续放大，不能忽高忽低。

◎ "仙人指路"出现后，在后面一天必须出现高开高走，或低开高走，绝不能出现高开低走的现象，这是决定主力资金是否开始继续上攻的重要标志，也是“仙人指路”K线形态能否成功的主要条件。

◎ “仙人指路”成立的关键，在于个股是否能够始终以小阳线的方式实现不断放量小幅攀升。

◎ “仙人指路”出现时，其他技术指标也呈不断向上攀升的形态。

第10章

指标背离：从指标异常形态狙击涨停

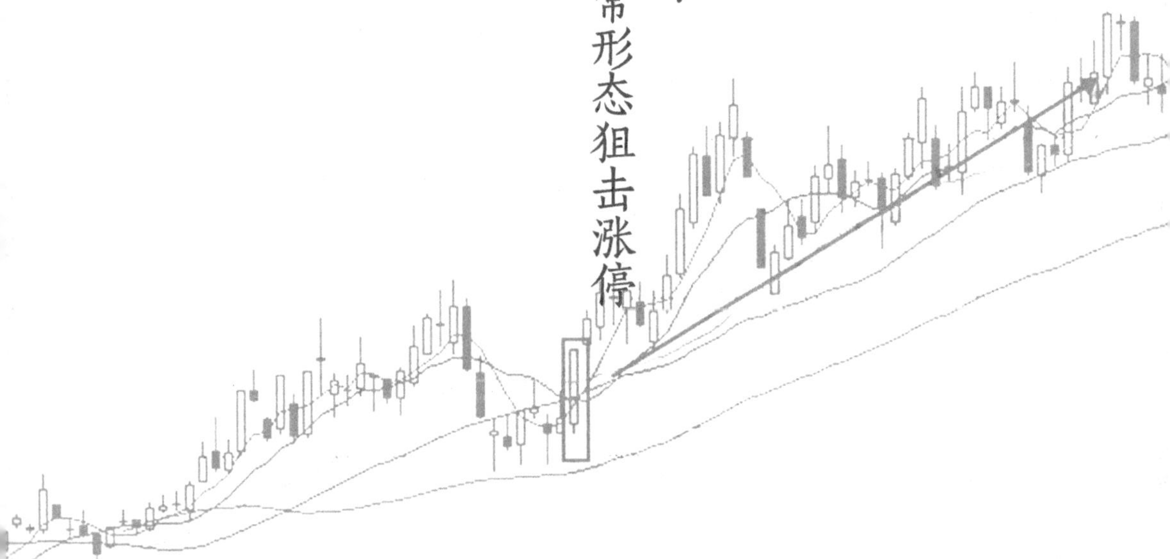

指标背离的出现，往往预示趋势即将反转，也就是结束之前趋势的一种表现，所以，投资者捕捉技术背离，其实就是在捕捉盘中准备的买点与卖点。指标背离的种类很多，如均线背离、量价背离、K线形态背离等，以及不同指标同时出现的背离共振。这些都是投资者盘中抓涨停的有力参考。

10.1 均线背离抓涨停

10.1.1 什么是均线背离

均线背离有两种情况。当均线向上运行，股价却向下运行时，为均线顶背离；当均线向上运行，股价却向下运行时，为均线底背离。对于短线抓涨停牛股的投资者来说，均线底背离的出现，预示着股价已经见底，因此，均线底背离出现后，成交量如果能突然出现放大，则往往股价反弹的力度会大，股价容易出现涨停或接连持续上涨。因此，均线底背离成为了投资者短线捕捉涨停牛股的信号。

实战案例

经过2016年5月至6月的底部低位震荡后，云南城投（600239）在7月初开始持续上涨到一个新台阶后，股价出现了持续的震荡盘低，尽管下跌幅度总体并不大，但却在7月8日-7月20日期间，与20日均线和30日均线形成了底背离，因在此期间股价在持续走低，20日均线与30日均线却呈明显的向上运行态势。这说明前期的底部低位震荡已经改变了20日均线与30日均线的运行方向，接下来将改变60日均线的向上运行方向，而短期均线5日、10日均线因周期短，几乎与股价同步出现了调整。

此时，观察其他技术指标就会发现，在7月21日时，即均线底背离结束之际，股价出现了明显的放量上涨，同时，MACD指标在均线背离出现期间，只是在0轴以上轻微地进行了震荡，同时在均线底背离结束后，出现了0轴以上的金叉，说明后市股价将出现反转向上。因此，投资者应在均线底背离结束后、MACD指标发出0轴以上的金叉买入信号、同时股价出现放量上涨时，果断买入，并持股待涨。如图10-1所示。

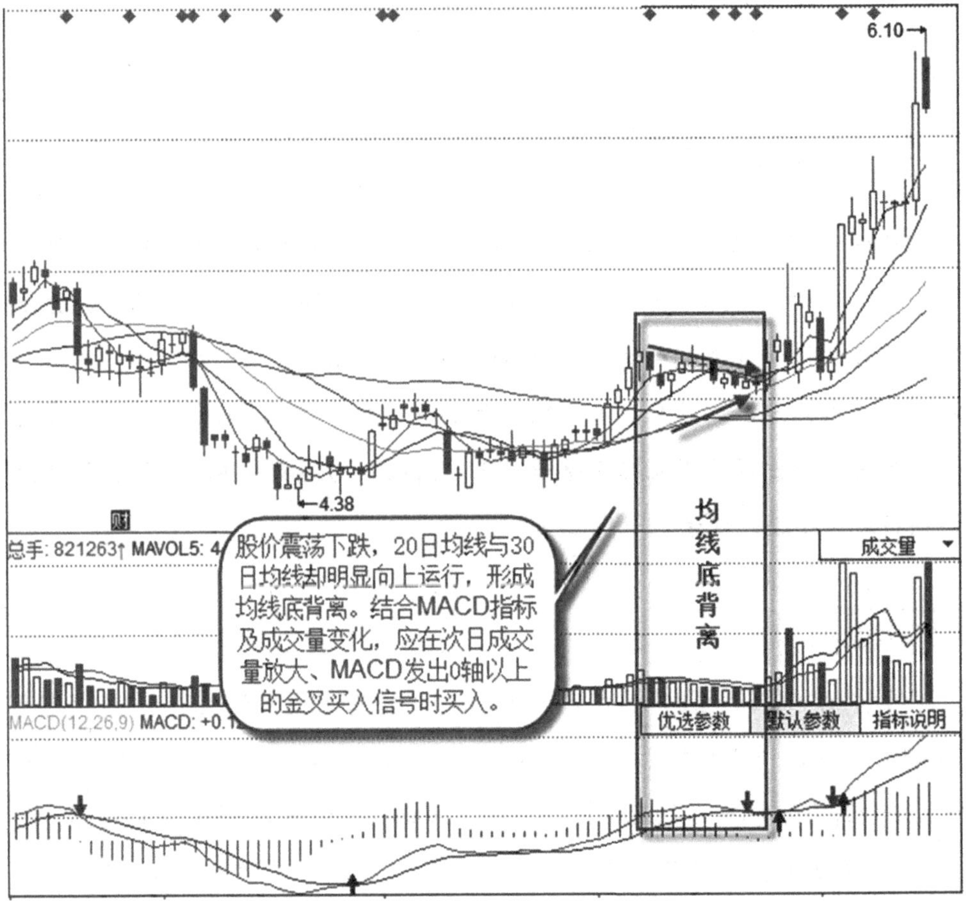

图10-1　云南城投-日线图

实战要点

◎ 在均线背离中，往往是中期均线的背离更具有参与价值，因短期均线周期过短，往往与股价同步，而长期均线周期又过长，反应迟钝。

◎ 在均线背离中，均线顶背离，往往是卖出信号，投资者在选择卖出时应以此为准；均线底背离往往是买入信号，适合于投资者买入股票。

◎ 底部反转是一项复杂的工程，很多时候，并不是一次技术背离即会引发价格反转，而是经过多次底背离后才会出现反转。因此，投资者在利用均线底背离捕捉买入点时，不能只看均线是否底背离，而应结合其他技术指标的情况综合判断趋势。

10.1.2 均线金叉背离

均线金叉背离，是指当短期均线与较长周期均线形成向上交叉的金叉时，股价却出现短时的向上运行，从而形成了均线金叉与股价下跌的背离。这种形态的出现，说明技术指标依然支撑股价上涨，但股价却出现短时的下跌或滞涨，是主力资金刻意向下打压股价所造成的。因此，均线金叉背离的出现，是短线捕捉即将涨停牛股的信号。

实战案例

2016年3月下旬至4月上旬，千山药机（300216）在3月29日出现20日线与30日金叉，股价却震荡走低；并在随后的4月5日出现了20日线与60日线的金叉，股价同样震荡走低，形成了两次均线金叉背离。此时，观察其他技术指标发现，成交量一直是呈明显的缩减状态，说明卖盘并不大，且MACD指标中的DIFF线与DEA线一直处于底部向上运行后上穿0轴后的持续缓步向上运行的态势，依然在支持股价上行。因此，投资者应在股价继续震荡盘低时，逢低买入，并一直持股至涨势结束。如图10-2所示。

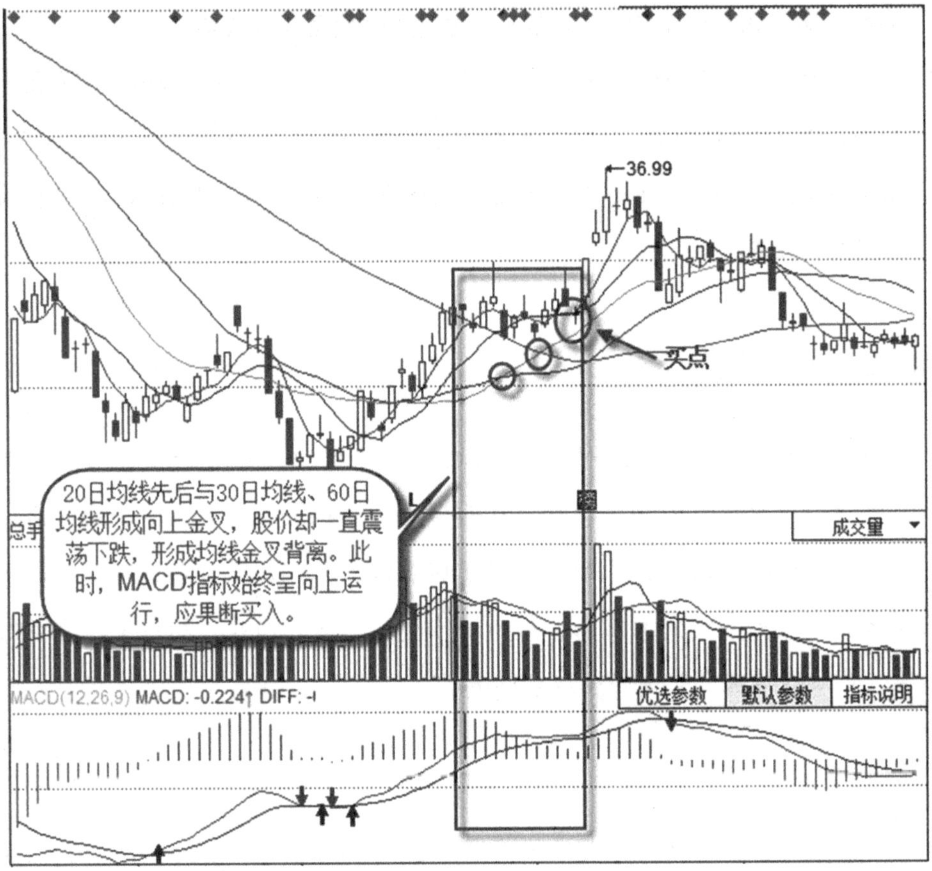

图10-2　千山药机-日线图

实战要点

◎ 均线金叉背离出现时，往往是在底部初涨阶段或是上涨中途的行情调整，是调整即将结束的信号，因此也是投资者短线逢低买入涨停牛投资的好时机。

◎ 均线金叉背离出现时，投资者应以中期均线的金叉为主，因短期均线的金叉往往因时间短，可信度并不高，而长期均线的金叉又因周期过长，通常使用不上。

◎ 均线金叉背离出现时，投资者应结合其他技术指标的情况来判定趋势演变，而不能只凭均线金叉与股价背离这一指标判断。

10.1.3 均线底背离

均线底背离，是指股价在低位区运行过程中，当股价震荡向下运行时，均线却出现了向上运行的情况。均线底背离的出现，往往说明股票在经过低位震荡后，得到了主力资金的支持与买入；同时，主力资金为了不让更多的投资者低位买到筹码，又一直在刻意向下打压股价，造成一种恐慌的氛围。所以，均线底背离的出现，是主力介入一只股票的征兆，短线捕捉涨停牛股的投资者，可以选择在均线底背离出现后，股价出现放量上涨时买入。

实战案例

在低位震荡行情中，万科A（000002）于2015年11月19日至11月30日期间，5日、10日、20日、30日均线均已出现向上缓慢运行，60日均线呈走平后缓慢开始转为略向上运行，但股价却出现了震荡走低，形成了均线底背离。

此时，观察其他技术指标发现，MACD指标中的DIFF线与DEA线一直处于0轴以下的低位横盘略向上的震荡之中，而在2015年11月19日至11月30日期间，DIFF线与DEA线已处于粘合平行的状态。因此，投资者可在均线底背离结束后，股价出现放量上涨、MACD指标发出金叉、同时DIFF线明显出现向上拐头时买入，因为此时说明股价已经开始启动上涨，但考虑到万科A前期一直处于低位横盘震荡，且成交量也一直是地量水平。因此，投资者在买入后，应在此轮涨势结束时再卖出。如图10-3所示。

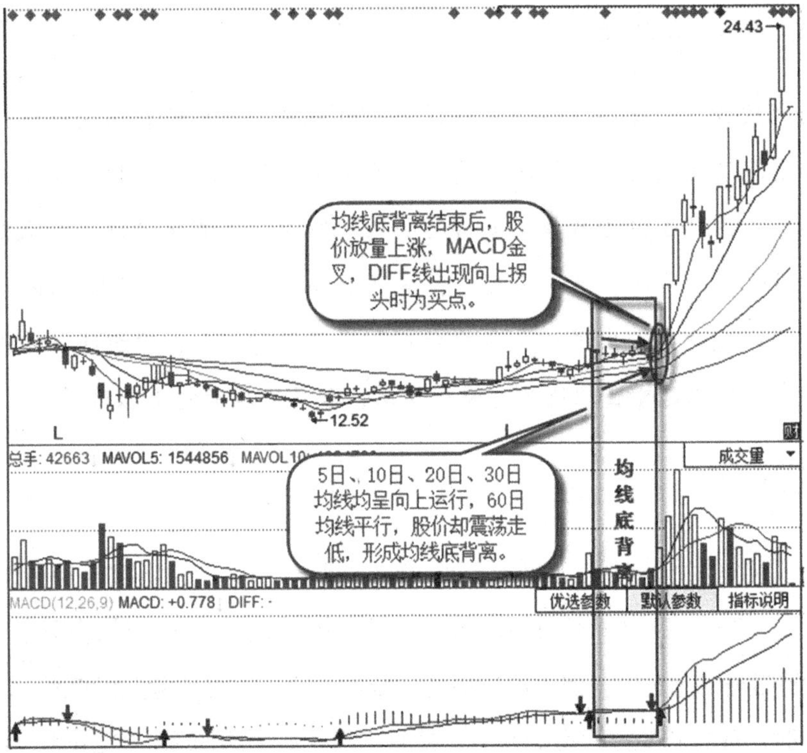

图10-3 万科A 日线图

实战要点

◎ 均线底背离出现时，若是之前股价一直处于低位横盘状态，且成交量一直处于地量水平时，这往往意味着一旦启动，将成为一只黑马股，短期涨势较为可观，因此投资者应在放量上涨时果断买入，并一直到此轮升势结束后再卖出。

◎ 均线底背离出现时，短线捕捉涨停牛股的投资者，一定要在均线底背离结束后，股价出现明显放量上涨及其他技术指标明确发出买入信号时再买入，因均线底背离出现后，股价并不一定会立马上涨。

◎ 均线底背离出现时，投资者应结合其他技术指标综合判断行情，而不应过于只依赖均线底背离技术。

10.2 量价背离抓涨停

10.2.1 什么是量价背离

量价背离，是指当股票或指数在上升过程中成交量减少，或是在下跌过程中，成交量出现增大。通常而言，缩量上涨，往往表明上涨乏力，难以维继，但事实上，当股票处于上涨过程中时，如果出现缩量上涨的情况，往往表明主力筹码集中，无需太多筹码即会令股价上涨，只是跟风盘少，所以其后价格仍然会继续上涨。

股价在下跌过程中出现的放量下跌，应分清不同的情况，如果是在下跌中途出现的放量下跌，往往会是新一轮下跌的开始；但如果是在下跌后的震荡盘跌中突然出现放量，则往往可能会是最后一跌。因此，短线捕捉涨停牛股的投资者，可以结合当时股票的具体情况，选择参与。

实战案例

2016年5月，酒鬼酒（000799）明显处于上涨趋势中，尤其是在5月13日至23日期间，股价明显在不断上涨，但成交量却出现逐渐缩小，形成缩量上涨的量价背离形态。这说明，主力资金此时控盘能力极强，筹码集中，但为了更健康地上涨，并不断抖掉低位获利筹码，吸引高位跟风盘，其后股价出现了震荡下跌，但成交量很快缩减下来，说明盘中卖盘较少，主力资金仍然需要不断快速拉升股价吸引跟风盘。因此，投资者应在缩量上涨的量价背离出现后，股价再度缩量后止跌，并恢复放量上涨的常态量价关系时，也就是MACD指标出现略向下运行后发出金叉向上运行时的2016年6月1日与2日，果断买入股票，并持股待涨。如图10-4所示。

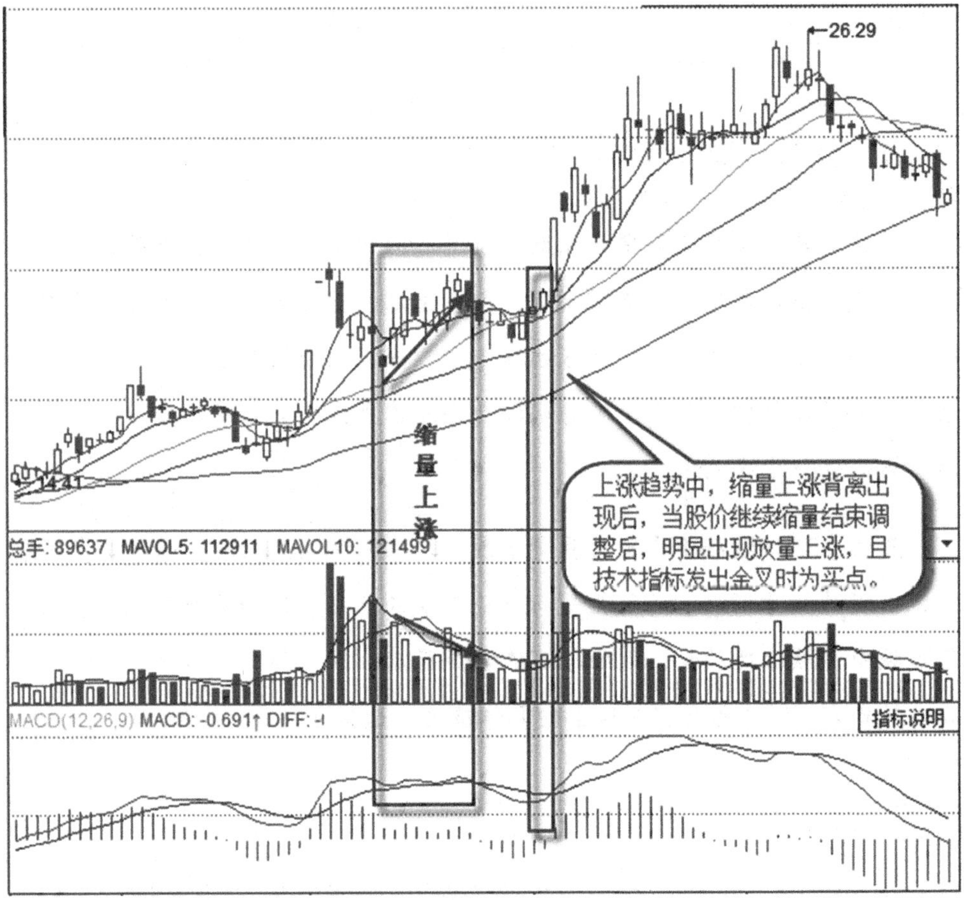

图10-4 酒鬼酒-日线图

实战要点

◎ 量价背离的种类较多，投资者应根据不同的量价背离，选择买入或卖出。

◎ 当量价背离出现在上涨趋势中时，缩量上涨的背离，往往是股价调整的时候，因此可在缩量上涨的量价背离结束、股价恢复常态后再买入。

◎ 当量价背离出现在下跌趋势中时，投资者应尽量不参与，即使参与也应以抢反弹的心理，做到快进快出，只有爆跌后出现的量价背离，才是底部反转时的征兆。

◎ 量价背离出现时，投资者应结合其他技术指标来综合判定行情。

10.2.2 缩量涨停

缩量涨停是一种典型的量价背离，是指股价在成交量缩减的情况，股价封于涨停。这种量价背离的出现，有两种情况。一种是在低位震荡区出现的缩量涨停，此时往往是主力斩杀抄底散户的一种方式，目的是引诱不明真相又急于抄底的散户逢高买入，其后股价往往会出现继续盘跌；另一种是在上涨过程中的高位区出现的缩量涨停，此时往往意味着主力持仓筹码较为集中，只需小量筹码即能引发股价涨停。因此，这种涨停相对而言，更为可信，是短线投资者捕捉涨停牛股的信号。

实战案例

2015年10月底，万方发展（000638）明显处于上涨趋势中的高位区，此时的股价与低位区相比，上涨幅度已接近100%，但突然在停牌后复牌的2015年11月6日出现了一字涨停的缩量涨停形态。这说明，此时主力资金的筹码依然很集中，所以只需少量筹码即引发股价直接封板。结合其他技术指标会发现，MACD指标中的DIFF线与DEA线此时刚刚向上运行突破0轴不久，依然处于健康向上运行的态势，说明其后股价依然会持续上涨。因此，投资者应在缩量涨停出现后的次日，果断买入。如图10-5所示。

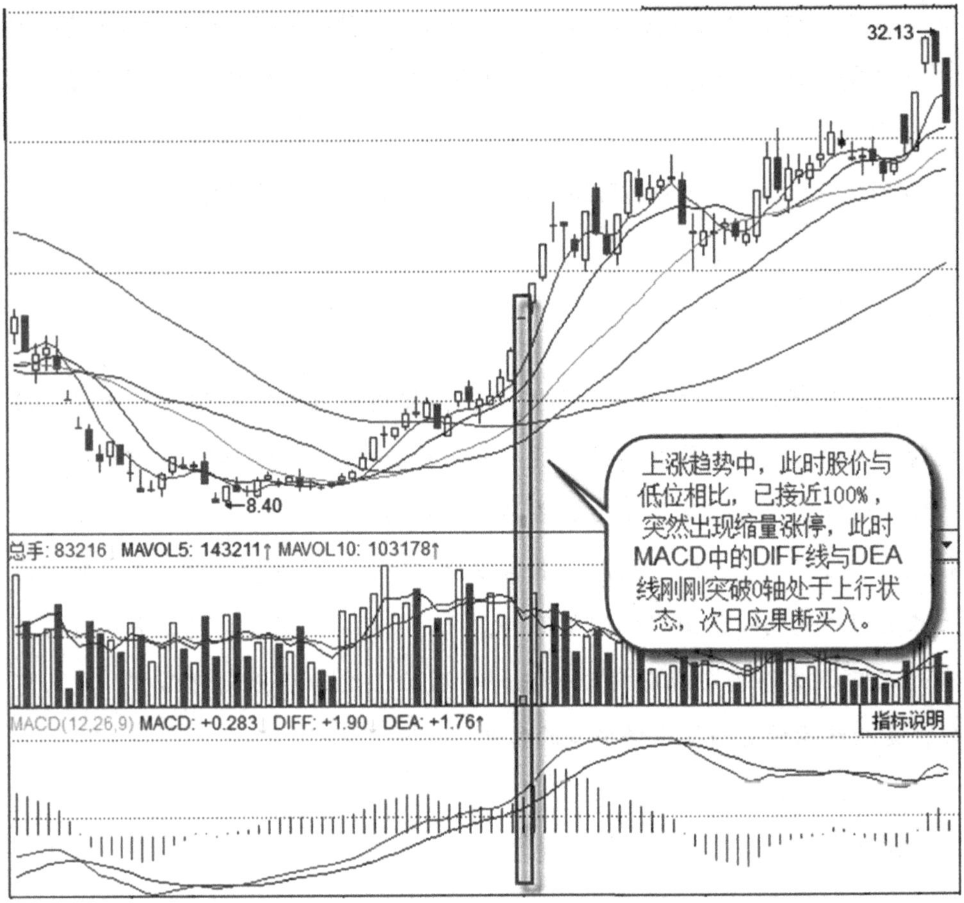

图10-5　万方发展-日线图

实战要点

◎ 缩量涨停出现时，若是出现在上涨趋势中的相对高位区时，往往说明主力资金筹码集中，拥有较强的控盘能力，应随时跟进，其后出现接连上涨的概率极高。但出现高位放量、股价上行无力时，应果断卖出。

◎ 缩量涨停出现时，若是出现在底部低位震荡时期，往往是主力资金诱多杀多的手法，此时往往不可信，其后出现接连上涨的可能性较小。

◎ 缩量涨停出现在低位区时，只有缩量涨停后接连出现放量上涨时，才是启动上涨的征兆，此时可买入。

◎ 缩量上涨出现时，投资者应结合其他技术指标综合判断行情，只有其他技术指标也支持上涨时方可买入。

10.2.3 放量滞涨

放量滞涨，指的是股价在上涨趋势中，成交量明显放大，但股价却出现了震荡滞涨的情况。这种形态的出现，往往是主力资金在“空中加油”，借“滞涨”令短线投资者卖出筹码，从而大举买入。因此，放量涨停出现后，往往股价会继续出现快速上涨，是投资者短线捕捉涨停牛股的强烈信号。

实战案例

在2016年1月28开始的接连反转向上趋势中，深深宝A（000019）在经过了接连快速的涨停后，于2月5日出现了成交量明显放大的迹象，量能超过前日的一倍多，而此时的股价与低位起涨时相比，已经翻倍，并于当日收出一根红十字星，形成放量滞涨。因此，投资者应果断在放量涨滞出现当日或是次日开盘及时买入。

同样，在其后股价快速拉升后，股价出现了回落，但回落到2月5日放量滞涨时的价格平台时出现了止跌，并开始震荡，成交量缩减，但在4月12日至4月15日期间，再次出现明显的放量滞涨。这说明，股价短线仍有冲高的冲动，因此，应在放量滞涨出现后，及时买入。但考虑到此时股价是经过了前期的大幅上涨后出现的放量滞涨，因此，买入后应在发现股价上冲无力时果断离场。如图10-6所示。

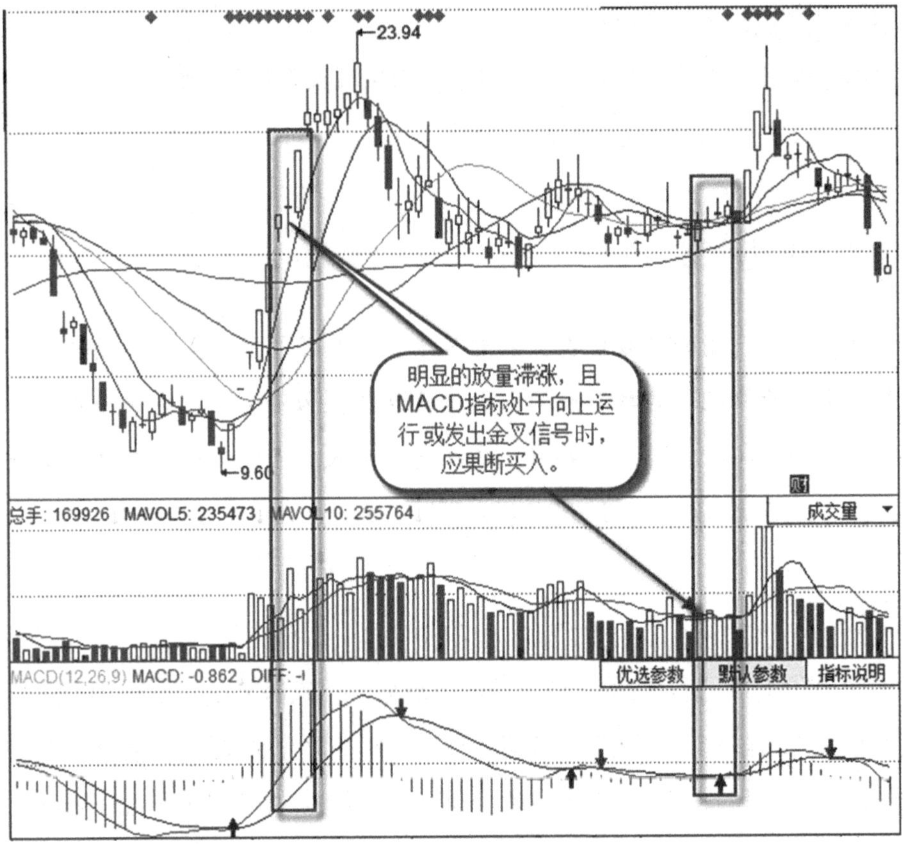

图10-6　深深宝A-日线图

实战要点

◎ 放量滞涨出现时，必须为明显的上涨趋势，此时才是主力资金“空中加油”的信号。

◎ 放量滞涨如果是出现在震荡行情中，往往是主力资金建仓时的表现，此时短线投资者不宜介入，只有当主力建完仓，并结束震仓后的放量上涨，才是介入的好时机。

◎ 放量滞涨出现时，投资者应结合其他技术指标，只有发现其他指标是向上或是提示买入时，方可买入。

10.3 K线形态背离抓涨停

10.3.1 什么是K线形态背离

K线形态背离，是指当价格放量下跌时，往往收出中、长阴线，但随着成交量的萎缩，价格会出现盘跌现象，K线也出现了十字星、小阴小阳形态。而当成交量快速放大，价格也就随之上涨，K线上出现了中阳线或大阳线。反之亦然。因此，K线形态背离，往往是投资者短线捕捉涨停牛股的良机，也是短线高位卖出的信号。

实战案例

在下跌趋势中，宜华健康（000150）的股价先是放量下跌，缩量后止跌，再放量后反弹，量缩减后反弹无力，K线上出现小阴小阳线，然后再次放量下跌，其后量缩减后止跌，K线上同样出现小阴小阳线，然后放量上涨，一举突破前期高点连线（颈线），形成像英文字母W的形状，形成K线形态背离。这说明股价已见底回升，观察技术指标会发现，此时的MACD指标中，DIFF线正位于DEA线上方平稳地向上运行，所以应在股价跌破颈线回抽确认后，再次放量向上突破颈线时（2016年4月5日）买入。如图10-7所示。

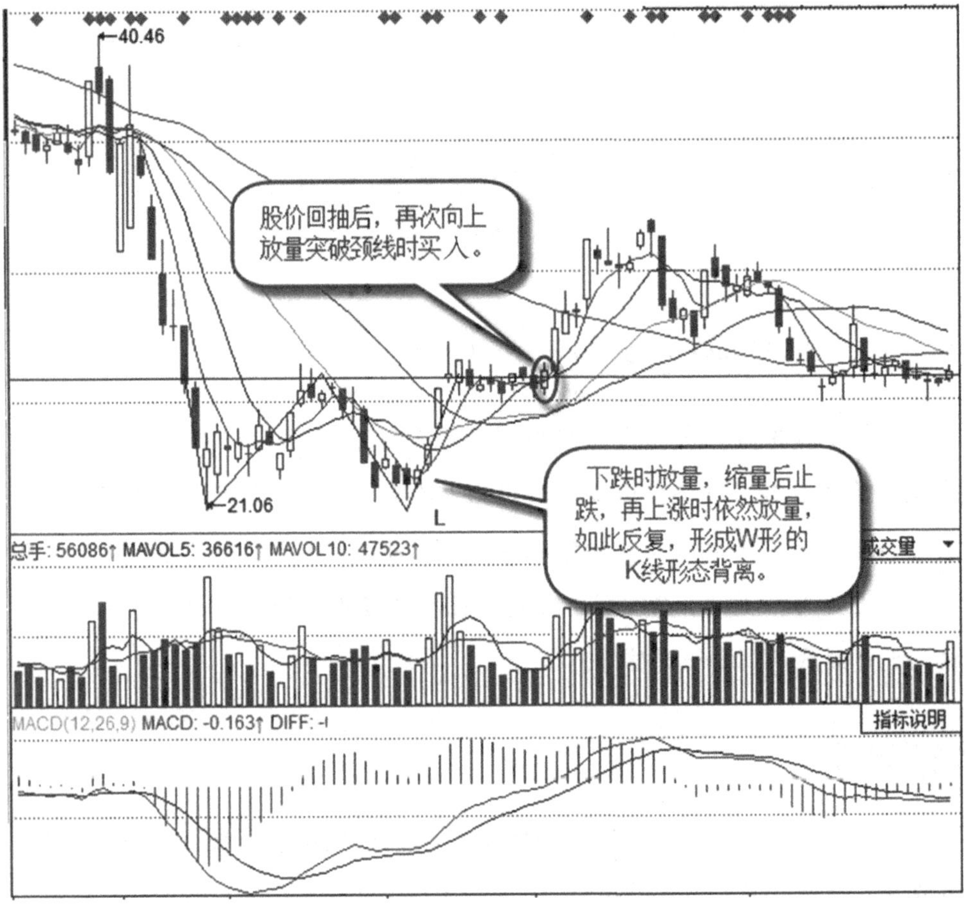

图10-7　宜华健康-日线图

实战要点

◎ K线形态背离出现后，只有在低位区出现背离时，才有可能是底部形态；高位区出现的K线形态背离，是卖出的信号。

◎ K线形态背离如果是出现在低位区时，K线上会出现明显的底部形态，同时技术指标向上运行时，方可介入。

◎ K线形态背离出现时，投资者应再结合其他技术指标综合判断，以确定是否买入，单纯的K线形态判断行情，时常会出现失误。

10.3.2 U形底背离

U形底背离，是指股价在震荡行情中，当突然放量下跌时，K线上收出一根较长的阴线，然后成交量出现萎缩，股价开始在低位震荡，出现一些小阴小阳线或十字星；而当成交量突然放大时，股价出现了快速上涨，并收于一根较长的阳线，形成了像英文字母“U”的形态。U形底背离的出现，往往是股价上涨前主力资金快速洗盘的结果。因此是一种短线捕捉涨停牛股的形态。

实战案例

在2016年1月到3月的震荡行情中，贝因美（002570）的股价出现了低位震荡，但到了4月20日，股价突然出现了放量下跌，当日收出一根长阴线，然后成交量出现了缩减，股价也出现了止跌后的震荡，K线上多收于小阴小阳线或十字星。但到了5月3日时，成交量突然放大，股价快速上涨，当日收出一根长阳线，形成了U形底背离。这说明，主力资金在股价开始上涨前，有意进行了一次洗盘。因此，投资者应在2016年5月3日，股价放量上涨向上突破U形底左沿（即4月20日长阴）最高点时，MACD发出金叉信号时果断买入。如图10-8所示。

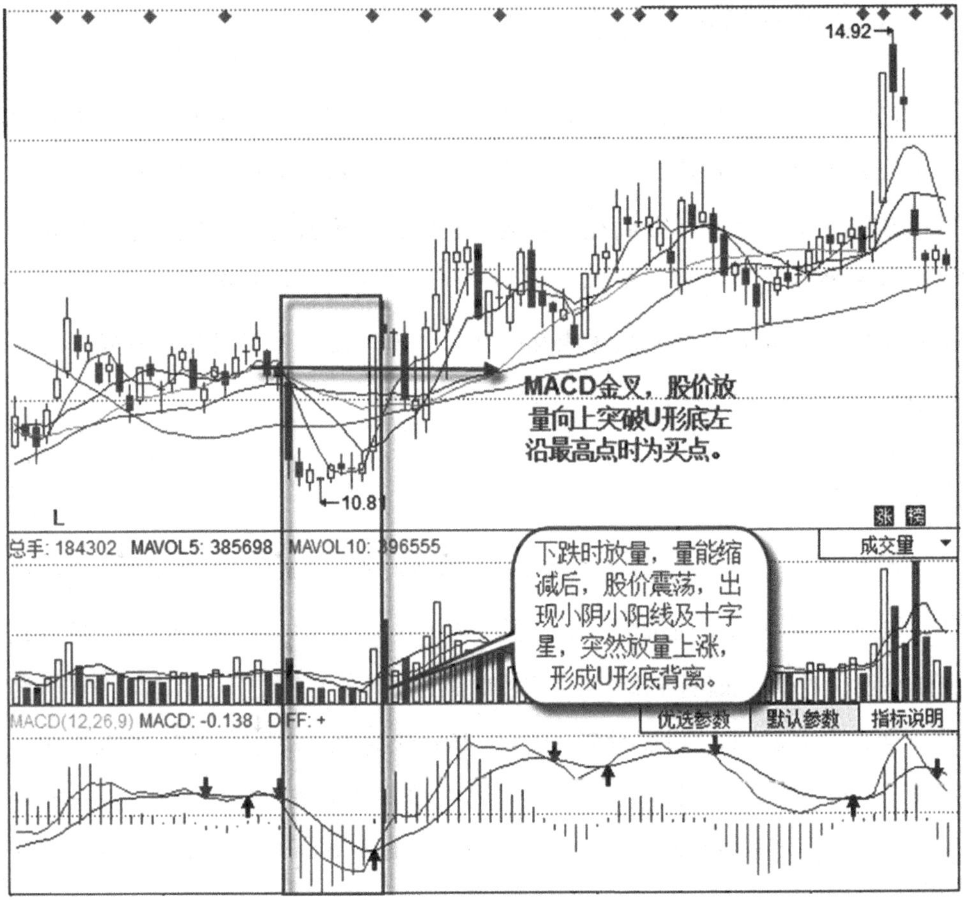

图10-8　贝因美-日线图

实战要点

◎ U形底背离出现时，往往是股价在低位区启动前的一种破位走势，是主力资金发动攻势前的最后一次洗盘，因此是短线捕捉涨停的好时机。

◎ 在U形底背离出现时，投资者一定要在股价放量向上突破左沿最高点时买入，过早极易出现变盘，引发后市继续震荡。

◎ 在U形底背离出现时，投资者一定要结合其他技术指标综合判断，只有其他技术指标呈向上运行的态势，或是提示金叉等买入信号时方可买入。

10.3.3 岛形底背离

岛形底背离，是指当股价在低位区成交量放大时，先是出现跳空低开的走势，留下一个向下的跳空缺口，随后成交量出现一定萎缩，股价在低位区震荡，K线上多出现小阴小阳线或十字星，但震荡数日后，突然股价出现放量跳空高开，K线上形成了一个孤立的岛屿的形状。这种岛形底背离的出现，往往说明股价已快速见底，是一种短线捕捉涨停牛股的信号。

实战案例

在2015年6月开始的暴跌行情中，风神股份（600469）在7月8日突然放量跳空低开并低收，出现了一根实体极小的倒T形线；其后，成交量逐渐缩减，但股价即出现了一根低开后的涨停阳线；随后，股价继续向上跳空高开，留下了一个向上的跳空缺口。这一前一后两个缺口同在一个水平位置，形成了岛形底背离。

此时，观察其他技术指标会发现，在岛形底背离出现前，就已经出现了CCI底背离，与岛形底背离一起，等于出现了两次不同指标的前后背离，说明股价此时已见短期底部，后市看涨。但从岛形底形成时的7月10日的分时图看，股价当日大幅高开并快速高走，因此，投资者应在当日股价封涨停之前快速买入。如图10-9所示。

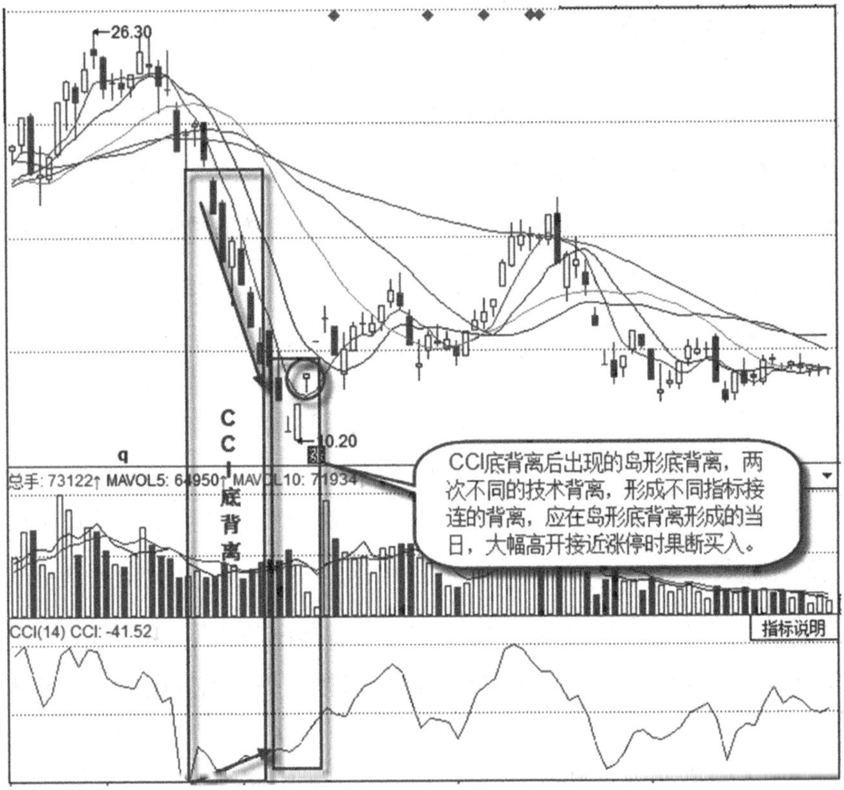

图10-9　风神股份-日线图

实战要点

◎ 岛形底背离出现时，在岛形底的底部出现低开放量涨停或放量滞涨时，往往意味着短期趋势反转的意愿更强，此时投资者应在岛形底形成的最后一根出现向上跳空高开的K结时果断买入。

◎ 岛形底背离出现时，往往只是短期趋势见底的征兆，因此大多出现暴跌行情的尾声，其后接连出现涨停的概率很大。但毕竟此时只是短期的强势反弹行情，因此买入后一旦发现股价上行乏力时应果断离场。

◎ 岛形底背离出现时，投资者一定要结合其他技术指标综合判断，其准确率更高。

10.4 指标背离抓涨停

10.4.1 什么是指标背离

指标背离，是指股价与指标的运行趋势出现了相反的运行。根据指标背离的情况，可以分为指标顶背离和指标底背离。指标顶背离，是指股价上行，技术指标却下行，这是股价即将遇顶回落的信号，是一种卖出形态；指标底背离，是指股价下行，技术指标却向上运行，这是股价遇底即将反转时的信号，因此是买入信号。对于短线捕捉涨停牛股的投资者来说，指标底背离是伏击涨停牛股的信号。

实战案例

在2016年5月9日至30日的下跌趋势中，通策医疗（600763）的股价在持续下跌，但技术指标中的CCI却呈触底后开始向上运行的趋势，形成了CCI底背离。在CCI底背离出现后的反弹中，5月31日开始放量上涨，此时可买入，但涨到了6月3日时，量能突然格外放大，此时应卖出暂时观望。

其后股价震荡走低，成交量缩减，于6月15日止跌回升，K线上形成了明显的双底形态。因此，投资者应在CCI技术底背离出现后、K线形成双底形态时，果断在股价放量上涨的6月24日买入。如图10-10所示。

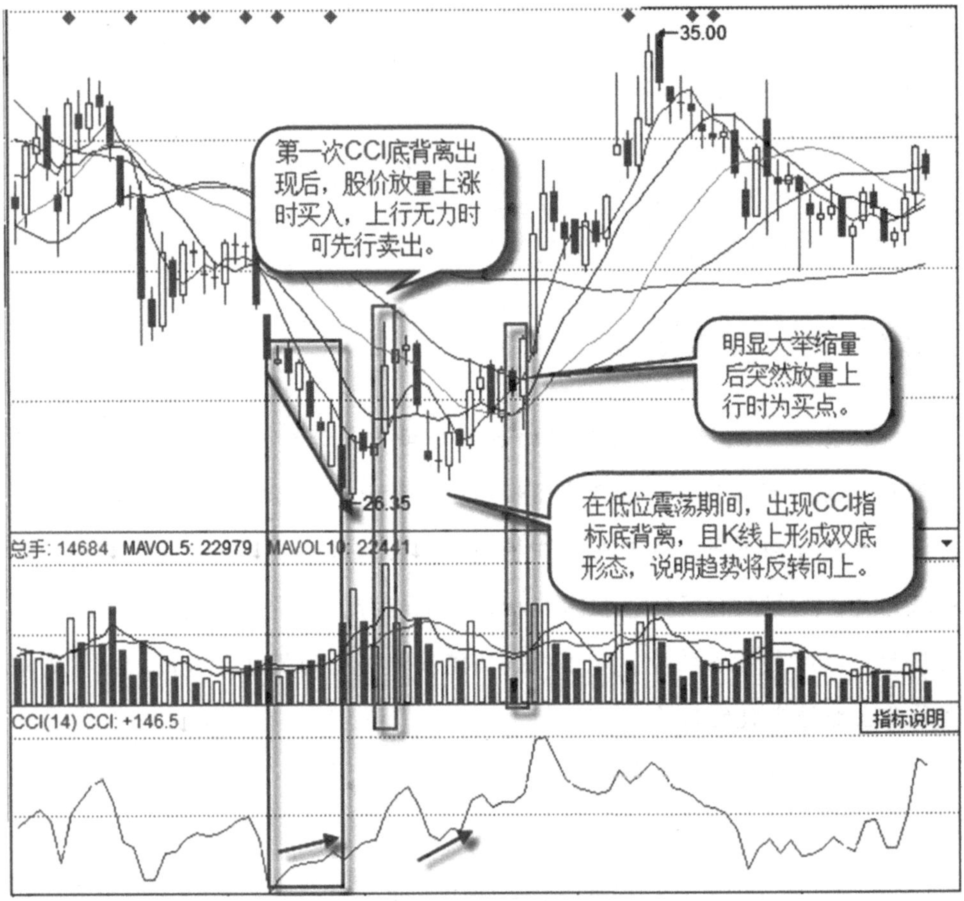

图10-10　通策医疗-日线图

实战要点

◎ 指标背离出现时，投资者应首先看清当时股价所在的位置。通常，在低位区震荡时出现的背离，多为指标底背离，为趋势反转前的买入信号。

◎ 不是所有的指标底背离出现后，股价即会出现反转。因此，投资者应结合其他技术指标及K线形态予以判断。

◎ 在上涨趋势里的调整行情中，同样会出现指标底背离，此时的指标底背离往往是调整结束的征兆，投资者应及时买入。

10.4.2 MACD波谷底背离抓涨停

MACD波谷底背离，是指当股价震荡下跌时，MACD指标中，DIFF线向下掀起的波浪出现了一波比一波的低点在不断被抬高的情况，形成小波浪式的上涨。这往往意味着，主力资金在不断打压股价，逢低点抄底买入，因此导致了MACD指标中波谷的出现，以及其后的快速回升。短线操作中，MACD波谷底背离出现后，一旦出现放量上涨，往往是主力建仓后的牛股启动的征兆。

实战案例

在2016年5月底至6月中旬期间，广联达（002410）的股价持续震荡走低，刷新前期低点，但技术指标MACD中DIFF线向下掀起的波浪谷底，却呈现出一个谷底比前一个谷底不断被抬高的趋势，与股价的走势形成了波谷底背离。这说明，主力资金在此期间一直是以一面打压股价一面吸筹码的方式在低位建仓。因此，在MACD发出波谷底背离后，投资者一旦发现股价出现明显的放量上涨时应果断买入，并持股待涨，直到这一波上涨结束时为止。如图10-11所示。

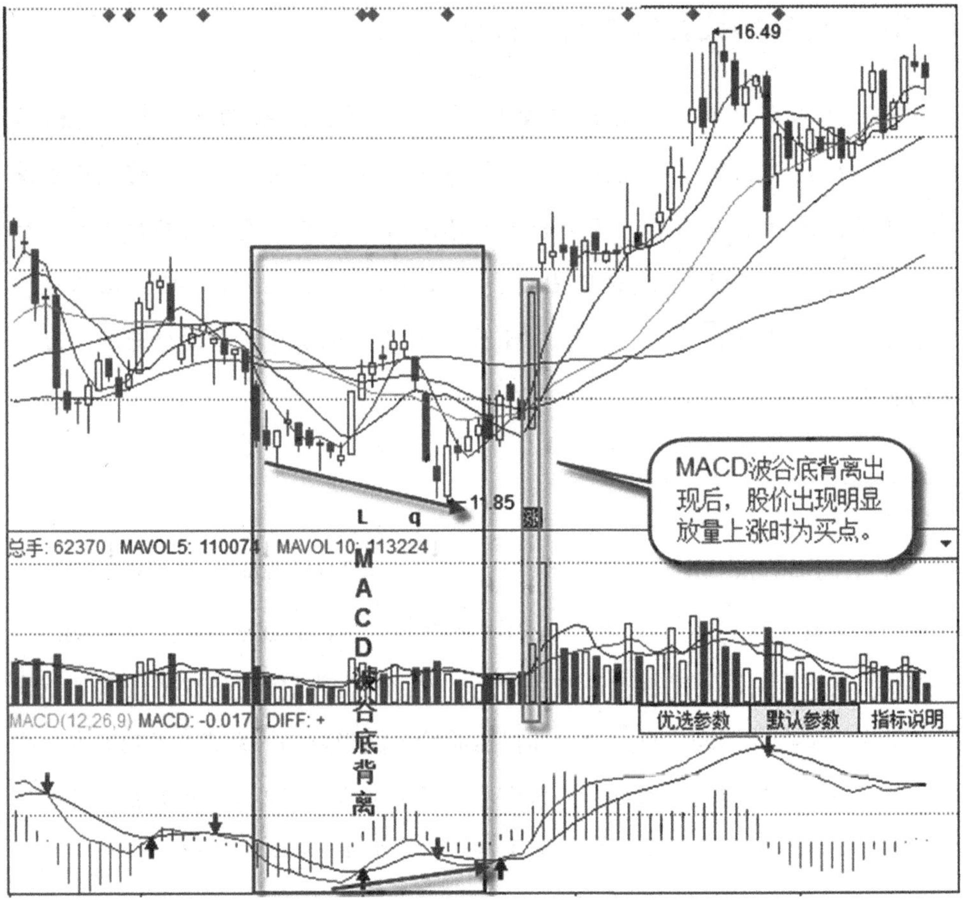

图10-11　广联达-日线图

实战要点

◎ MACD波谷底背离出现时，股价通常是在低位区小幅震荡，此时的MACD指标也往往在位于0轴以下的弱势区域内运行。

◎ MACD波谷底背离出现时，是波段趋势反转的征兆，但作为短线捕捉涨停牛股的投资者，应在MACD波谷底背离出现后，股价突然出现放量上涨时买入，直到涨势结束时卖出。因为这一时间，也是股价趋势反转后快速上升的阶段，短期收益较大。

◎ MACD波谷底背离出现时，应时刻关注成交量等其他指标的变化，以确定股价快速上涨时的买入点。

10.4.3 指标底背离共振抓涨停

指标底背离共振，是指当股价呈向下或震荡向下的运行过程中，当一种技术指标出现底背离时，至少有另一种指标同样出现了底背离。这种两种或两种以上的技术指标底背离的出现，是一种指标对另一种指标底背离的确认，也是对股价低位区底部的确认。指标底背离共振是涨停牛股蓄势待发的时候，因此是捕捉涨停牛股的好时机。

实战案例

在离开低位区后的2016年7月5日到6日期间，北新建材（000786）的股价出现了下跌，但MACD指标中的DIFF线与DEA线却呈向上运行的态势，形成了MACD指标底背离。如图10-12所示。

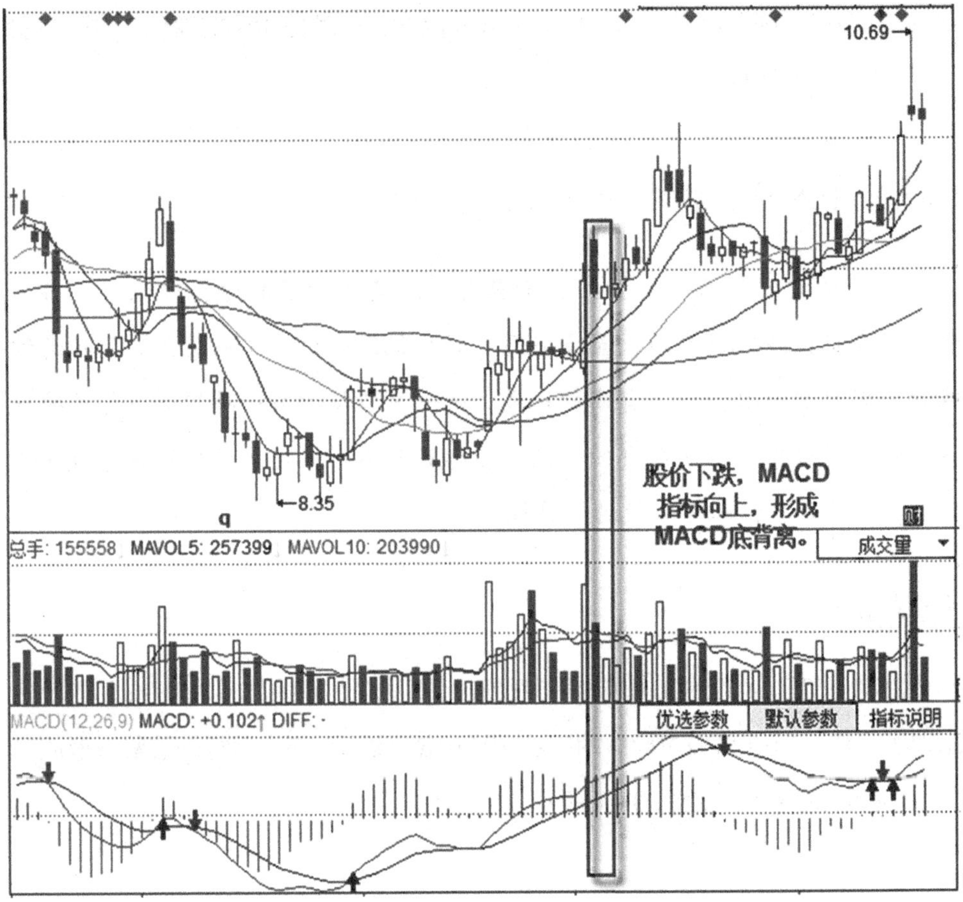

图10-12　北新建材-日线图-MACD指标

此时，观察其他技术指标发现，在同一时间里，RSI指标中的3条线同样是呈明显的向上运行态势，也形成了RSI底背离。如图10-13所示。

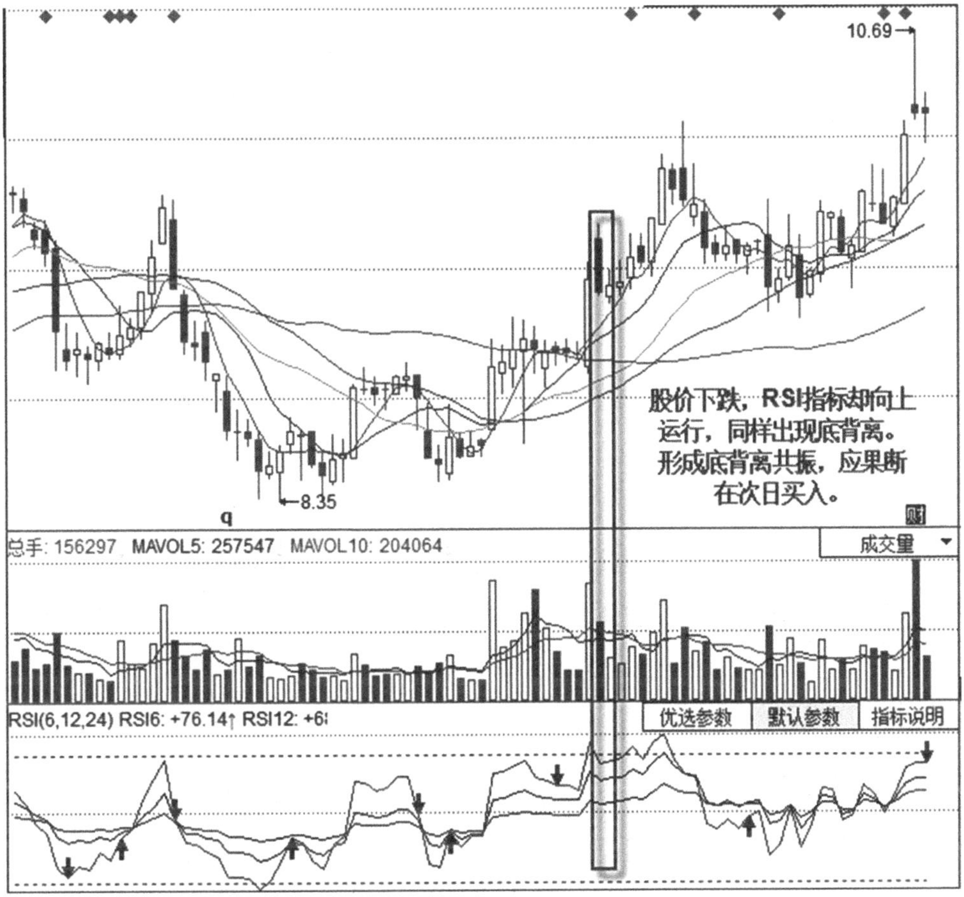

图10-13　北新建材-日线图-RSI指标

如此一来，在此期间出现了两种技术指标的底背离，形成了指标背离共振。这说明股价已经发生反转，上涨趋势已确立。因此，投资者应果断在指标底背离共振结束后的次日，买入股票。

实战要点

◎ 至少两种不同的指标在同一时间内出现底背离，才能确认为指标底背离共振。

◎ 指标底背离共振出现时，往往短周期K线图上的底背离共振，其后股价持续上涨的周期要短。

◎ 指标底背离共振出现后，如果股价短期内出现持续上涨，必须要有成交量的配合，只有底背离共振出现后，成交量也出现持续放大时，股价才会出现持续上涨。

10.4.4 周期底背离共振抓涨停

周期底背离共振，是指在观察行情时，如果同一个技术指标，在不同的周期K线图上，同时出现了底背离。这种长短周期同时出现的底背离，说明股价已运行到了底部区域。中线操作者可逢低买入，但作为短线捕捉涨停牛股的投资者，还应当在周期底背离共振出现后，观察成交量的变化，一旦出现放量上涨，表明股价已启动上涨行情，此时应果断选择买入。

实战案例

在科大讯飞（002230）的周线图上，于2015年1月3日至2月6日期间，股价出现下跌的趋势，但技术指标中ASI却依然呈向上运行的态势，形成ASI底背离。如图10-14所示。

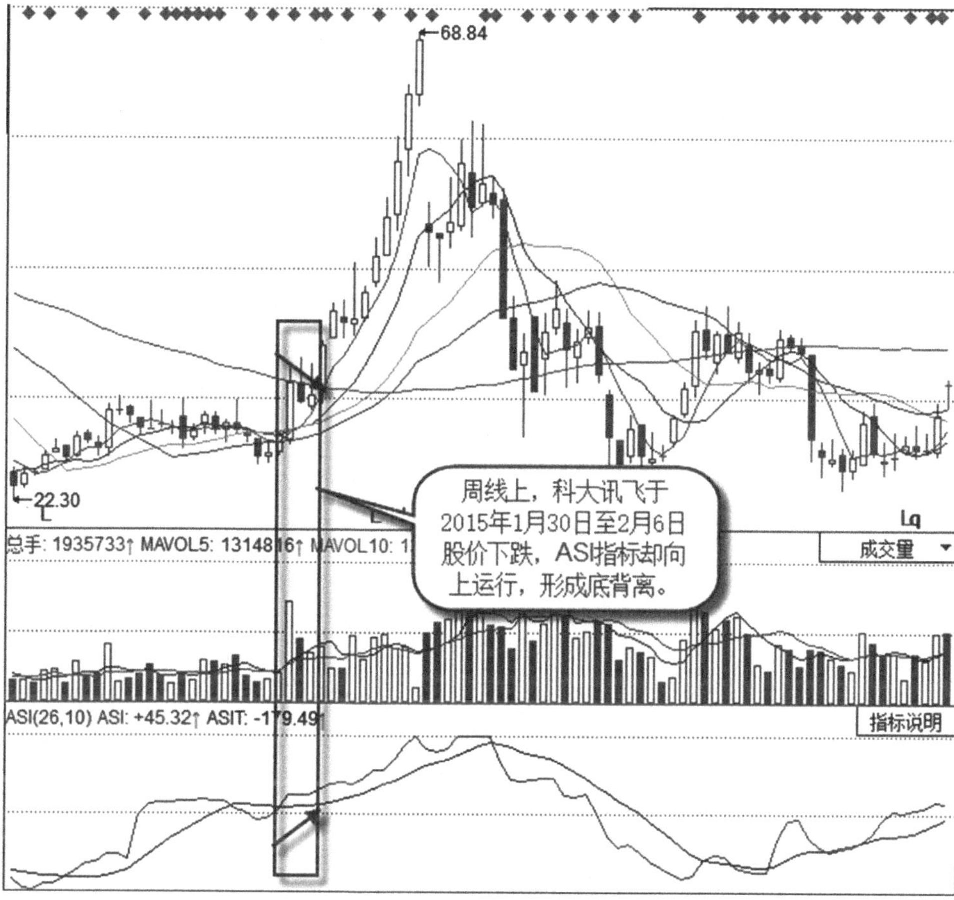

图10-14　科大讯飞-周线图

此时，观察科大讯飞的日线图就会发现，1月23日至2月2日，其股价持续震荡走低，而ASI技术指标却依然呈明显的向上运行态势，也形成了技术指标ASI底背离。如图10-15所示。

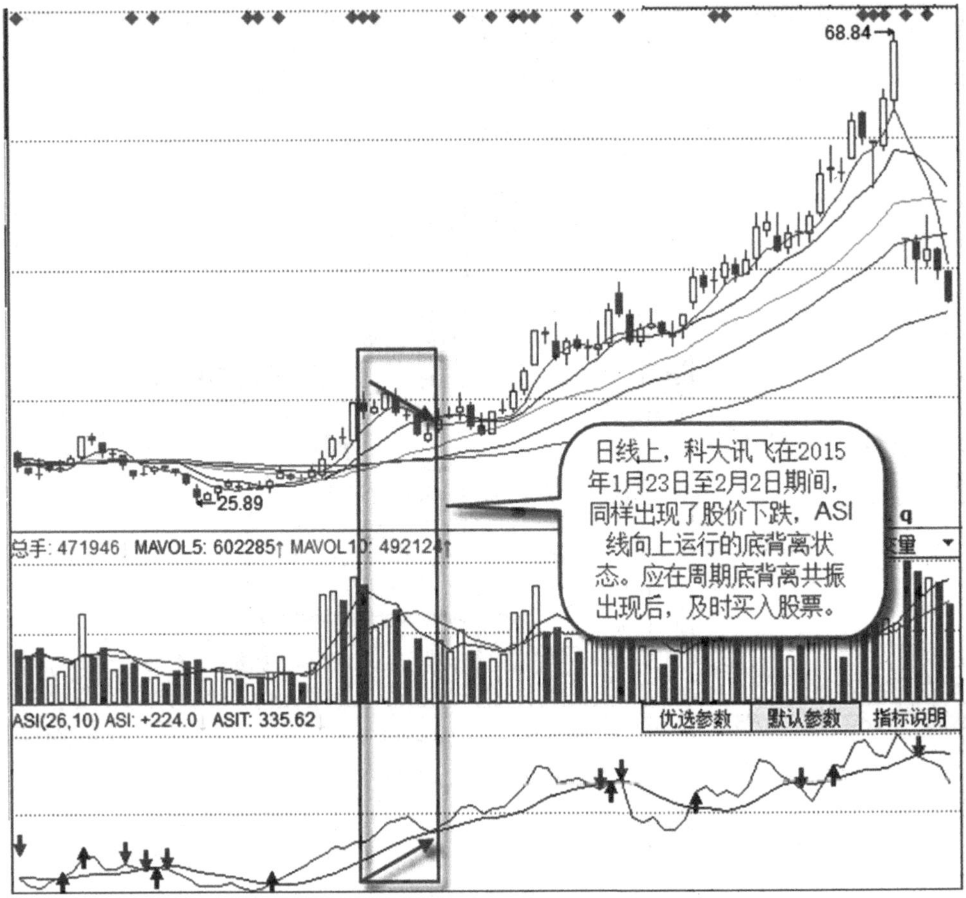

图10-15 科大讯飞-日线图

综上所述，尽管时间前后略有差异，但在2015年1月23日至2月6日期间，科大讯飞的周线与日线上的ASI技术指标均出现了底背离，形成了周期底背离共振。这说明，经前期较长时间的底部震荡后，科大讯飞的股价在离开底部低位后出现的震荡走低，只是主力资金拉升前的一次震仓洗盘。因此，投资者应在周期底背离共振结束后，及时逢低买入，股价即将拉开快速上的趋势；买入后，应一直持有到涨势结束时再行卖出。

实战要点

◎ 周期底背离共振出现时，时间上可能不会完全出现吻合，但在不同周期图上，应是同一技术指标在相同的时间段内同时发生底背离，即使有偏差，也不应相隔太久，否则将失去参与意义。

◎ 周期底背离共振出现时，选择的股票周期图不应过短，否则背离结束后的行情可能也会稍纵即逝，应从周线等长周期与日线结合来观察。

◎ 周期底背离共振出现后，最佳买点为股价出现放量上涨时。如果过早买入，股价极有可能仍会继续震荡上行。

第11章

操作涨停：如何买卖涨停股

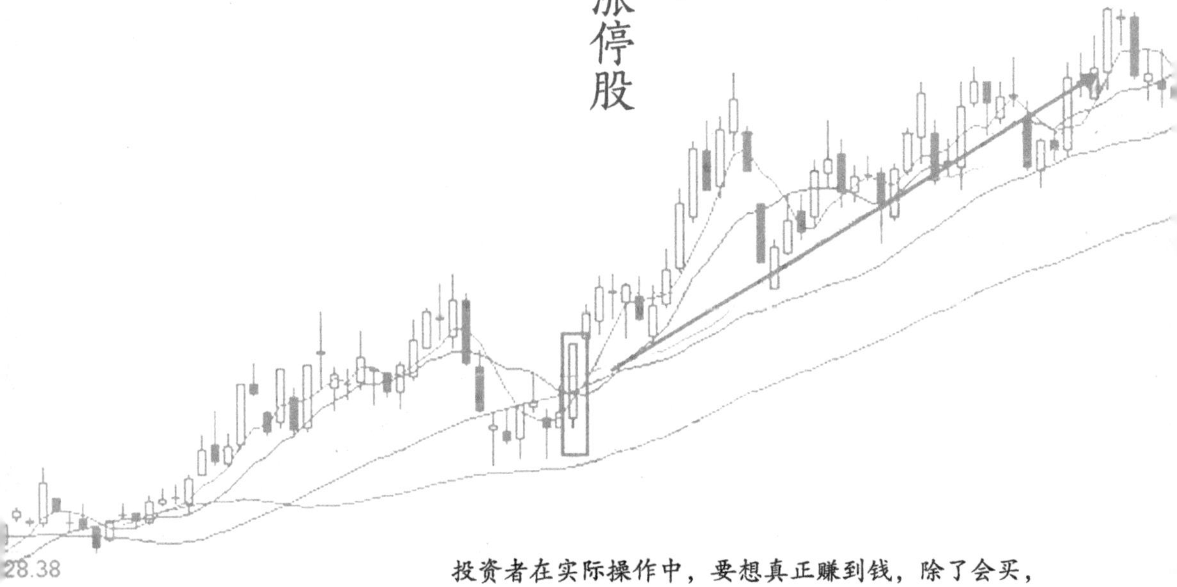

投资者在实际操作中，要想真正赚到钱，除了会买，还要会卖。即使在涨停前买入了股票，如果不晓得在什么时候卖出，依然不会赚到钱。因为股价会出现强势涨停，同样也会出现强势下跌或跌停。所以，鸭子到了嘴里，还不能说明就是你的了，只有吃到了肚子里，才会成为美味，否则只能眼睁睁看着煮熟的鸭子从你嘴里无情地飞走。

11.1 操作涨停股的原则

11.1.1 闪电战

投资者操作涨停股时，往往属于一种超级短线的操作，无论是事先在涨停前潜入，还是在涨停后跟从，最终要看其在接下来的两三个交易日内是否依然会保持上涨格局。因此，在操盘上，原则上是以快进快出的闪电战方式来操作，即当天买后，次日严格按照操盘原则卖出。很多投资者虽然买在了好的点位上，却不懂得次日卖，或是次日发现股价依然在上冲，贪图一时的短利，结果使得原本能够获利的强势买入，变为赔钱的弱势割肉卖出了。

实战案例

2016年7月15日，中葡股份（600084）突然出现了跳空高开，观察后发现，前期在低位区时，成交量呈明显的持续小阳量，说明主力低位建仓迹象明显，且MACD一直呈向上运行态势，因此可在当日跳空高开后放量高走时买入。当日股价封于涨停，次日出现继续小幅高开高走，应在股价冲高回落后及时卖出。

卖出后，中葡股份在成交量缩减的情况下出现止跌，并于7月22日再次放量高走，若在前一日放量上涨时未敢买入，此时可放心买入。当日股价封于涨停，但是在尾盘封板的，说明盘中压力较大，因此，应在次日开盘后快速冲高出现回落时果断卖出离场。因为此时指标及股价趋势虽然是上涨的，但其后的股价每天都是低开后高走的，且此时已显示出盘中卖压较大，有调整的需求；若是未及时卖出，其后很容易一不小心就被套牢在了高位，反而是随着其后的不断下跌震荡，卖也不是拿也不是，让自己失去理智和准确的判断。如图11-1所示。

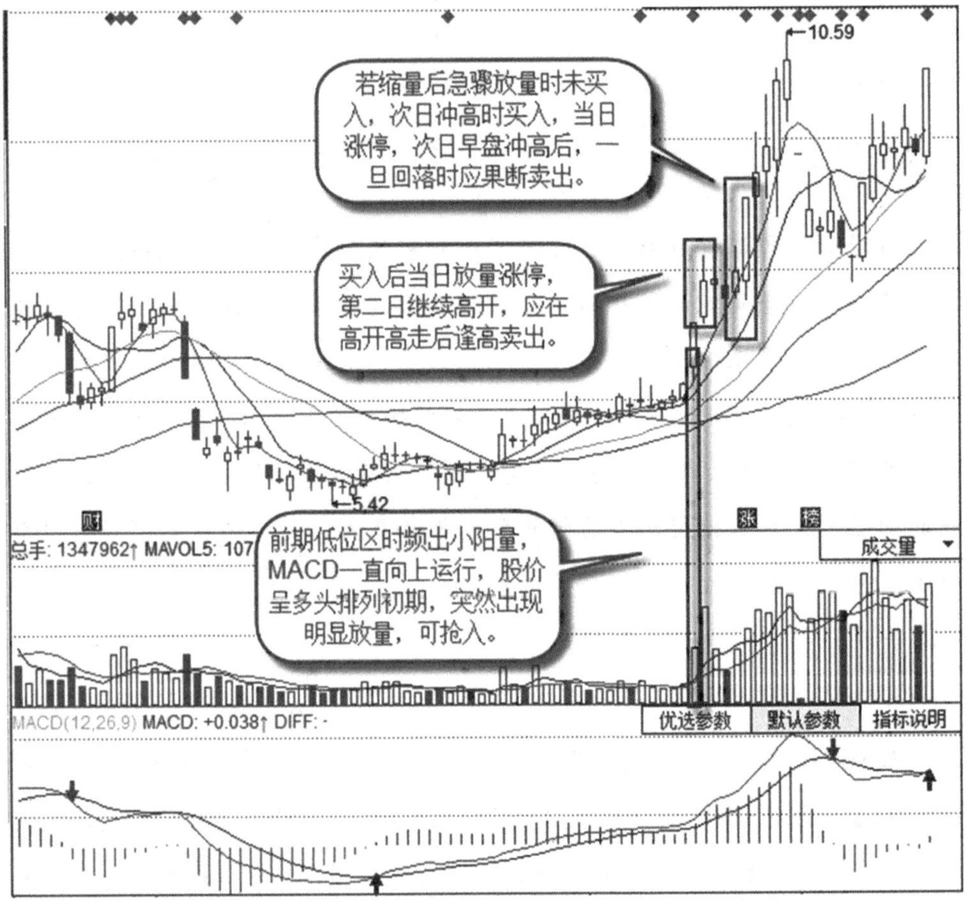

图11-1　中葡股份-日线图

实战要点

◎ 投资者在抢涨停板时，应敢于在看准个股后及时在封板前买入，同时也要敢于在次日看似股价仍在上冲但分时图上已经出现回落的情况下卖出。

◎ 投资者在抢涨停板时，一定要遵守操作原则，不要被日线上的多头排列所迷惑，为了一点小利，最后盈利变为高位被套。

◎ 要做到快进快出，投资者一定要做好事前准备，比如提前登录交易软件，在想要买入或卖出时，输入价格，一旦发现股价直线上冲时，果断以略高于现价的情况下买入，在略低于现价的价格委托卖出。

◎ 很多时候，如果投资者买入后，股价跌了，此时同样应在次日股价跌至自己的止损价时卖出，而不要幻想股价能够突然而起，要敢于面对现实，承认此次投资的失败。

11.1.2 短线操作下的“长线持有”

短线操作下的“长线持有”，其实同样是一种基于长线思维的短线操作。即在提前发觉个股即将出现接连上涨时，果断买入；其后若是发现股价果然出现了连续上涨，此时应随时观察盘面的变化，一旦发现股价出现滞涨时，果断卖出。而这里所讲的“长线”，不是通常意义的长线，而是股价短期快速上冲的“线”，基本为3~7天。也就是在股价出现快速上涨时持有，一旦快速上涨结束了，果断离场。

实战案例

2015年12月1日，之前浙江东日（600311）一直在稳步震荡上涨之中，且股价此时上涨幅度已达到了最低区域的50%以上，但成交量突然出现放大，股价在午后开盘突然快速上涨，此时应在封板前闪电买入。此时，K线形态刚刚形成多头排列，MACD指标接连发出0轴以上的金叉，说明股价已进入快速拉升期。因此，买入后应“长线持有”，在接连经过4个交易日的涨停后，于2015年12月9日，突然在创出新高18.48元后出现了回落，此时应果断以现卖价甚至是低于现卖价一两分的价格委托卖出。如此算下来，这一轮持股，加上买入当日与卖出当日，最多只有7个交易日，却是抓住了股价快速上涨的这一时间段落，获利至少在60%以上。如图11-2所示。

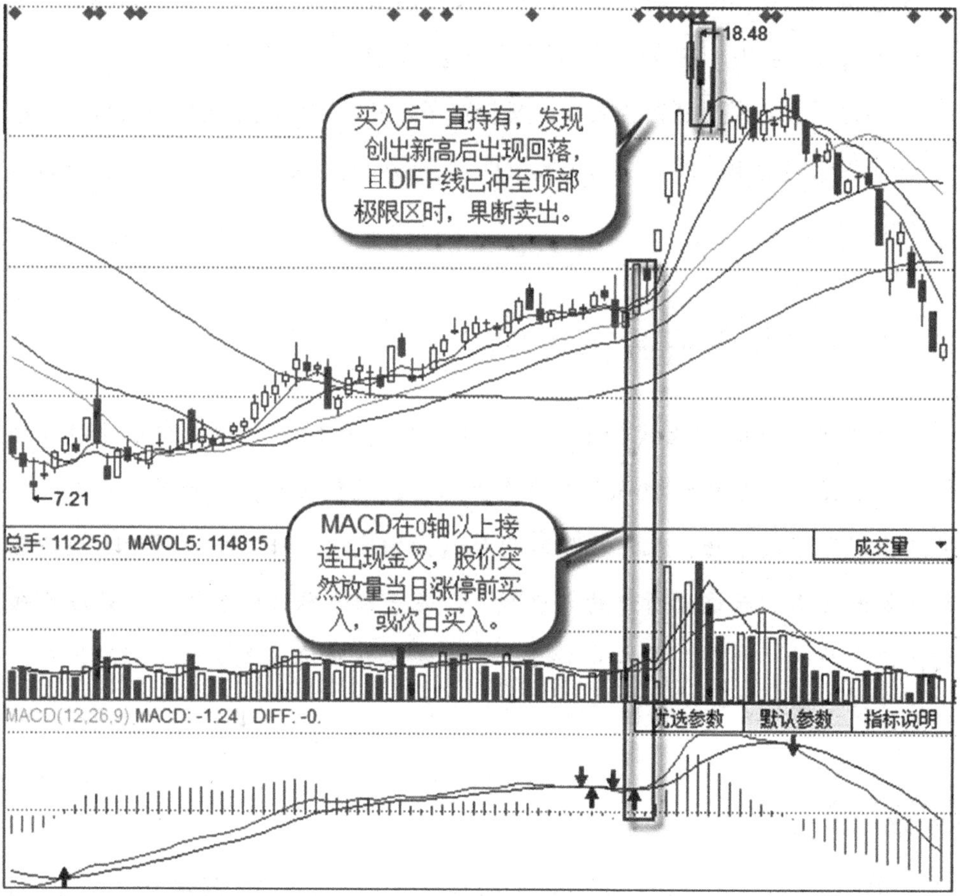

图11-2　浙江东日-日线图

实战要点

◎ 短线操作下的“长线持有”并不是真的要长线持有，而是根据股价上涨的情况来决定卖出时机，少的只有两三天，长的不过六七天，但要根据股价上涨的表现而定。

◎ 投资者在以短线操作下“长线持有”股票时，应多观察个股K线及盘口各种信息，及时把握住行情的短线演变。

◎ 投资者在以短线操作下“长线持有”股票时，一定要抓住股票的快速拉升期，或是快速上涨的时机，如暴跌后的快速V形反转等。因此，这就需要在看盘时，多观察，多筛选，才能做到把握准确。

11.2 涨停股的买入技巧

11.2.1 开盘买入技巧

开盘后，往往是强势股云集的时候，尤其是那些直接高开的股票往往是开盘直接以5个点左右的方式出现，有的甚至更高。这类股往往很强势，因此，投资者在早盘捕捉涨停牛股时，首先要做到选股，选择高开的股，并且在日经呈标准的多头排列形式，成交量也出现明显放大，且技术指标也提示为买入在上行趋势的股票。买入时要对目标股事先输入好价格，一旦在高开并放量高走的情况下出现快速上涨时，就可以闪电买入了。有时若是发现股价上涨得过快时，甚至是可以以高于委卖一两分的价格委托。

实战案例

2016年7月12日，三钢闽光（002110）高开高走，且在6.89元左右开始震荡。将其作为目标股进一步观察可发现，技术指标MACD中DIFF线与DEA线呈明显的向上运行状态，DIFF线尚未运行到顶部区域，且成交量出现持续放大，换手也达3个左右。如图11-3所示。

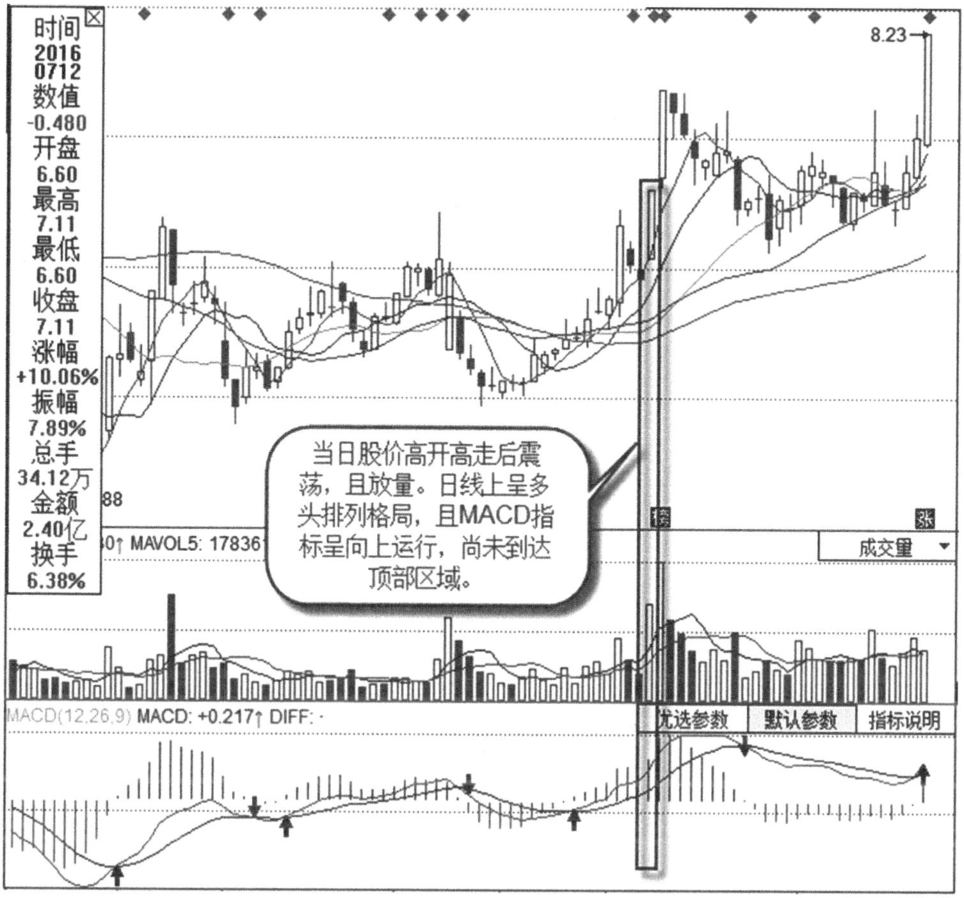

图11-3　三钢闽光-日线图

进一步观察分时图即会发现，开盘放量高开高走后出现震荡，但分时量依然出现放大，且布林带开口突然放大，中轨向上，上轨以高于90度的斜率上行，说明股价上涨速度极快，此时应以高于当时委卖价一两分的价格委托买入。若是未成功，则应在涨停板打开后，发现布林带此时开口已出现极度萎缩收窄时，快速以接近涨停价甚至是涨停价的价格委托买入。如图11-4所示。

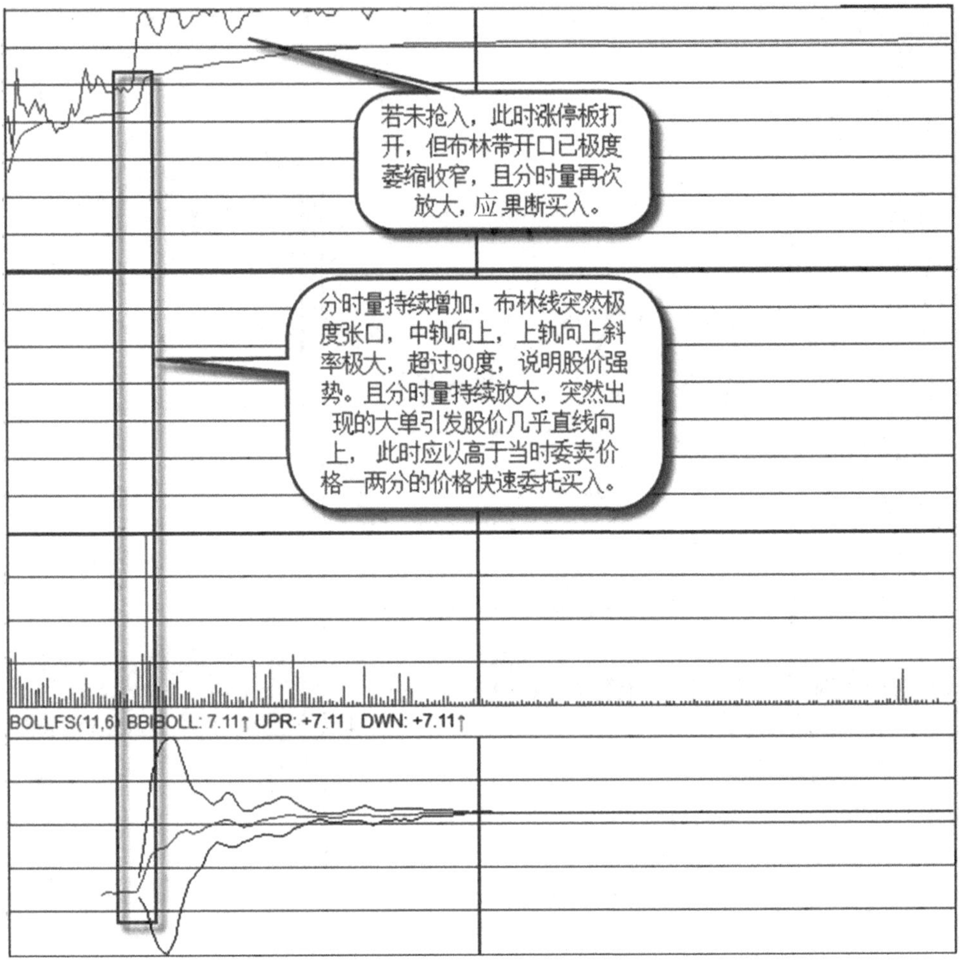

图11-4　三钢闽光-2016年7月12日分时图

实战要点

◎ 开盘买入时，首先应在日线上寻找那些已形成多头排列初期的高开个股，再进行观察。

◎ 投资者在观察目标股时，应从技术指标提示、盘口信息、量比、量能、换手率等方面综合观察。

◎ 投资者在早盘买入涨停牛股时，在观察好日线上的指标、形态和盘口信息后，应再从分时图入手，去观察分时图形态，因个股情况不一，即使是高开的股票，也有高开高走、高开震荡后高走等不同形态，但投资者在买入时，一定要选择在分时图是分时量放大、分时技术指标为上涨形态、股价出现快速放量上涨时选择买入。

◎ 投资者在早盘买入涨停牛股时，应以高出当时委卖价一两分的价格委托，因为此时股价上涨的速度较快，以现委卖价价格委托时，极有可能无法成交，从而错过一只牛股。

11.2.2 突破后买入技巧

突破，是指股价在低位震荡或是高位震荡时，突然突破了前期下跌时的阴力位，或是前期高点区域。此种情况的出现，说明主力资金已开始以试盘的方式向上寻求突破，以实现拉升，所以成交量在此时往往会格外放大。但作为短线投资者而言，参与此类行情时，应时刻观察成交量及其他技术指标的运行情况，只有持续放量后出现的突破，才更具有参与意义，是短线捕捉涨停牛股的良机。

实战案例

2016年5月19-20日，士兰微（600460）出现接连放量上行，并一举突破了4月18日出现的高点区域。并且，在5月20日出现了格外量能的放大，尤其是在向上突破4月18日时的高点后依然在放量上行，且此时MACD是在前期低位金叉出现后，DIFF线与DEA线依然向上运行的状态。这说明，主力资金是在以放量上行的方式向上试盘突破，一旦发现压力不大后，即接连发动了上涨。因此，投资者应在5月20日，MACD指标上行、股价在突破前期高点后依然在放量上行时，应果断买入。如图11-5所示。

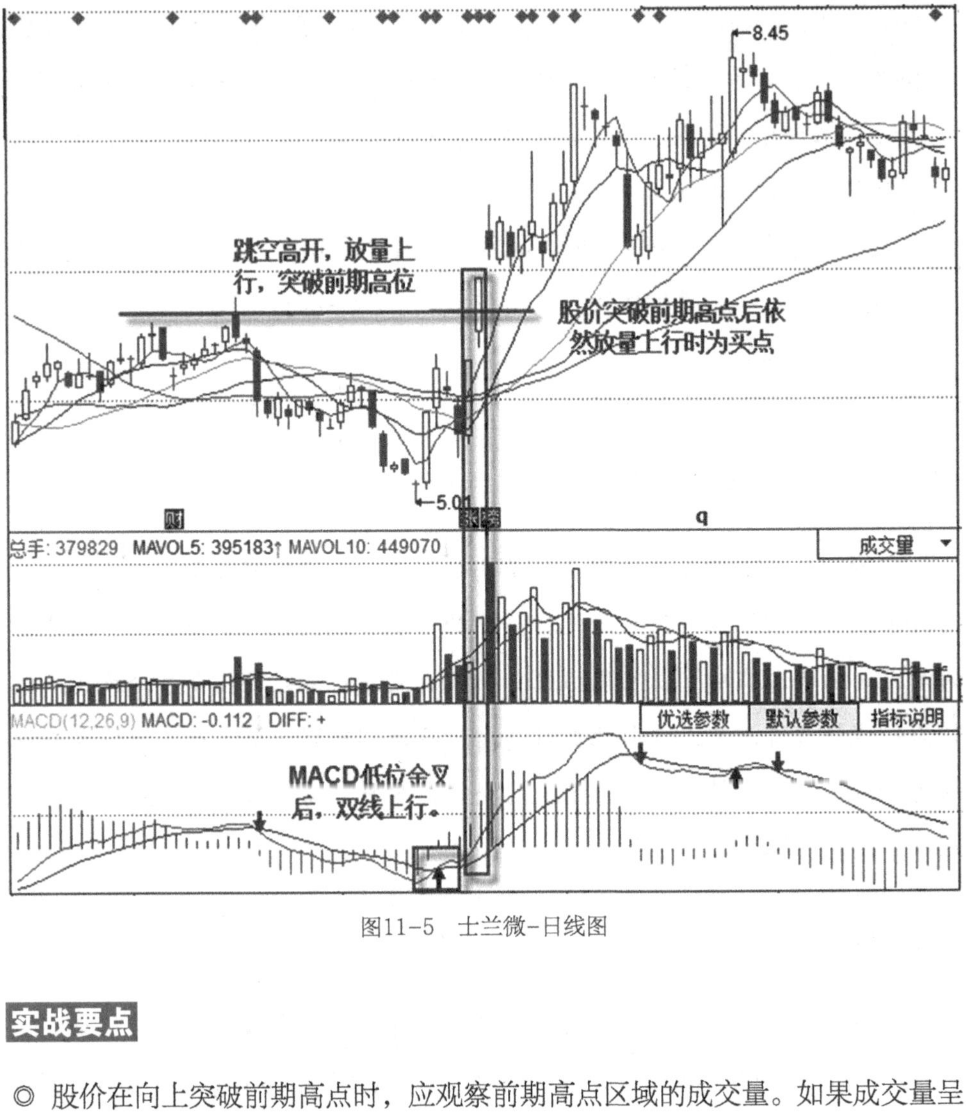

图11-5 士兰微-日线图

实战要点

◎ 股价在向上突破前期高点时，应观察前期高点区域的成交量。如果成交量呈放大的状态，此时突破时的成交量必须格外放大，并且即使是股价此时实现了突破，往往其后震荡整理的需求也较大，因此买入后应观察；一旦发现股价上涨时出现回落或震荡时，应选择离场卖出。

◎ 如果股价在向上突破前期高点且该区域的成交量并不大时，突破往往会成为上涨的动力；在一举突破后，股价依然会显示出强势上涨的格局，此时买入后应持股不动，待涨势结束。

◎ 如果股价在向上突破前期高点时，突破的是股票上市后的最高点，那么此时股价往往没有太多的压力，其后持续上行并不断创出新高的概率极大，因此应买入后持股不动，待出现顶部迹象时再卖出。

◎ 股价在向上突破时，投资者应综合观察其他技术指标的运行状态，只有发现其他技术指标处于向上运行时，方可买入。

11.2.3 底部快速回升买入技巧

底部快速回升，是指当股价在低位区震荡的时候，突然出现了破位下行，短时跌破了低位震荡区；当股价在新的低位下跌或震荡时，突然出现了快速上涨，股价很快回到了下跌前的低位震荡整理平台。这说明，这一破位下跌是主力资金发动上涨的最后一次诱空行为，目的是让不明真相的投资者交出低位低廉筹码。因此，当股价跌破低位震荡整理区并出现快速回升时，往往也是股价离开底部低位震荡区的时候，所以是投资者短线捕捉涨停牛股的良机。

实战案例

2016年1月13日至25日，科隆精化（300405）一直在下跌后的低位平台开始横盘小幅震荡整理，突然在1月26日、27日、28日出现了接连的阴线下跌，股价瞬间破位下行，并创出了29.47元的新低，但在其后的两个交易日中，股价却接连出现了两个一字涨停，令股价快速回升到了下跌前的低位震荡整理平台。这说明，股价即将离开低位震荡整理平台。果然，在结束一字涨停后，股价直接高开高走，当日成交量突然成倍放大，换手率也猛增，且MACD指标发出低位金叉买入信号，股价强势特征明显，因此应在当日封板前快速抢入。如图11-6所示。

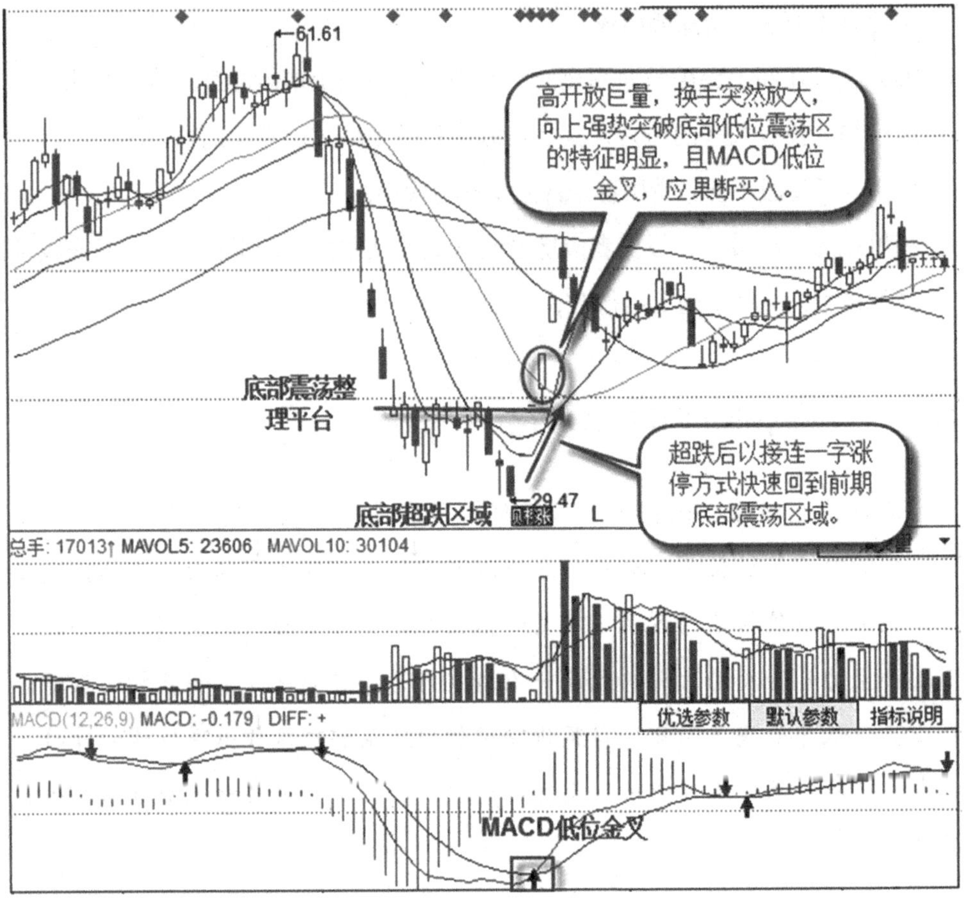

图11-6　科隆精化-日线图

实战要点

◎ 底部快速回升的出现，往往是股价离开底部低位区前主力的一次诱空行为。要识别这一点很容易，只要发现股价是快速破位下跌并出现快速回升即可确认。因为如果真的是破位下行，往往深跌后仍然会出现低位震荡，甚至是盘跌走势。

◎ 长期横盘窄幅震荡走势的股票，如果出现快速跌破横盘窄幅震荡区后又快速回升，往往是黑马股启动的象征，此时往往MACD指标中的DIFF线与DEA线呈长期在0轴以下或接近0轴的震荡缓慢向上的形态，并突然出现DIFF线向上微微翘起的形态，因此投资者此时应在成交量略放大时果断买入，并一直持股到涨势结束时再卖出。

◎ 底部快速回升出现时，应综合观察其他技术指标的情况，只有其他技术指标及成交量出现向上放大时，方可买入。

11.3 涨停股的卖出技巧

11.3.1 次日卖出技巧

当日买入后次日卖出，是超级短线投资中所采用的一种买卖方式，主要是针对现行T+1的股票交易制度，因为当天买入的股票是无法当日卖出的，而股票的趋势，大多数股票很难在强势买入后依然始终保持强势上涨。因此，当日买入强势股后，往往当日股价会封于涨停，次日也容易习惯性冲高。所以，投资者应选择在次日高开后或是高开高走后，一旦发现有冲高乏力而回落时，果断卖出。

实战案例

2016年5月31日，德尔未来（002631）在上涨调整行情时，出现了放量走高，且MACD发出低位金叉买入信号。6月1日突然出现了放量高开，并在高位震荡，因此，投资者可在此时选择买入股票。次日，即6月2日，股价大幅高开，并很快封于涨停。其后，涨停板被打开，虽然未下跌多少，其后又放量封死在涨停板上，但考虑到短期上涨幅度已较大，短期有调整风险。因此，投资者应在涨停板价上或是涨停板打开后，果断选择卖出。如图11-7所示。

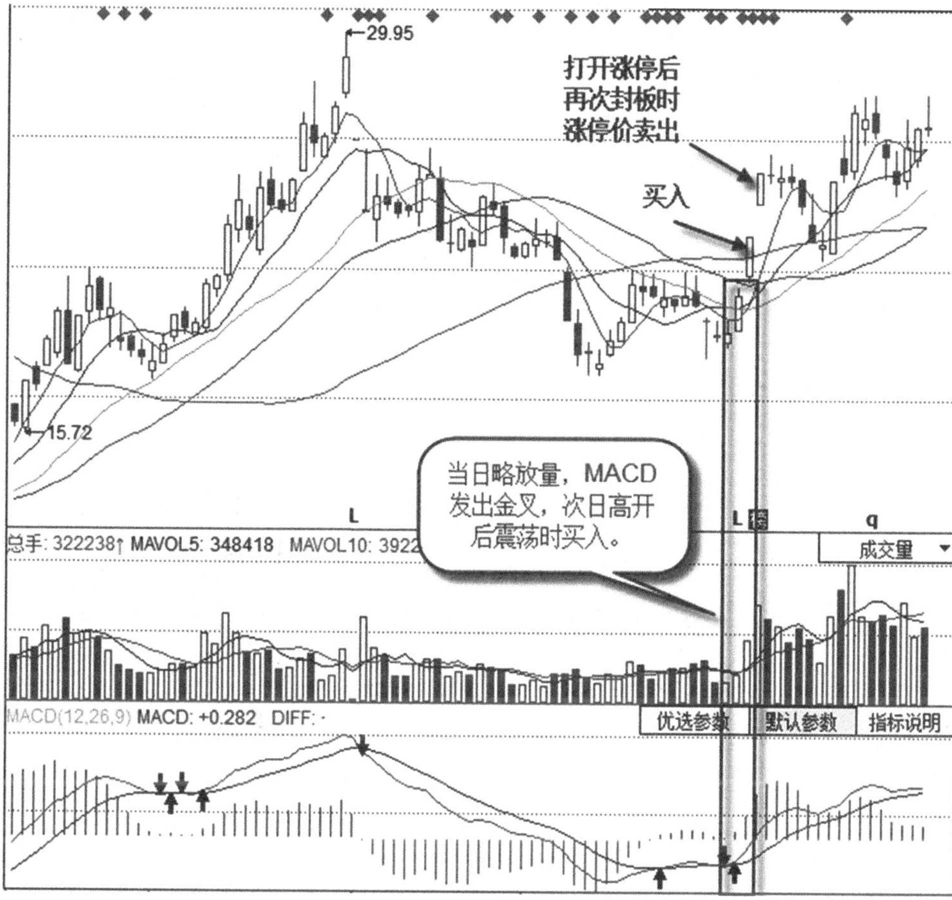

图11-7　德尔未来-日线图

实战要点

◎ 投资者在进行当日买次日卖操作时，不应以技术指标的持续向上为依据，而应多从盘口信息入手，当发现外盘远大于内盘、盘中卖压较大时，应果断逢高卖出。

◎ 投资者在进行当日买次日卖操作时，如果此时日线上是底部拉起时，次日的高开放量往往是卖出的好时机，尤其是成交量较大时，因后市必然会有调整的需求，尽管此时跌幅可能不大。

◎ 投资者在当日买次日卖操作时，如果此时股价是在上涨调整结束后出现的上涨，此时的连续上涨极易引发变盘，即使会在买入的次日继续高开放量，但只要涨停板被打开，应果断卖出。

◎ 投资者在当日买次日卖操作时，若是在上涨过程中调整结束后，成交量在次日只有稳健增长甚至是缩量涨停时，说明股价已进入快速上涨期，可暂时选择持股不卖出，一旦其后涨势渐缓，应果断离场。

11.3.2 “长线”卖出技巧

“长线”卖出，主要是针对股价在上涨过程中进入拉升期，或是出现快速上涨的股票。投资者此时短线买入后，应等到这种持续上涨结束后再卖出。而对于短线投资者，在“长线”持股过程中，判断股价是否遇顶时，不应像真正的中线波段持有者一样，从K线形态或是技术指标分析，而要从短周期图上，如1分钟图，或是根据分时图来判断，一旦发现股价有上行遇阻回落时，应及时卖出，落袋为安。

实战案例

2016年6月初，江南嘉捷（601313）在离开底部区域的强势上涨中，股价于6月13日出现了调整，但在6月15日股价小幅低开后出现止跌回升，且成交量放大，此时投资者可选择在持续放量上涨时买入。此次结束调整，因股价出现涨停，说明其后股价再次回归快速上涨的可能性较大，因此买入后可观察后决定是否次日卖出。6月16日，股价出现了高开震荡后高走，成交量继续放大，这说明股价强势上涨依然在，应持股。6月17日，股价出现了低开，但低开后继续放量上行，此时仍可持有，但至尾盘时，股价在封于涨停后，很快被打开，虽然后来再次出现封板，但仍然未封住，因此，投资者应在尾盘股价再次打开涨停板后果断离场，结束“长线”持股。如图11-8所示。

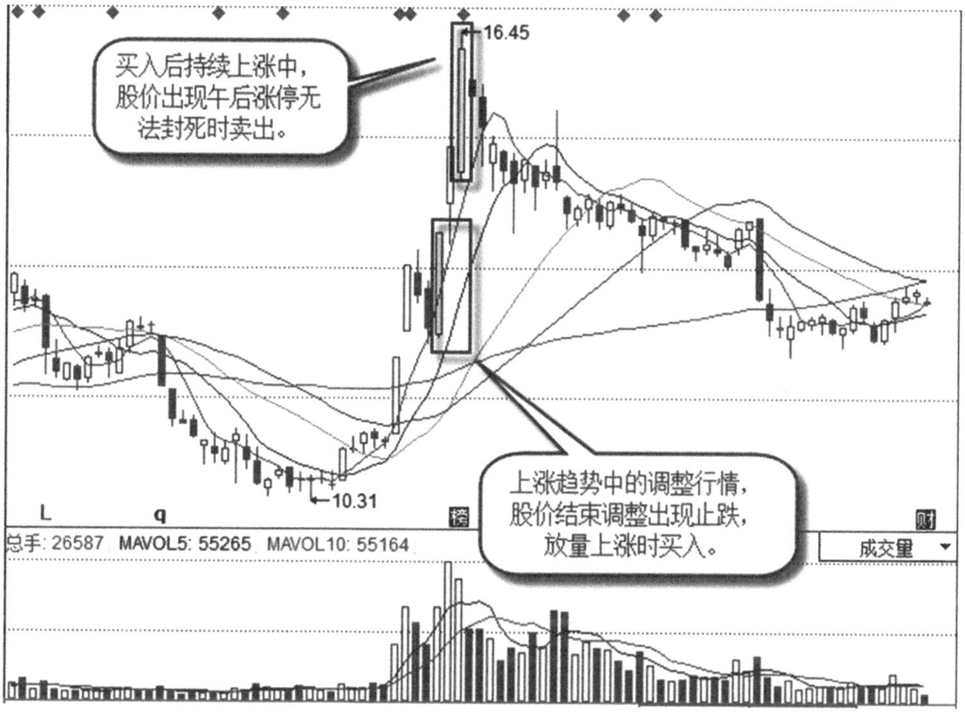

图11-8 江南嘉捷-日线图

此时，从分时图上即可看得很清楚，尤其是在尾盘时，MACD指标接连发出死叉卖出信号，并于尾盘运行于0轴以下，表明趋势已然转弱，而这些是从线上无法观察到的。如图11-9所示。

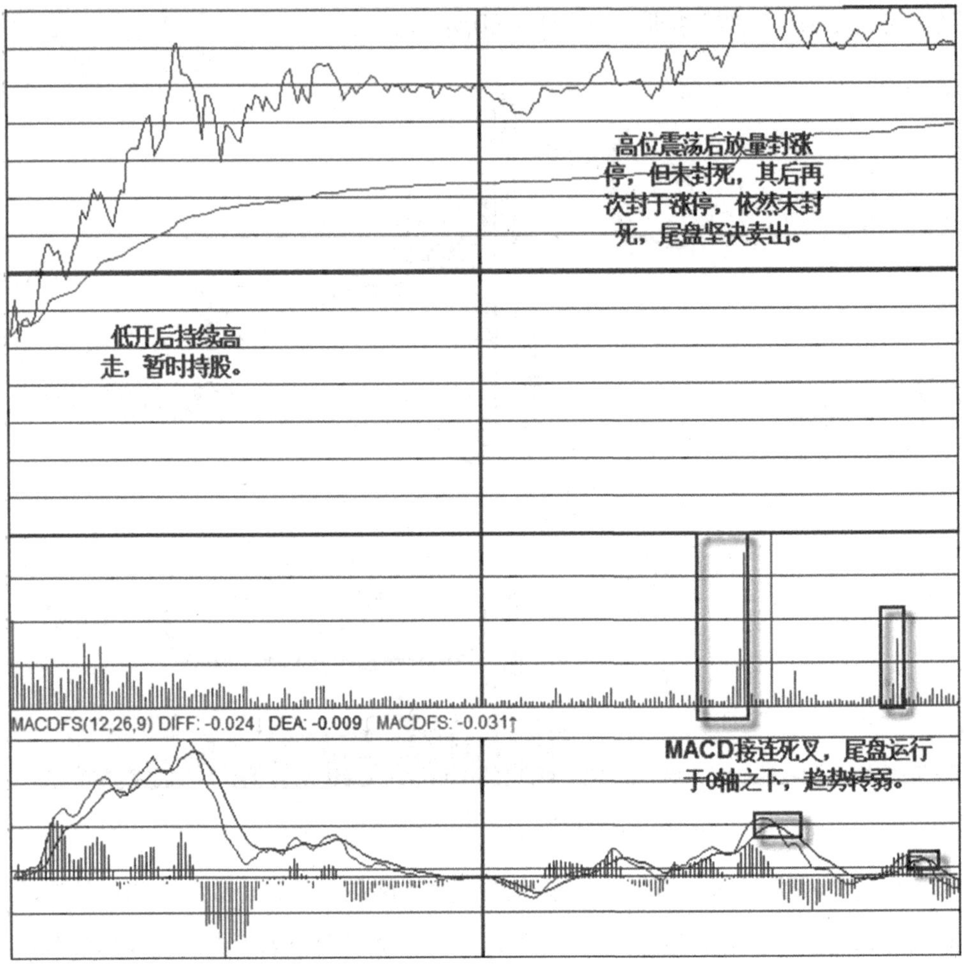

图11-9　江南嘉捷-2016年6月17日分时图

实战要点

◎ 对于短线投资者来说，“长线”持股并非真的长线持有，只是针对短线出现快速上涨时对股票的一种在快速上涨期的持有，多则三五天，少则两三天。

◎ 对于短线投资者来说，即使是在股价快速上涨期买入了股票，但在其后持有时，应随时观察盘中的变化，一旦发现股价有冲高回落的迹象时，应果断卖出离场。因为即使是进入快速上涨期的股票，也会因动力的原因导致上涨的幅度和时间不一样，不能千篇一律对待。

◎ 短线操作者“长线”持股时，一定要从日线形态上把握上涨趋势的微变。例如，是否会持续高开高走，并通过观察短周期K线图或分时图，不具体判断短期趋势及卖点。

11.3.3 涨停板卖出技巧

涨停板卖出的方法，是指短线投资者在买入快速上涨的强势股票后，在“长线”持有的理念下，一旦发现股价健康地放量上涨时，突然出现了在股价封于涨停板后，无法将涨停板封死，甚至是反复封板后又反复打开的现象时，应及时中止持股，赶在股价封于涨停板前，以涨停价格卖出股票。

实战案例

在上涨趋势中的调整行情里，在2016年5月12日，如果投资者发现格林美（002340）短线出现了企稳后放量上行时，可以选择买入。如图11-10所示。

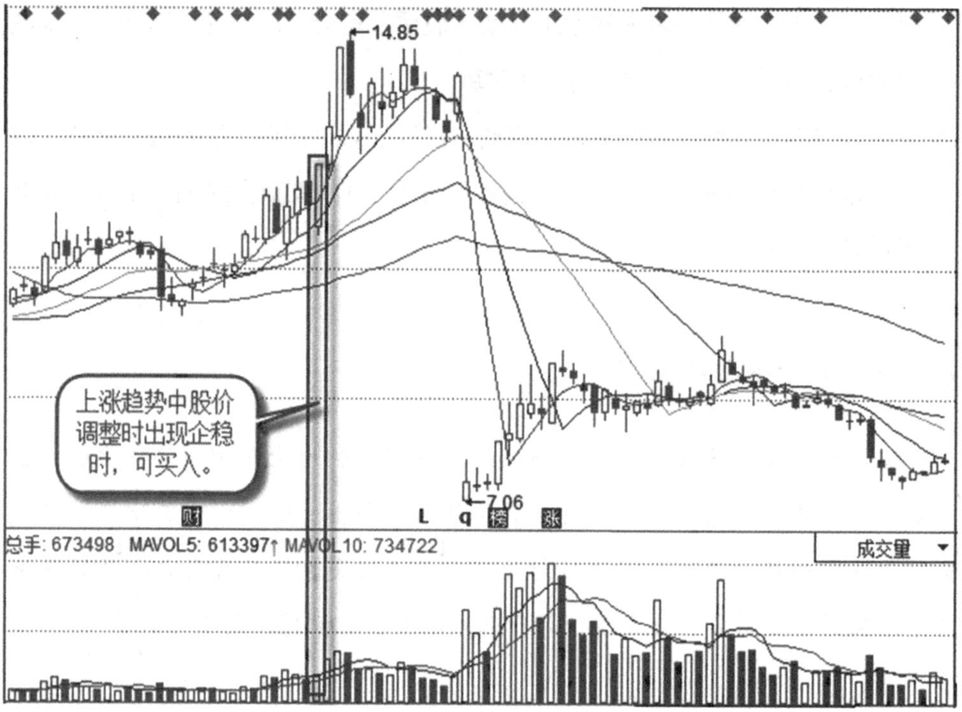

图11-10 格林美-日线图

在买入后，发现当日股价封于涨停，说明股价短期强势，次日（5月13日）又出现了高开高走的趋势，因此，可以选择“长线”持股。

到了5月16日，股价突然出现了低开，但低开后却出现了高走，这说明主力资金此时已无力在集合竞价时作高股价开盘。低开高走后，股价开始震荡上行，且成交量也在放大，但多为大单，因此可确认此为主力资金的向上作价行为。

在午后开盘后不久，股价即出现了封于涨停。此时会发现股价在持续上行，但MACD指标中DIFF线向上运行中出现的高点，却在持续走低，一浪低于一浪，形成了MACD顶背离。这表明，股价已短期遇顶。

看分时图上股价的变化就会发现，尽管股价封于涨停，但很快即被打开，虽然打开后下跌的幅度并不大，且很快又被打开，然后再封死再打开。因此，投资者此时应及时在股价再次封于涨停板时，以涨停价卖出股票。如图11-11

所示。

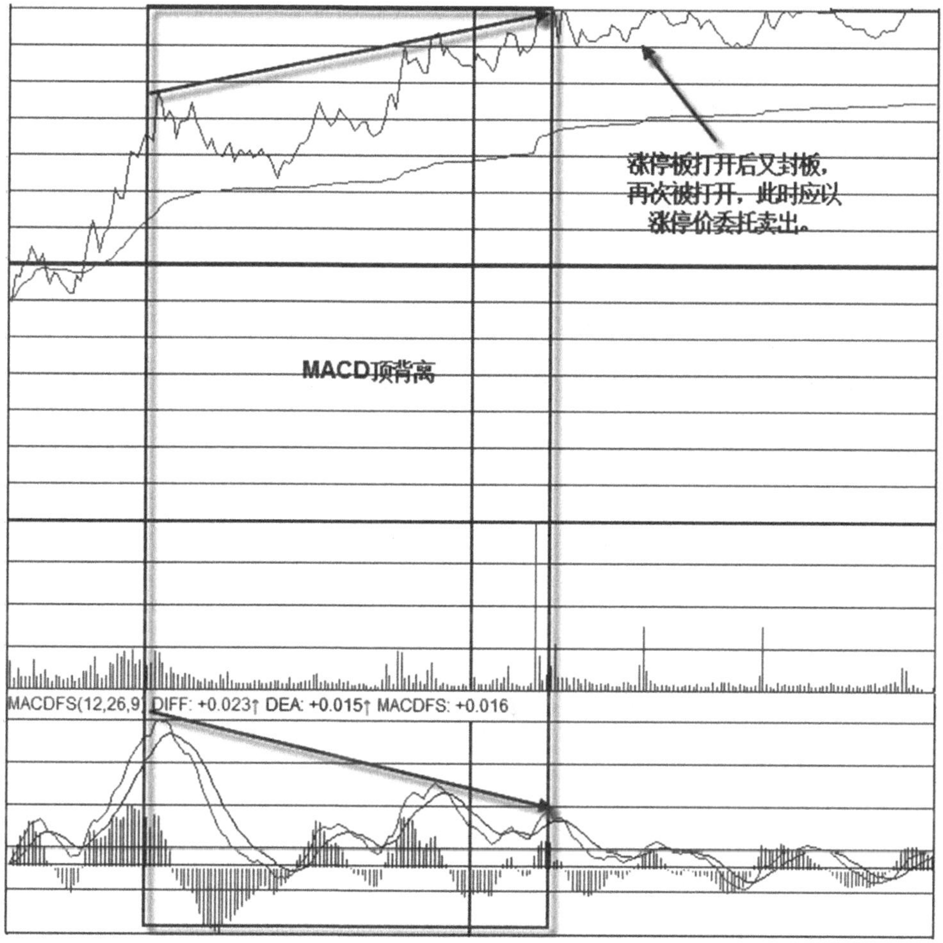

图11-11　格林美2016年5月16日分时图

实战要点

◎ 投资者在选择涨停板卖出时，应在短周期K线图或分时图上显示技术顶背离出现后。因此，投资者在买入后观察行情时，应综合其他技术指标来观察，而不应将目光只盯住盘口信息。

◎ 投资者在选择涨停板卖出时，同样要结合日线股价的强势上涨趋势中的细微变化，比如虽然股价在日线上强势持续上涨，但并不是以高开高走的方式，而是以低开高走的方式出现，此时往往表明股价上涨已近尾声。

◎ 投资者在选择涨停板卖出时，往往分时图上会出现股价封于涨停后却封不死，其后经常被打开的现象。此时，投资者应在股价第二次封板时卖出，或是在第二次涨停板打开后直接以涨停价委托卖出。

◎ 当个股出现封不死涨停板的现象时，尾盘仍然会强势勉强封板，但主力资金勉强做多的意图已现，也应在尾盘卖出，而不应再继续持有。因为这种情况出现后，次日股价很难再冲高，经常以短暂的早盘一时冲高，或直接以略高的价格开盘后即一路向下运行，甚至是直接以低开后的高位震荡的形式出现，普通投资者次日将很难选择高点卖出。

11.4 如何识别假涨停

11.4.1 突破后看回抽

突破后看回抽，是指当股价在上涨过程中，以涨停的方式向上突破前期下跌时的阴线压力位，或是前期上涨时的高点区域，同样不要在突破时过早买入，应当将其放入股票池中再观察数日，因为在涨停突破前期压力位后，只有股价持续放量上涨时，方可实现真正突破，所以一旦突破后的量能无法跟上，往往会出现调整，股价将重新回到压力位以下震荡整理，当再次企稳后放量向上突破时，方可在再次突破前期压力位时放心买入。

实战案例

2015年6月3日，威华股份（002240）在上涨趋势中，出现放量上涨，并在突破前期上涨时的高点后，持续放量上涨，最终以涨停收盘。此时，因前期高点位置成交量较大，积累的筹码较多，所以投资者不可贸然在突破后放量上行时买入，而应观察涨停突破后的情况。在6月3日涨停突破后的次日，股价即出现了高点后冲高回落的走势，且成交量较大，其后股价进一步回归到前期高点之下，成交量出现了萎缩。6月13日，股价低开后出现了一路上涨，并再次向上突破了前期高点，依然在放量上行，且MACD指标中DIFF线与DEA线始终呈向上运行之势。因此，此时投资者方可在回抽结束，股价再次放量向上突破前期高点时买入。如图11-12所示。

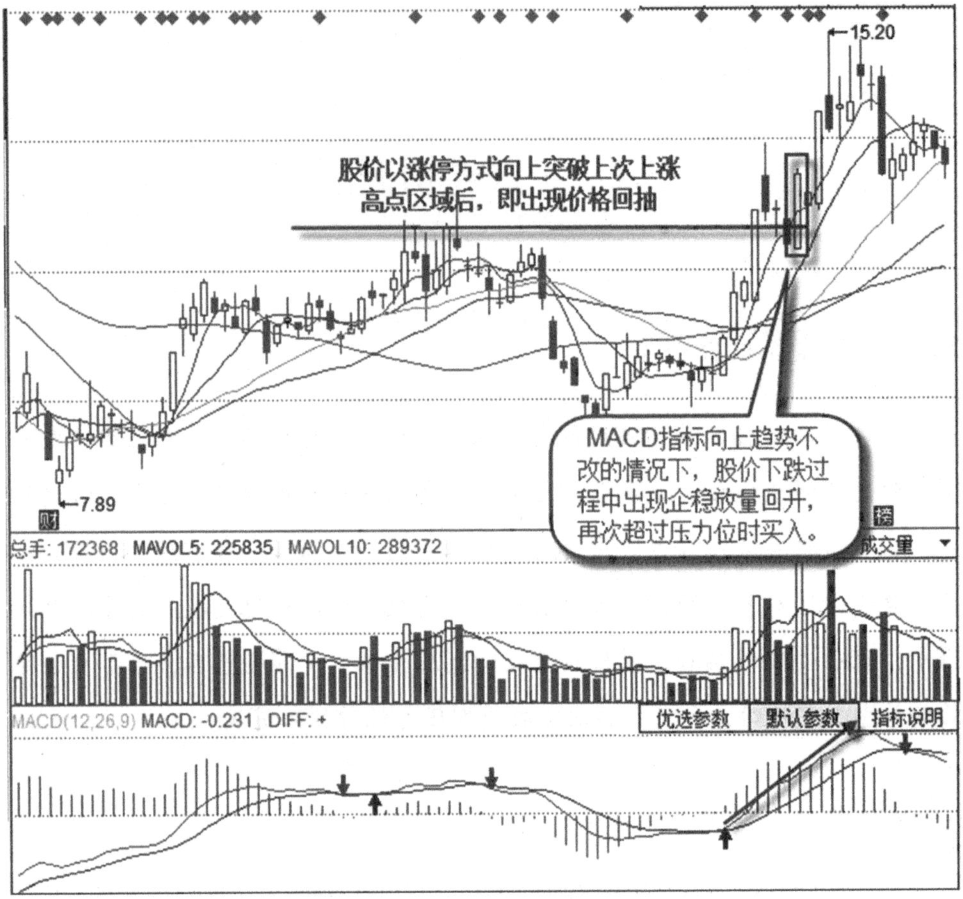

图11-12　威华股份-日线图

实战要点

◎ 突破后看回抽出现时，往往是以涨停的方式实现突破，但此时若发现前期高点区域时的成交量较大，不应在涨停突破前买入，而应持续观察，只有发现其后持续放量上行后，方可买入。

◎ 如果股价在涨停突破前期压力位时，成交量在其后不能持续放大，则回抽是必然的，所以只有发现回抽止跌后再次放量向上突破压力位后，方可买入。

◎ 如果股价在涨停突破前期压力位时，因成交量不济出现回抽，成交阴量不缩减，或技术指标已呈向下运行的话，往往其后会宽幅震荡整理，因此，此时的涨停突破往往是一种假突破。

11.4.2 突然放量后缩量

突然放量后缩量，是指股价在上涨过程中突然放量，股价上行，并快速冲至涨停板封死，但次日却突然出现了缩量。这种情况的出现，往往说明股票缺少量能的支持，后市行情很难继续维持强势，所以这种放量涨停往往会成为一种假涨停，因此不可参与。而投资者也应对于那些突然放量出现涨停的股票，在观察后再考虑是否操作。

实战案例

2015年12月16日，新纶科技（002341）在上涨趋势中，突然出现了明显的成交量放大，股价出现涨停；次日，股价依然放量高开高走；但第三日（12月18日），股价突然出现了低开低走，当日并未向上突破昨日高点，且成交量全天出现了极度缩量。这表明，接下来股价必然会出现调整。因此，此时的放量涨停是一种突然上涨的假涨停。同时，MACD红柱在股价持续的突然放量中并未加长，但在缩量时却出现了变短，说明行情不可参与。如图11-13所示。

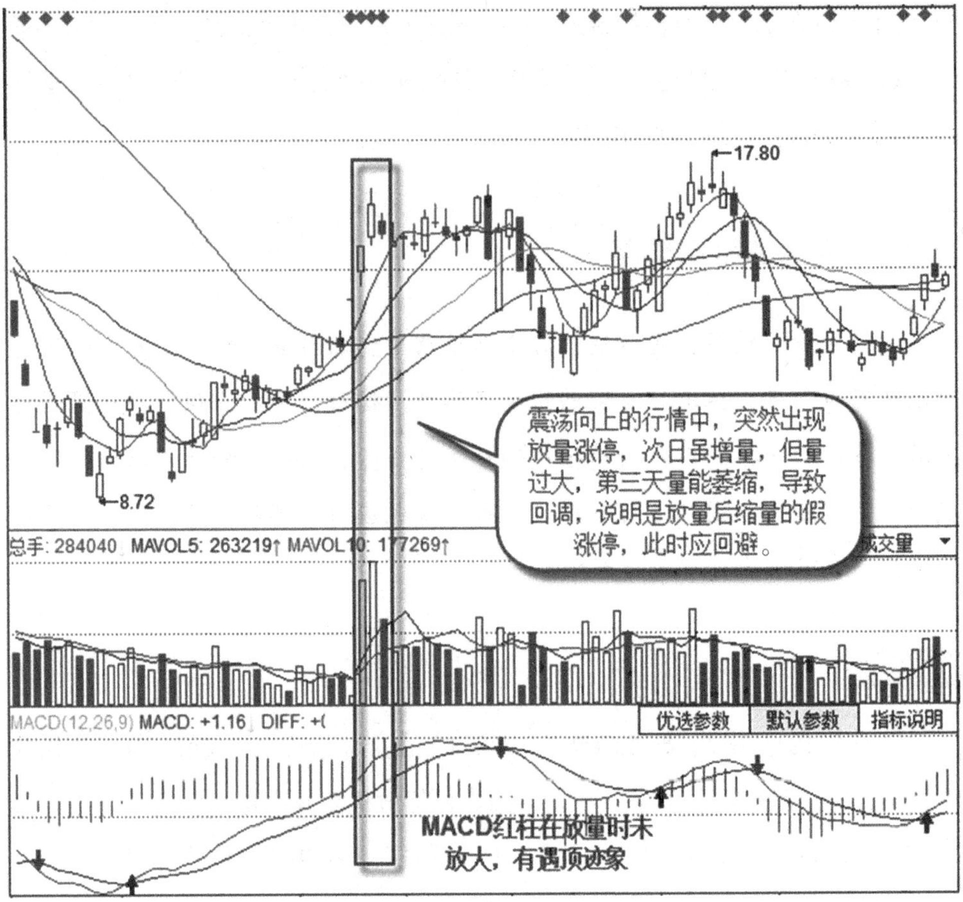

图11-13　新纶科技-日线图

实战要点

◎ 突然放量后缩量出现时，这种突然放量往往是出现在底部低位区，是主力资金抬高股份继续高位震荡的表现。

◎ 突然放量后缩量出现时，成交量往往会突然放出巨量，也是导致其后调整的根源。

◎ 突然放量后缩量出现时，技术指标往往会出现上行速度放缓，预示着其后的上行乏力。

◎ 突然放量后缩量出现时，即使股价会出现接连涨停，但因量能过大，同样不可参与。

11.4.3 早晚涨停中途回落

早晚涨停中途回落，是一种分时图形态，即个股在分时图上，早盘出现很快冲高后封于涨停，其后开始打开涨停板，股价回落后到一定价格后出现震荡整理，到了尾盘时，突然再次出现了快速上涨，股价再次封死涨停板，并以涨停价收盘。这种形态的出现，在多数情况下，是一种假涨停，大多出现在主力震仓洗盘时期或是向上拭盘时，或是出现在主力出货时的股价高位区，因此是一种不可参与的“强势”股。所以，投资者在遇到这种情况的股票时，应放一放，待次日持续观察后再决定操作与否，因为在次日这种形态的股票通常不会出现高开高走的持续上涨。

实战案例

2016年4月6日，诺德股份（600110）处于低位震荡时期，此时股价在低开后开始缓步放量上行，股价很快封于涨停板，但很快即被打开，随后再次封于涨停板，但不久后再次打开，回落到一定程度后，开始横盘震荡，且成交量平稳。至尾盘时，突然再次放量上涨，股价很快再次封于涨停，虽其后反复被打开，但最终封死在涨停板，直到收盘。如图11-14所示。

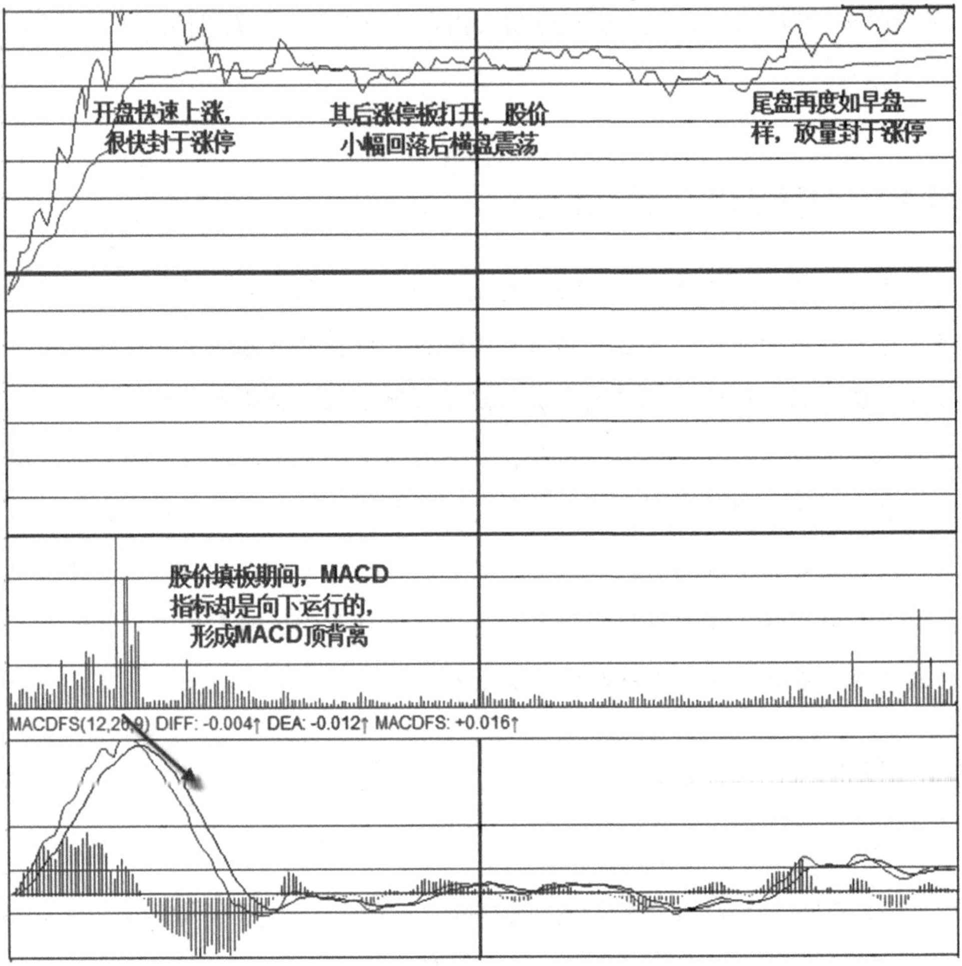

图11-14　诺德股份-2016年4月6日分时图

通过观察发现，股价在早盘封板期间，MACD指标却出现向下运行的顶背离，说明短期趋势将反转向下。因此，这种早晚封板、中途回落的形态，是一种假涨停，投资者不妨观察后再决定是否操作。

观察日线即会发现，此时出现的涨停，刚好是触及了前期下跌时的阴线压力区，以及其后上涨时的高点区域，所以要想实现突破，次日必定会持续增量。在下一个交易日（4月14日），股价却是低开后略有震荡上行，并未向上突破上一个交易日的涨停价格，且成交量有所缩减，MACD红柱也出现了逐渐缩短。种种迹象均表明股价将继续回落到最初的平台震荡整理。因此，此次的涨停预示着主力资金向上试盘的失败，所以不可参与。如图11-15所示。

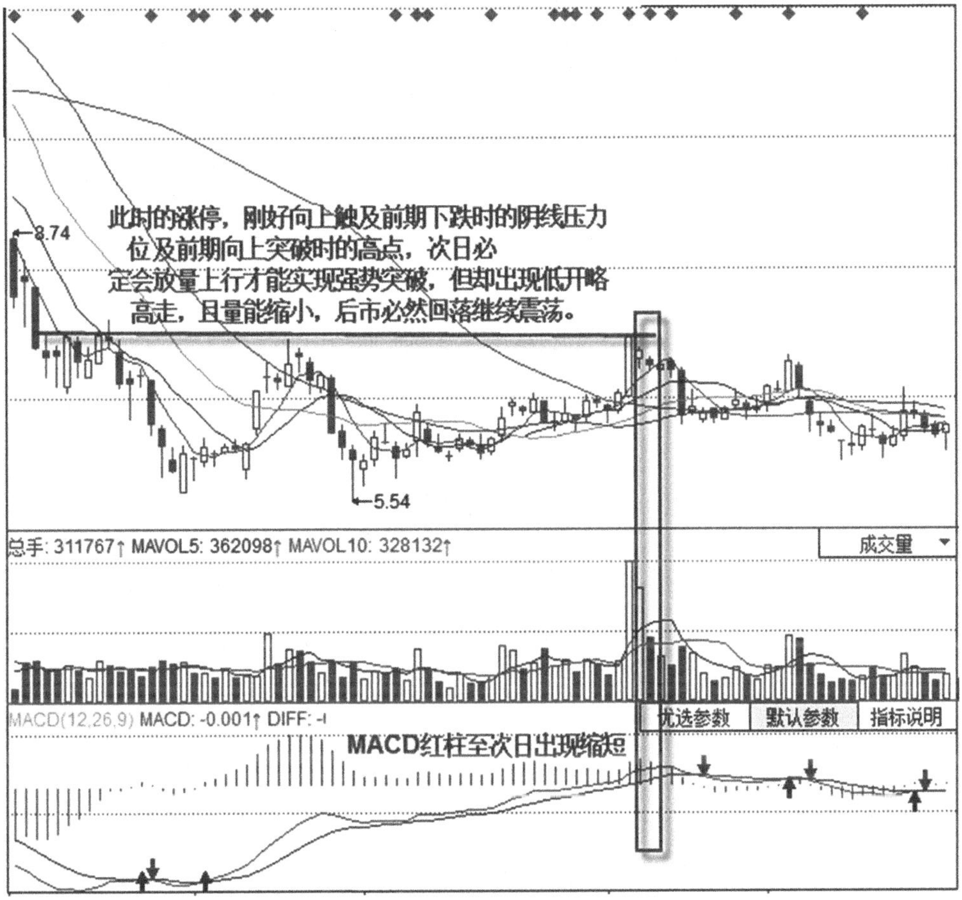

图11-15　诺德股份-日线图

实战要点

◎ 早晚涨停中途回落出现时，若是回落时股价下跌较多，说明盘中压力较大，其后股价出现大幅回落整理的可能性较大，此时尾盘即使出现勉强封板，也会引发其后更大的回落。

◎ 早晚涨停中途回落出现时，如果是出现在多头排列的上涨时期，往往是主力出货时的表现，此时应在尾盘涨停时，以涨停价卖出，而非买入。

◎ 早晚涨停中途回落出现时，即使是出现在上涨初期时均线多头排列格局中，也需要持续放量向上突破，表现在价格上，大多会以跳空高开的形式出现，否则极易引发再度调整。因此早晚涨停中途回落出现时，不应急于买入，而要多方观察后再决定操作。

11.5 假涨停经典形态

11.5.1 高位巨量涨停

高位巨量涨停，是指股价在上涨趋势中，当运行到较高位置时，突然出现了成交量急骤放大后的涨停。这种形态的出现，往往说明上涨高点已经到来，因此不应在股价涨停前买入，反而应在涨停时卖出。

实战案例

在2016年6月的震荡行情中，海宁皮城（002344）于7月4日股价连续震荡走高时，突然出现了放量涨停。仔细观察会发现，当日正好赶上股价已接近了前期震荡走高时的高点区域，而前期高点位置时的成交量呈放大状态，说明压力较大。另外，从分时图观察，涨停是在尾盘出现的，因此，此时的巨量涨停有主力资金尾盘拉高的嫌疑。所以，投资者此时不可参与，反而持有者应在尾盘涨停时选择卖出。如图11-16所示。

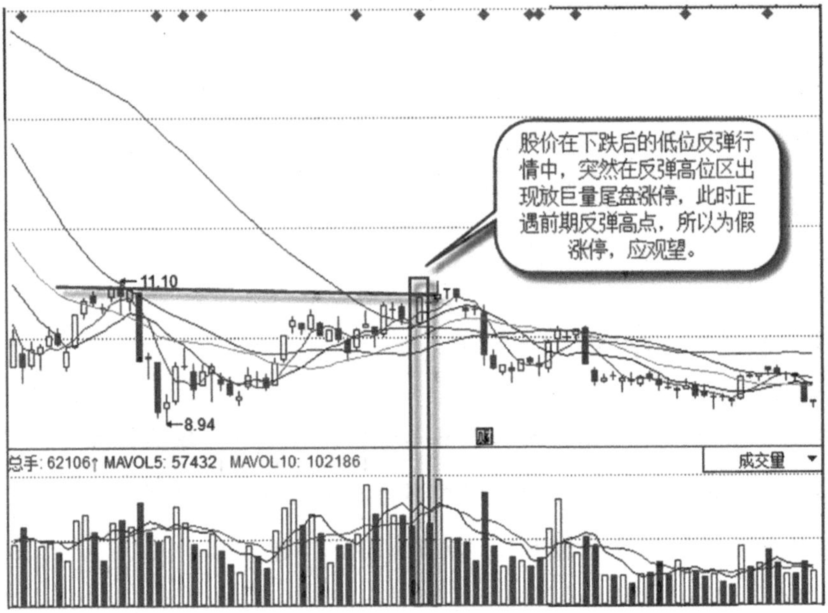

图11-16　海宁皮城-日线图

实战要点

◎ 高位巨量涨停往往是出现在震荡行情的高位区，是震荡高点到来时的征兆，因此应回避。

◎ 高位巨量涨停出现时，成交量应明显高于其他日的成交量时，才能确定为巨量。

◎ 成交量在极平和状态下，出现突然放巨量涨停时，同样应当引起投资者注意，即使有重大利好，也往往是高位遇顶的信号，是主力资金借利好出货的象征。

◎ 高位巨量涨停出现时，多数是在尾盘突然放量拉高。

11.5.2　低位缩量涨停

低位缩量涨停，是指股价在底部低位区出现涨停时，成交量没有出现明显放大，反而出现缩量的行为。这种低位缩量涨停，往往是主力资金利用对敲的手法，利用极少筹码有意拉高股价，从而达到拉高诱杀散户实现低位吸筹的目的。因此，低位出现的缩量涨停，往往是一种假涨停，不可参与。

实战案例

在2016年2月的震荡行情中，泰尔重工（002347）于震荡低位区突然出现了缩量涨停，但技术指标ASI却出现了死叉卖出信号。股价在次日略有上冲后即出现了再次下跌。此为主力资金营造做多氛围，引诱散户做多诱杀的手段，此时不可参与。如图11-17所示。

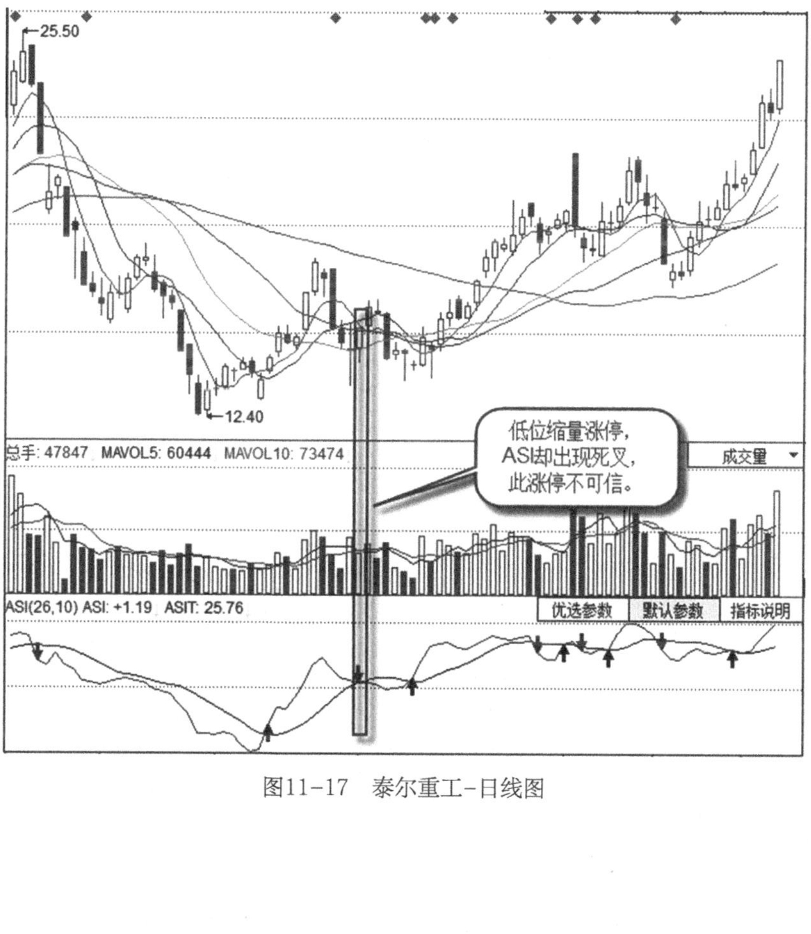

图11-17 泰尔重工-日线图

此时，观察3月1日股价缩量涨停的方式即会发现，此时的缩量涨停完全是主力资金在尾盘收盘1分钟内有意有大单强将股价拉至涨停收盘的结果，无疑是在刻意为之。在涨停前股价的上涨过程中，股价在不断盘错上行，刷新高度，但MACD指标中却接连出现高位死叉，且DIFF线向上反弹所引发的波浪呈一波比一波弱的下行趋势，形成了MACD顶背离。因此，此低位缩量涨停更不可信。如图11-18所示。

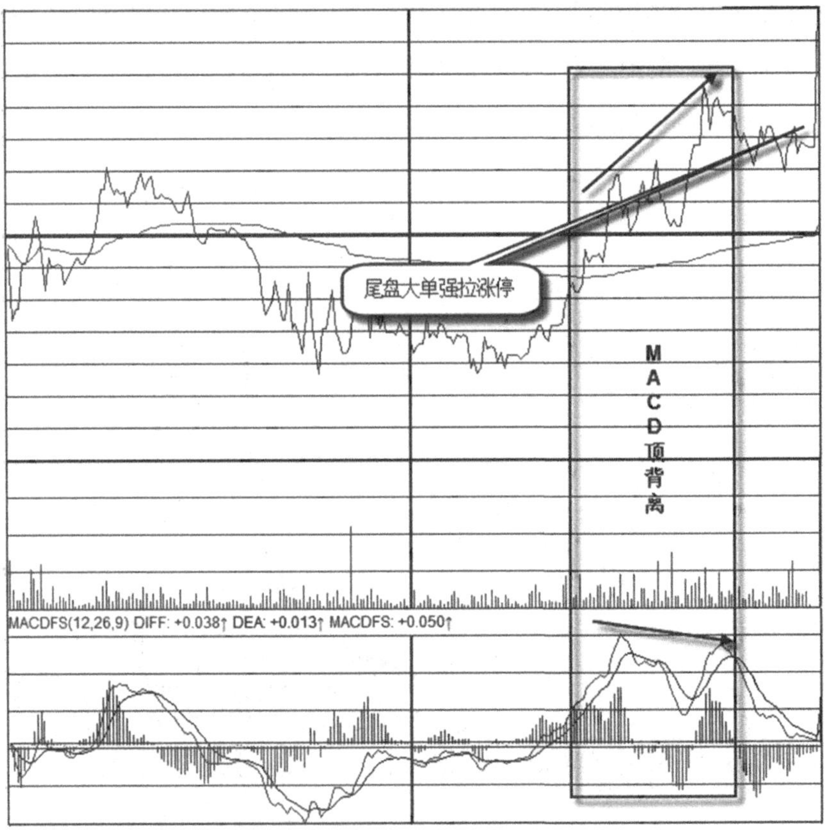

图11-18　泰尔重工-2016年3月1日分时图

实战要点

◎ 低位缩量涨停，多数是主力资金借低位吸食的筹码有意拉高股价，以实现其后的诱多杀多行为。

◎ 低位缩量涨停如果是以一字涨停的方式出现时，或许会是一种反转向上的表现，此时投资者应持续观察股票其后的表现。

◎ 低位缩量涨停出现时，投资者应多观察分时图或是短周期K线图上的变化，并结合各种指标综合判断行情。

◎ 低位缩量涨停出现时，往往日线上的成交量正处于地量水平，而地量水平下的股价震荡，往往不可信。

11.5.3 尾盘犹豫封板

尾盘犹豫封板是一种分时图形态，是指股价在上涨过程中，在临近尾盘时，股价突然出现快速上涨，股价勉强封于涨停板收盘。出现这种形态，往往说明盘中的卖压一直较大，主力资金往往在此时是维持股价在高位卖出，而到了临近尾盘时，为了能够实现次日的高开继续高位出货，才在尾盘勉强将股价作高，拉至了涨停板。所以，这种尾盘犹豫封板的现象，往往可信度极为不高，次日股价是否能够高开都是问题，因此应回避；当尾盘犹豫封板时卖出现时，应以卖出为主。

实战案例

在2016年6月2日的分时图上，森源电气（002358）早盘略高开后出现了冲高回落的趋势，MACD指标也呈现出弱势格局；但在午后接近尾盘时，股价出现了震荡走高，但MACD指标却呈向下运行，出现MACD顶背离，同时成交量也与股价形成量价背离。到尾盘时，股价突然出现放量上行，然后犹犹豫豫勉强以封板收盘。如图11-19所示。

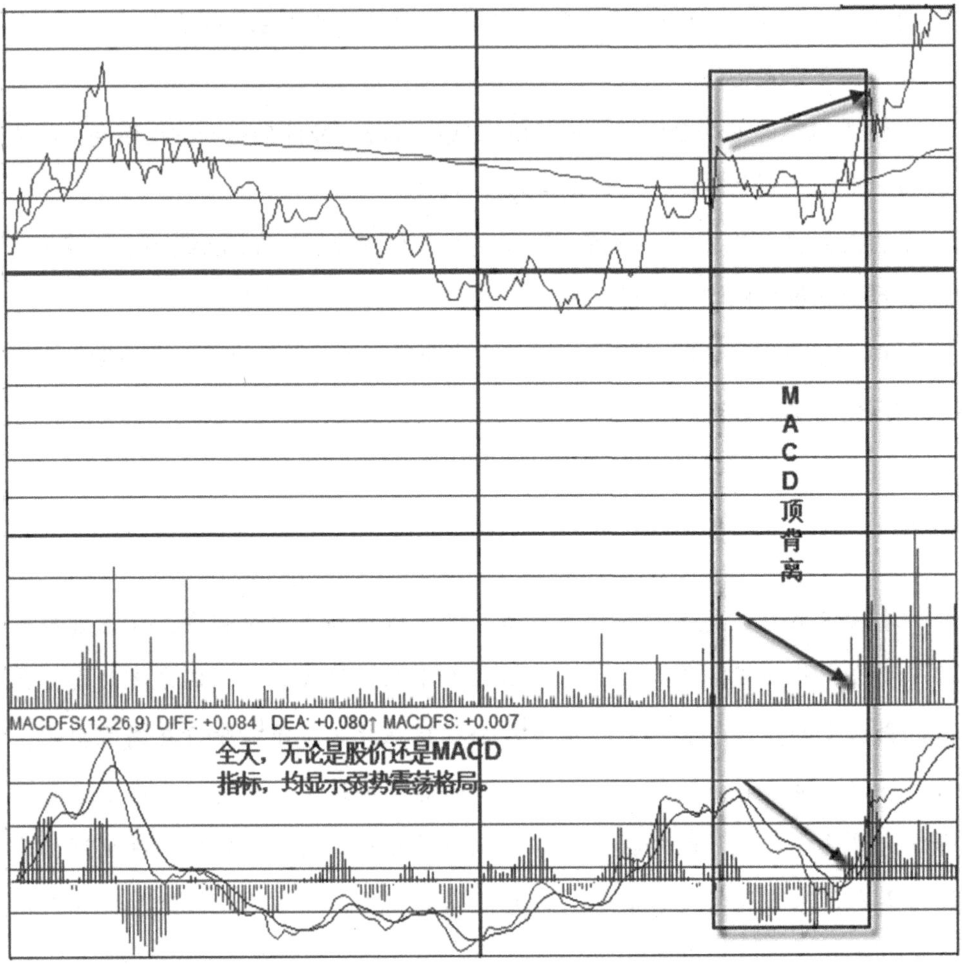

图11-19 森源电气-2016年6月2日分时图

此时，从分时图上的MACD顶背离与量价背离以及尾盘的勉强封板可以看出，行情在其后的短期内将会出现转弱，此行情不可参与。但是，仅仅从分时图上是无法完全了解到趋势的运行的。观察其日线图就会发现，在尾盘犹豫封板后的6月2日，出现了震荡行情，且短期累积涨幅已达50%，涨幅较为可观，且技术指标中ASI已与股价形成顶背离，预示着趋势即将反转向下，因此行情不可参与。如图11-20所示。

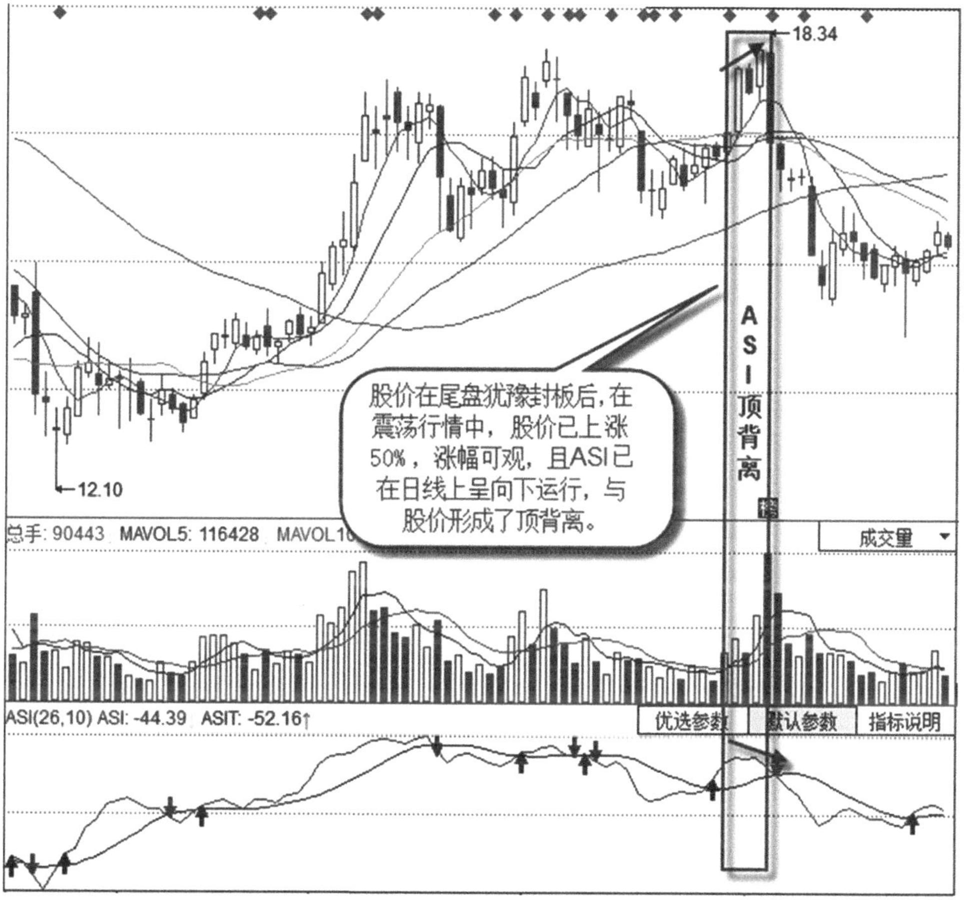

图11-20　森源电气-日线图

实战要点

◎ 尾盘犹豫封板，往往出现在股价高位区或震荡行情的高点区域，是主力资金借机出货或洗盘的开始。

◎ 尾盘犹豫封板出现时，投资者应结合日线综合观察，即使是在牛市行情中出现，往往个股也会在其后出现一轮较大的调整，因此不可参与行情。

◎ 尾盘犹豫封板出现时，技术指标往往会出现不同程度的顶背离，因此，投资者此时应结合其他技术指标综合判断行情。